中国人民大学金融科技研究所　著

金融科技二十讲

JINRONG KEJI ERSHI JIANG

西南财经大学出版社
中国·成都

图书在版编目(CIP)数据

金融科技二十讲/中国人民大学金融科技研究所著.—成都:
西南财经大学出版社,2021.11
ISBN 978-7-5504-5147-6

Ⅰ.①金…　Ⅱ.①中…　Ⅲ.①金融—科学技术—通俗读物
Ⅳ.①F830-49

中国版本图书馆 CIP 数据核字(2021)第 249736 号

金融科技二十讲
JINRONG KEJI ERSHI JIANG
中国人民大学金融科技研究所　著

责任编辑:王利
封面设计:墨创文化
责任印制:朱曼丽

出版发行	西南财经大学出版社(四川省成都市光华村街 55 号)
网　　址	http://cbs.swufe.edu.cn
电子邮件	bookcj@swufe.edu.cn
邮政编码	610074
电　　话	028-87353785
照　　排	四川胜翔数码印务设计有限公司
印　　刷	四川新财印务有限公司
成品尺寸	170mm×240mm
印　　张	16.25
字　　数	270 千字
版　　次	2021 年 11 月第 1 版
印　　次	2021 年 11 月第 1 次印刷
书　　号	ISBN 978-7-5504-5147-6
定　　价	88.00 元

编写单位简介

中国人民大学金融科技研究所（RUC FinTech Institute）是专注于金融科技理论、应用与政策的新型智库和研究机构，也是中国人民大学金融科技学科“双一流”建设的延伸科研平台。研究所充分利用中国人民大学在金融、经济、管理、统计、法律以及计算机科学等方面的跨学科优势，打破学科壁垒，加强交叉融合，不断推进金融科技的前沿研究。研究所坚持理论联系实际，注重应用成果转化，不断加强学界、业界和政府部门的良性互动，重点打造一个“产、学、研、政”四位一体的多元化平台，为推动金融科技行业健康可持续发展提供决策参考。

联系我们：

Tel：010－6251 6735

E-mail：fintech _ ruc@ruc.edu.cn

前言

2021年3月，《中华人民共和国国民经济和社会发展第十四个五年规划和2035年远景目标纲要》明确将云计算、大数据、物联网、工业互联网、区块链、人工智能、虚拟现实和增强现实七大产业列为数字经济重点产业，指出要稳妥发展金融科技，加快金融机构数字化转型。

在这一背景下，中国人民大学金融科技研究所推出《金融科技二十讲》一书，从区块链、人工智能、数字货币、大数据等几个领域，解读金融科技前沿知识，探讨科技创新热门话题，书籍内容涵盖金融科技各领域话题，收录20位国内外知名专家、学者的讲座内容，并附上相关领域的“延伸阅读”知识及热门文章，以在保留讲座思想精华的同时辅助读者阅读。

在第二讲《新技术与支付清算体系变革》中，杨涛副主任剖析了现代支付清算体系的基本架构，介绍了中国支付清算体系的现状，并在此基础上剖析了金融科技的出现对现有支付清算基础设施的冲击。最后，结合“支付清算学”的概念强调了研究支付清算领域的重大价值。

在第六讲《新形势、新机遇——互联网金融的转型发展之路》中，贲圣林教授首先分析了如何正确处理金融科技发展与安全的关系，然后总结了互联网金融发展至今的历程及现状，并通过用户、产品及场景三个维度给出了互联网金融转型的战略定位。最后，贲圣林教授认为互联网金融需要借助价值驱动、技术驱动和规则驱动这三大驱动力实现升级，同时也要处理好与监管、传统金融、规范、国际形势和经济属性的关系。

在第十二讲《金融服务业的数字化变革——高层领导的战略路线》中，Susanne Chishti 从数字创新战略、创新能力、企业创新模式、研发、教育、内部创业计划、创新团队、创新试点、投资与并购、金融加速器、董事会和领导团队的角色、成为创新领导者等角度阐发了她对这一话题的洞察。

本书致力于为相关监管部门、研究机构以及广大金融从业者提供一定金融科技理论知识，以便更好地推动数字化发展，推动建设数字经济和数字中国。

编者

2021 年 10 月

CONTENTS 目录

第一讲

伍旭川：区块链的特点、应用和监管

主讲人：伍旭川

伍旭川，经济学博士，研究员，中国人民银行金融研究所互联网金融研究中心副主任兼秘书长。全国金融专业学位研究生教育指导委员会副秘书长，中国国际经济关系学会常务理事。兼任北京大学、清华大学、中国人民大学、浙江大学、南开大学、对外经贸大学、中央财经大学等多所高校教授。

内容摘要

- 理解互联网金融的三条路径
- 区块链的特征和原理
- 区块链的意义与应用
- 目前区块链技术的现状和未来的发展趋势
- 区块链的安全风险和监管
- 对于中国区块链研究和应用的建议

精彩提示

伍旭川博士从研究互联网金融的三条路径切入，从区块链的特征和原理、主要应用、现状和未来的发展趋势、区块链的风险与监管四个方面对区块链技术进行系统全面的讲解，最后对区块链的发展提出专业独到的建议。

区块链技术是最近两年讨论的一个热点问题。金融科技的大范畴涵盖内容很广泛，大数据、云计算、区块链、数字货币、人工智能的研究和应用等都在这个范畴里。今天选其中一点——区块链技术为大家做梳理总结。

一、理解互联网金融的三条路径

我们在研究互联网金融、发展互联网金融、监管互联网金融的过程中，发现其中的概念非常多。要厘清其本质特点，大体可从三条路径来着手。

第一，金融科技路径。这是目前最时髦最活跃的话题，即金融科技（FinTech）路径，指大数据、云计算、区块链、数字货币、人工智能等一系列技术创新，并全面应用于支付清算、借贷融资、财富管理、零售银行、保险、交易结算六大金融领域，是金融业未来的主流趋势。FinTech 以数据和技术为核心驱动力，正在改变金融行业的生态格局。

第二，业态发展路径，包括风险与监管。所谓业态发展，就是在国内常见的互联网金融的各个业态的发展，包括 P2P（点对点）、股权众筹、第三方支付、互联网证券、互联网保险、互联网信托等。讨论它们的发展时，我们更关注风险和监管问题。

第三，发展模式。互联网金融的发展产生了以下几种新型发展模式。

（1）消费金融。如微贷网，用汽车和住房作为抵押来进行消费等的信贷安排。

（2）供应链金融。某大型中间链条核心企业可以结合上下游的企业进行一揽子统筹资金使用的整体安排，如应收账款、保理等。

（3）普惠金融。现在的普惠金融和传统理解的普惠金融有很大不同。比较狭隘、原始的普惠金融概念是指对于一些偏远、贫困、落后地方的人们给予一定的金融安排，让他们享受金融发展带来的好处。其实不仅仅是贫困人群，普通老百姓也可以享受普惠金融带来的好处。余额宝的出现，使大家都可以享受低门槛理财的较高收益。公司的高管通过挖掘大数据精准找到高端客户，设计一些产品提供量身订制的服务，这是一种更高级的普惠金融的概念。

（4）共享金融。现实生活中，美国的优步和 Airbnb 以及国内的滴滴、摩拜都属于共享金融和共享经济的范畴。但是这与理论上所讲的共享经济和共享金融的范畴存在一些差别。理论上的共享经济是充分发挥社会闲置资源的作用。比如，在美国，经济学家统计，一部汽车的实际利用率只有 8%，其他时间则处于闲置状态。有效利用闲置资源是实现共享经济的前提。

二、区块链的特征和原理

1. 比特币和区块链的关系

区块链是底层技术，具备许多优点，而比特币则是很好地运用了区块链技术的一种表现形式。现在的虚拟货币中，做得最成功的就是比特币，它成功地运用了区块链技术。未来中央银行要发行自己的数字货币，理想的数字货币应该达到什么标准？我认为，首先要运用区块链技术，其次是法币，最后应当具备比特币的优点。

2. 什么是区块链

区块（交易活动）＋链（账本）＝区块链

区块链本质上是一个去中心化的数据库，是一串使用密码学方法产生的数据块，每一个数据块中包含了一次虚拟货币网络交易的信息，用于验证其信息的有效性和生成下一个区块。简单来说，区块链就是一种去中心化的分布式共享记账技术，它要做的事情就是让参与的各方能够在技术层面建立信任关系。

3. 区块链的特征

第一，分布式数据存储，安全性高。去中心，去中介，安全高效。

第二，信息透明。正因为具有分布式的技术特征，所以它的每一个节点对于所有用户都开放，都可以查询，信息透明、及时。根据区块链授权开放程度的差异，可以分为共有链、联盟链和私有链。

知识拓展

联盟链

联盟链，只针对特定某个群体的成员和有限的第三方，内部指定多个预选的节点为记账人，每个块的生成由所有的预选节点共同决定，其他接入节点可以参与交易，但不过问记账过程，其他第三方可以通过该区块链开放的API进行限定的查询。为了获得更好的性能，联盟链对于共识或验证节点的配置和网络环境有一定要求。有了准入机制，可以使得交易性能更容易提高，避免参差不齐的参与者产生的一些问题。

联盟链具有交易成本低、节点连接速度快、保护隐私、灵活等优点。根据联盟链网络中心化程度的不同，分化出3种不同应用场景下的联盟链：

（1）全网公开，无用户授权机制的区块链，称为公有链；

（2）允许授权的节点加入网络，可根据权限查看相关信息，往往被用于机构间的区块链，称为联盟链或行业链；

（3）所有网络中的节点都掌握在一家机构手中，称为私有链。联盟链和私有链也统称为许可链，公有链称为非许可链。

第三，高度自治性。存在一个协商一致的规范和协议，自动安全地交换数据，即智能合约。如果P2P平台运用了区块链的技术，它可以通过智能合约，让用户只能进行正向操作，而不能进行逆向操作，甚至不能发生任何偏离。这就是高度自治。

第四，数据不可篡改。严格来说，只有超过50%（大部分人说是51%）的系统算力发生改变，才能篡改区块链的数据。所以如果区块链的节点少一点，还有篡改的可能；但是一旦节点很多，比如上万个节点，篡改它的成本就非常高。

第五是可追溯。

4. 区块链技术的缺点

区块链确实有许多好处，但是它也存在缺点。分布式账户的每一个活动都要完全复制在每一个节点上，从而导致它需要有巨大的算力、超大容量的内存才能维持。从目前情况来看，这是非常难做到的。如果上万台计算机同时操作，耗费的电力会非常大。

5. 区块链的技术原理

区块链主要由四个技术支撑，包括哈希运算、数字签名、P2P网络特性和工作量证明机制。

第一，哈希运算。区块链最初被用于解决双花问题和拜占庭将军问题。将军在外打仗，必须商量一致，确定进攻或不进攻。但是军队内存在叛徒，信息传递过程可能会被篡改。运用区块链的哈希运算，各位将军之间虽然远隔千里，但是如果相互之间用同样的数据输入一套算法，就会得到一样的结果。然后把这个结果统一，叛徒就无法干扰信息传递过程。

第二，数字签名。它是一系列的链条，这个链条里面是加密技术，而且是动态、无限的加密，因为动态加密越多越能确保它的安全性。数字签名可以通过公钥和私钥来完成。公钥与私钥是非对称加密技术，但是可以基于私钥生成公钥。公钥与私钥具有相关性，与公钥加密对应的私钥才能解密，与私钥加密对应的公钥才能解密。

第三，P2P网络技术。根据比特币协议，区块链采用无结构的网络，P2P就是一个点对点的技术。这个技术有两种形式，一个是有结构的，通过路由器传输；一个是无结构的，类似广播风暴方式，广播风暴方式可以设定有限的范围。

第四是工作量证明机制，用来衡量价值。

三、区块链的意义与应用

1. 区块链的意义

第一，建成了学术理论上的共识机制。在无信任的环境下，在整个网络中的任意节点建立起共识机制，而无须担心数据被篡改。它解决了拜占庭将军问题和双花问题就是很好的例证。

第二，提升了应用过程的算力。分布式数据库通过横向扩展，提升了吞吐量和计算效率，也开启了大数据时代。

第三，实现了世界范围内的价值流动。基于创建信任的机器，促进了价值的全球流动。

2. 区块链的应用

区块链的应用，按使用主体分：第一，政府政务使用。不排除用公有链的概念。第二，普通人使用。第三，商业应用。按层次分，包括应用层、合约层、激励层、共识层、数据层、网络层6个层次。按领域分，一是数字经济，二是互联网治理，三是大数据发展。

区块链五大典型应用场景：数字货币、智能合约、跨境支付、供应链金融、大数据交易。

第一，数字货币。前面已经提及。

第二，智能合约。从当前行业发展情况来看，私人部门推出的各类数字货币主要运用区块链技术和加密技术，通过竞争性记账、公私钥签名验证。智能合约的应用是以数字形式定义的承诺，这个承诺协议必须得到遵守。但是现在也面临着很多问题。第一个问题是目前数据资产化的程度不够。第二个问题是智能合约的很多方案不成熟，其安全性需要进一步提高。

第三，跨境支付。运用区块链跨境支付有很多优点，诸如信息不能轻易篡改，可以追溯，没有中心故障点，没有黑客攻击的危险，因此费用成本很低。未来，区块链在国际上将得到充分的运用，这是非常有发展前景的。

第四，供应链金融。核心企业把上下游的各种企业的信息流、资金流全部整合在区块链上面，通过了解上下游各个企业的金融需求，就可以进行整体的金融规划，进行金融服务的安排。同时，这个记录不可篡改。它的应用面也很广。

第五，大数据交易。新经济新金融已经在改变着我们国家经济地理的布局。中国有贵阳大数据交易所等15个区域性大数据交易中心。截至2016

年9月1号，贵阳大数据交易额累计突破1亿元，框架接近3亿元。未来有非常好的发展前景。但是也存在一些问题。数据具有很强的伪造性和更改性。而区块链的防篡改性可明确问题责任方，溯源、加密特性可保护数据拥有方的权利。

四、目前区块链技术的现状和未来的发展趋势

1. 区块链技术发展的现状

第一，政府部门高度重视。首先美国等许多国家政府高度重视。2016年7月中旬，美国监管者、立法者和企业家共同参加美国布雷顿森林露营活动，目的是为区块链制定正式的指导方针。与会者有美国联邦贸易委员会、美国商务部、美国国家标准和技术协会等，表明美国对区块链技术非常重视。目前，有很多国家的中央银行在进行区块链的研究。为减少成本、减少纸币的应用，印度储备银行从2015年12月开始讨论区块链技术。同时，荷兰中央银行也在积极进行相关研究。中国人民银行关注这个技术也已经有三年了。2017年3月份，日本中央银行公开承认了比特币的合法地位。

第二，金融机构全面加强运用和参与。美国银行提交了20份这方面的专利，摩根大通、万事达信用卡、西联国际、美国证券交易所、Visa和美国富国银行提出了相似的专利申请，相当于知识产权保护申请。还有IBM和法国银行加强合作，使用区块链技术创建了第一个适用于身份证的系统。区块链在金融中可以被很好地应用，可以精准扶贫，也可以根据自己本身的特征完成一些交易和安排。

第三，高校加强对区块链的研究。欧洲多个商学院与巴克莱等大型国际银行合作开设区块链课程。中国社科院有一个博士后的方向也是研究区块链技术。

2. 区块链应用需要解决的问题

(1) 区块链的不可能三角悖论。我们希望区块链兼备高效低能、安全性和去中心化这三个特征，但要完全达到很困难。做到安全性和去中心，就要求分布式账本增加更多节点，节点越多浪费的算力越多。节点少，浪费的算力少，可以达到高效低能，但是很容易被黑客攻击，就不能满足安全性要求。这就存在矛盾。

(2) 浪费大量资源。区块链规模太大，耗电太多，并且可能产生P2P的广播风暴。它是全网的广播，若不限制特定范围，全网都会受到广播影

响。实际运行中并不需要这样大范围的广播。

(3) 创新集成引起多症并发。第一，从密码学上来说存在风险。第二，P2P 的稳定性值得商榷。第三，工作量的证明机制。在节点很少的情况下，仍然存在被黑客攻击的可能性，也会造成整个系统瘫痪和失效。

3. 区块链未来发展趋势

第一，区块链联盟的成立和发展是未来的发展趋势。逐步形成全球区块链的格局，可以是全球性、全国性、区域性的。也可以搭建一个小的联盟，比如很多证券公司尝试把证券市场的交易通过区块链做一个场景的模拟。

第二，数字货币。前面已讲过。这里列出中国人民银行数字货币发展历程，见表 1 所示。

表 1　中国人民银行数字货币发展历程

2014 年	中国人民银行成立发行法定数字货币专门研究小组，论证中央银行发行法定数字货币的可行性
2016 年 11 月	中国人民银行确定使用数字票据交易平台作为法定数字货币的试点应用场景，并启动了数字票据交易平台的封闭开发工作
2017 年 2 月	中国人民银行数字货币研究所成功测试了基于区块链的数字票据交易平台。与上海票据交易所共同开展基于区块链技术的数字票据交易平台建设相关工作
2017 年 6 月	中国人民银行数字货币研究所正式挂牌成立。研究内容包括数字货币法律研究、区块链开发、芯片设计等
2018 年 1 月	数字票据交易平台实验性生产系统成功上线试运行，结合区块链技术前沿和票据业务实际情况对前期数字票据交易平台原型系统进行改进
2019 年 9 月	我国法定数字货币（DC/EP）的“闭环测试”开始启动，模拟测试涉及一些商业和非政府机构的支付方案
2020 年 8 月	数字货币就率先在深圳、苏州、雄安、成都等城市以及未来的冬奥场景进行内部封闭试点测试，以不断优化和完善功能。苏州部分机关和事业单位以工资的形式展开数字货币试点

第三，区块链应用于支付结算。跨境支付运用区块链可以带来很多好处，比如节省清算成本，这将对国际清算造成巨大的冲击。国际银行间的通信协议 SWIFT 未来也会运用区块链技术，否则就会受到冲击，甚至被淘汰。

第四，区块链应用于反洗钱，使得灰色地带无处可藏。联合国犯罪办公室报告，每年洗钱交易金额占全球生产总值的2%到5%。

第五，区块链全面应用于金融系统。区块链技术非常优秀，如果我们将其进一步完善，使它安全性提高，它可能成为未来金融重要的基础设施。但是在大面积应用之前，还要模拟更多的场景。在这些场景当中可以使得充分大家了解这种技术，发现它的缺点，才能让客户真实地了解、感受区块链的便与不便，然后实现进一步完善、试点、推广以及大面积应用。

五、区块链的安全风险和监管

对于金融科技（Fintech）的监管，全世界目前有三种模式。

第一，美国模式，即功能和行为监管。如果某一项业务有金融属性，就会被自动纳入金融监管。它的法律和监管也能够同步跟上。

第二，沙箱（也称“沙盒”）监管。这种监管模式是英国发明的。这类国家的特点是市场比较小，创新的步伐比较慢，所以政府冲在最前面主导和引导。所谓沙箱监管，就是选出比较好的项目，在特定的地点给予一定的特殊政策，实施包容性监管，让它去发展。这里最重要的就是对消费者权益的伤害进行模拟测算，如果试验成功就在全国推广，如果不成功就关闭。这有点类似中国的自贸区政策。英国、新加坡、澳大利亚都采用沙箱监管模式。唯一的区别在于英国和澳大利亚就是在其他的科技领域也运用沙箱监管，而新加坡则严格地把沙箱监管应用在金融科技领域。

第三，中国模式。即适应性监管，或者可以被称为跟随式监管。中国市场大，创新快，法律和监管往往滞后。在这种情况下，只能采取适应性监管方式。适应性监管的一个典型模式就是负面清单模式。负面清单规定禁止做的事，除此之外其他都被允许。

六、对于中国区块链的研究和应用的建议

第一，基于智能合约、区块链的技术有广泛的发展前景，首先要跟上这个技术的发展，采取跟随战略。积极筹建符合中国金融市场需求的联盟，让商业银行和非银行机构广泛参与我们自己的联盟。

第二，基于DAO事件，我们要重新对区块链的技术做深刻的分析。我们需要反思区块链风险是技术风险还是道德风险，或是兼而有之。

知识拓展

DAO事件

DAO是Decentralized Autonomous Organization（分布式自治组织）的简称。the DAO是一个基于以太坊区块链平台的迄今为止世界上最大的众筹项目。其目的是让持有the DAO代币的参与者通过投票的方式共同决定被投资项目。项目于2016年5月28日完成众筹，共募集到1 150万以太币，在当时的价值达到了1.49亿美元。

2016年6月17日，DAO受到黑客攻击。攻击者利用智能合约中split DAO函数的漏洞，不断从the DAO项目的资产池中分离出the DAO资产并转到黑客自己建立的子DAO。在攻击发起的三个小时内，市值近6 000万美元的资产被转移到了黑客的子DAO里。随后Vitalik发布文章，解释了被攻击的细节以及解决方案提议。提议方案为进行一次软分叉，不会有回滚，不会有任何交易或者区块被撤销。软分叉将从块高度1 760 000开始，把任何与the DAO和child DAO相关的交易认定为无效交易，以此阻止攻击者在27天之后提现被盗的以太币。这之后会有一次硬分叉将以太币找回。

北京时间6月18日6时19分，攻击者通过网络匿名访谈宣布会通过智能合约的形式奖励不支持软分叉的矿工100万以太币和100比特币，来对抗以太坊基金会提议的软分叉。

第三，对区块链技术应用的法律和监管制度体系应该提前研究。智能合约是否具有法律监管？此问题到底怎么认定？在智能合约领域，这方面也是一个空白。

第四，区块链技术应用的投资者保护机制需要完善。虽然区块链有很多好处，但是也有很多问题。一旦出了问题，投资者向何方索赔？现在问题还无从谈起，因为平台缺乏法律责任主体。在以太币攻击事件发生以后，投资者不知道通过什么法律程序保障自己的利益，所以此方面的研究需要早日提上日程。

第五，智能合约需要在去中心化和中心化之间找到一个平衡点。这个平衡点不是一味地、绝对地去中心、去中介。如果是完全的去中心和去中介，这项技术可能就没有办法推广，没有办法运用。

第六，数字货币的发展需要突破区块链的技术障碍。建立严谨的发展规划和设计，尽量找到区块链特征并使其得到充分体现。应该通过研究区块链发展障碍的运用案例，减少试错成本。这是区块链和国家发行数字货币的重要条件。

第七，监管的标准范围。未来应考虑如何建立全世界的统一标准来进行监管协调。从这方面来说，关于区块链技术监管的道路才刚刚起步。大家可以继续关注、继续研究，继续多做一些场景模拟，争取早日取得理想的结果。

➔延伸阅读

我们选取了伍旭川博士两篇公开讲话，分别从区块链和监管科技两个方面进一步梳理金融科技的现状与未来的发展趋势，希望能帮助读者加深对区块链和金融科技的理解。

延伸阅读1：从区块链和智能投顾看科技金融的发展趋势

随着金融监管靴子落地，人们愈发开始担心，这场由科技引发的金融革命是否会就此戛然而止。

客观而言，消费金融、供应链金融、共享金融等新经济模式，已经在科技金融领域百花齐放。风起于青萍之末，基于信息化的科技变革已然发生在金融领域的细微之处，而且正在发酵、醇化。

在2017杭州科技金融西湖峰会上，中国人民银行金融研究院互联网金融研究中心主任兼秘书长伍旭川从区块链和智能投顾两个方面跟与会嘉宾分享了他眼中的科技金融的发展趋势。

一、区块链：大范围推广还有很长的路要走

尽管区块链已频频在技术前端抛头露面，但对很多人而言，区块链仍是一个既新鲜又带有朦胧色彩的概念。如果要给区块链下一个定义，区块链是一种分布式数据库，通过去中介、免信任、智能合约、时间戳等方式，集体维护一个可靠数据库。

区块链的本质是一个巨大的防止欺诈的分布式账本，能够在不需要第三方介入的情况下，使用共识算法来透明地记录和校验所有交易记录。它用数学算法来替代中介，因此相对于传统的中心化方式，减少了许多摩擦和时间上的浪费。

尽管一些人对区块链的去中心化特征无限崇拜，也将其视为颠覆传统业务模式的敲门砖，但伍旭川认为，完全的去中心化不可能存在，用“弱中心化”定位区块链也许更合适。在峰会现场，伍旭川一连用了三个反问：“如果完全去中心化，谁来给区块链做更多的试点、推广？谁来识别和防范

风险？又有谁来执行监管？”

对于区块链技术的实际应用，外界的质疑也一直存在。2016 年 6 月份，网络窃贼利用了一个软件木马，从以太坊的库房中转移了 360 万的以太币，损失超过 4 500 万美元。以太坊被盗究竟是技术风险还是道德风险，至今仍未有定论。

对此，伍旭川表示，目前来看，区块链技术还停留在研究阶段，只适用于在一个特定场景中的模拟，想要大范围推广还有很长的路要走。但他也坦言，区块链的潜力不可限量。据伍旭川介绍，目前有超过 24 个国家正在投资区块链技术，超过 90 个国家的中央银行加入了区块链的研究，2017 年，80%的银行机构启动了区块链项目。

二、智能投顾：未来几年发展最快的领域

随着人工智能的兴起，关于“机器人革命”的命题屡见不鲜。而在金融领域，由人工智能和金融结合而引发的一场嬗变已经悄无声息地发生，并由此衍生出一个新的金融业态——智能投顾。

与传统的投资顾问不同，智能投顾的一个特点就是覆盖整条投资咨询价值链。面向普通客户，智能投顾可以研判投资方式及策略，达到资产配置再平衡；针对专业客户，智能投顾可以有合理避税的增值服务，以及投资组合的分析。

记者梳理，先有花旗集团于 2015 年发布“机器崛起”的研究报告，预言了未来智能投顾的发展趋势；后又有招商银行在 2017 年推出“摩羯智能”，作为智能投顾的一个领军产品；紧接着，大成基金也在公募基金行业跑马圈地，开始布局智能投顾。

就在众多国内外机构厉兵秣马之际，关于智能投顾风险不可忽视的声音开始强烈起来。伍旭川认为，智能投顾最大的优点是基于大数据技术，可以处理海量信息，快速应对时势；但从另一个角度看，大数据算法可能失效，样本数据需要不断修正算法。

虽然智能投顾在中国还面临一些“成长的烦恼”，但是对于其发展前景，伍旭川表示非常看好。“智能投顾的模型正在逐步成熟，将成为未来三五年发展最快的金融领域”，伍旭川说。

来源：石潇俊. 从区块链和智能投顾看科技金融的发展趋势［EB/OL］.（2017—05—18）［2021—11—15］. http://biz.zjol.com.cn/zjjbd/ycxw/201705/t20170518_3989026.shtml.

延伸阅读 2：金融科技的监管方向

金融科技主要通过创新金融业务模式和拓宽传统金融业务的边界，实现金融资源跨时域的优化配置，以此来促进金融和经济的发展。新的业务模式和业务边界难免触及现有的监管规则和框架，由此带来平衡金融科技发展与控制金融风险的监管挑战。从国际经验来看，主要国家的监管模式逐渐向主动适应型监管模式趋同，积极采用“监管沙箱”（Regulatory Sandbox）来控制金融风险，并推动监管科技的发展来促进金融科技合规化发展。

一、国际监管模式向主动适应型模式趋同

国际上对金融科技的监管主要有三种模式：以美国为代表的限制型监管、以中国为代表的被动型监管、以英国为代表的主动型监管。随着金融科技的不断发展，这三种模式都在逐渐向主动适应型监管模式趋同。

美国对金融科技实行的是限制型监管，即不论金融科技以何种形态出现，都根据金融科技的金融本质，将其所涉及的金融业务按照其功能纳入现有金融监管体系。除了其制度性的原因之外，还由于此前陷入 2008 年金融危机的泥沼之中，其防范金融风险的意识比他国更强。根据澳大利亚金融科技风投机构 H2 Ventures 和毕马威（KPMG）联合发布的《全球金融科技 100 强》，2015 年和 2016 年金融科技发展国家排名第一位的分别是英国和中国，而不是美国。为了推进金融科技的发展，美国白宫于 2017 年 1 月 13 日发布了一份《金融科技白皮书》（*A Framework for FinTech*），该文件提出了包括深化 21 世纪金融监管框架和保持国家竞争力等六项金融服务行业政策目标，以及提升金融基础设施的效率和效能等十项基本原则。该文件传递出美国政府对金融科技发展转向积极的态度，认可了金融科技在变革金融服务、提高金融体系功能和提振经济等方面具有极大潜力。可以预判，美国政府对金融科技的监管模式将由限制型监管向主动适应型监管转型。

近年来，中国政府实施鼓励创新的整体战略，监管初期采取较为宽松的政策，令我国的金融科技在短短几年内快速发展。但在 2015 年下半年出现的“e 租宝”等多起 P2P 风险事件，促使监管部门采取主动适应型的监管模式。在国务院颁布的《互联网金融风险专项整治工作实施方案》的指导

下，监管部门迅速开展专项整治工作，成立了中国互联网金融协会，以加强行业自律。随后出台的《网络借贷信息中介机构业务活动管理暂行办法》对网络借贷设立了监管规则。在招财宝平台上的侨兴债逾期事件发生后，中国人民银行及时实施支付机构客户备付金集中存管制度，证监会也牵头开展对交易场所清理整顿“回头看”活动。另外，中国人民银行还牵头策划并成立线上支付统一清算平台，以改变现有第三方网络支付服务直连银行网络带来的多方关系混乱、监管漏洞和安全无法保障等问题。

英国把金融科技作为金融发展的重要目标，对金融科技一直实行主动型监管。2013 年 4 月成立的金融行为监管局（Financial Conduct Authority，FCA）开始承担对金融科技创新的监管，其主要监管理念是平衡创新与风险的关系。这种主动型监管主要表现在，对发展最迅速且规模最庞大的 P2P 和众筹业务，FCA 制定了相应的监管办法，内容包括借贷类众筹平台最低审慎资本标准、客户资金保护规则、信息报告制度、合同解除权、平台倒闭后借贷管理安排与争端解决机制等七项基本监管规则；将股权型众筹拓展为投资型众筹，在投资者身份、投资额度及投资咨询要求等方面提出了更高的监管要求。对于网络银行和第三方支付等业务，依据英国金融服务管理局（Financial Service Authority，FSA）于 2009 年颁布的《银行、支付和电子货币制度》，将其纳入原有监管规范之中。另外，FCA 于 2014 年推出“项目革新”计划，该计划强调支持创新并保护消费者利益，致力于解决金融科技创新企业不熟悉金融监管规则以及如何获得业务许可的难题。2016 年 5 月 9 日，FCA 又正式启动了监管沙箱，通过提供一个缩小版的真实市场和宽松版的监管环境，在保障消费者权益的前提下，允许金融科技初创企业对创新的产品、服务、商业模式和交付机制进行大胆操作。英国还通过鼓励发展监管科技（RegTech）来提高监管的有效性。英国对金融科技的主动型监管，使其在金融创新与金融科技监管方面保持着独特的竞争力。

主动适应型监管模式兼具监管的韧性与灵活性，在提高对金融科技风险的预判水平和防范能力的同时，适应性地推出与金融科技发展阶段和风险状况相匹配的监管法规，较好地实现了金融科技发展与金融风险防范之间的动态平衡。因此，这种模式将成为未来国际上对金融科技监管的主要方向。

二、监管沙箱是不可或缺的监管机制

英国首先将沙箱理念用于金融监管领域，并引入“监管沙箱”概念，意在为金融创新提供安全的测试环境。所谓“沙箱理念”，即在受限的安全环境中运行应用程序，并通过限制授予应用程序代码访问权限，为一些来源不可信、具备破坏力或无法判定程序意图的程序提供试验环境。监管沙箱机制适用于金融科技发展的特征，已逐渐被新加坡和澳大利亚等国家采用并推行。

监管沙箱机制是监管者对金融科技的监管定位。金融科技的发展，不仅为金融产品、服务、销售渠道、商业模式带来了深刻改变，而且对传统的金融生态环境产生了极大的冲击，因此如何对其进行监管定位，不仅影响到金融科技未来的发展，也将影响到监管者对风险控制与行业发展的平衡。监管沙箱的引入，为监管者如何平衡金融科技的发展与风险控制寻找到了一个有效的监管机制。在监管沙箱机制下，监管者通过测试与了解创新、评估风险、决定该金融科技项目是否大面积商用并判定现有监管规则是否需要调整工具，从而在风险可控的前提下促进金融科技发展。

监管沙箱机制能够很好地平衡金融创新与金融消费者保护。在监管沙箱机制下，金融创新的目的能够被引导到真正改善消费，正如 FCA 所述，"监管沙箱的目的是支持可以真正改善消费者生活的创新"。金融消费者可以利用沙箱程序消除金融消费风险，保护其权益，享受多样的金融产品和服务。只有消费者知晓潜在风险及可获得的补偿并同意参加测试，企业才能对消费者测试其创新产品。比如，英国的 FCA 会根据具体情况做出信息披露、保护和补偿。消费者仍拥有其他合法权利，如向企业投诉，寻求金融申诉服务，若企业倒闭则可根据金融服务补偿计划获得补偿。

未经测试的金融环境，是金融科技的主要风险来源之一。监管沙箱将金融科技的创新产品，在一个受限的金融环境中进行测试和运行，从而可以更加有效地控制风险。区块链技术未来将被广泛应用于金融科技，而该技术具有一定的风险，基于区块链技术的金融产品更需要在受限的金融环境中测试。2016 年 12 月，作为法国中央银行的法兰西银行完成了第一次公开承认的区块链试验，即对 SEPA 信用标识符管理中所使用的以及在欧元区内建立债权人身份识别标记相关技术进行测试。该项试验测试使法国中央银行成为应用这种测试技术最为先进的机构。

三、监管科技将成为金融科技发展的重要推动力

金融科技的发展，使得金融机构除了需要继续坚持 KYC（Know Your Customer）原则外，更要坚持 KYD（Know Your Data）原则。通过将 KYC 获取的信息与 KYD 挖掘的数据之间深度结合，更好地识别金融风险，从而更加合理地对风险定价以实现金融资源的有效配置。不但金融机构需

要知道自己的数据，监管机构更需要掌握金融机构的数据，以便金融风险评估和维护金融稳定，这对金融机构提出了更高的监管合规要求。金融机构遵循监管以达到合乎监管需要的成本随之提高，由此催生了监管科技的发展。

FCA将监管科技描述为“运用新技术，促进达成监管要求”。许多监管规定都基于或使用了某些数据、处理或管理结构，这常常导致金融机构为满足监管合规要求而做重复工作。而监管科技的解决方案，可以从根本上解决合规活动费时费力的问题，使金融机构避免重复工作并提高效率，还能帮助金融机构避免因不满足监管合规要求而带来的巨额罚款。监管科技通过结合数据分析、风险模型和情境分析等，利用人工智能技术来计算并预测风险，为金融机构提供相应的解决方案。未来随着监管科技与人工智能的进一步融合，合规操作将实现自动化。

当前，大部分领先的金融科技创业公司集中于英国和美国。国际上对监管科技的发展也十分关注，国际证监会组织（International Organization of Securities Commission，IOSCO）还成立了专门的工作组来深入调查这一领域。国际金融学院（Institute of International Finance，IIF）最近也发布了一份名为《金融科技在金融服务业中的发展》的报告，该报告概括了监管科技专注的关键领域，讨论了如何应对该新兴领域发展的障碍，并强调了法律需要更加包容新技术以在监管科技公司和监管者之间架起桥梁。另外，澳大利亚证券与股票交易委员会（ASIC）还提议运用新金融科技关联监管科技创业公司。

监管科技的具体应用还体现监管资料的数字化、预测编码、模式分析与机器智能和大数据分析等方面。随着监管科技的发展，监管部门的技术系统可以直连每个金融机构的后台系统，实时获取监管数据，运用大数据分析、数据可视化等技术手段完成监管的报告、建模与合规等工作。随着监管机构加强对监管科技的应用，通过系统地构建以大数据和云计算等技术为核心的数字化监管体系，将避免监管滞后的问题，并有助于监管机构实现即时、动态监管和全方位的精准式监管，从而推动金融科技更加快速、健康地发展。

来源：伍旭川，刘学. 金融科技的监管方向 [J]. 中国金融，2017（5）：55—56.

第二讲

杨涛：新技术与支付清算体系变革

➔主讲人：杨涛

杨涛，国家金融与发展实验室副主任、中国社会科学院金融研究所所长助理。中国社科院金融研究所金融市场研究室主任，中国社科院产业金融研究基地主任，中国社科院金融研究所支付清算研究中心主任，研究员。研究方向：货币与财政政策、产业金融、政策性金融、支付清算。

➔内容摘要

■ 现代支付清算体系的基本架构
■ 新技术对支付清算基础设施的冲击
■ 支付经济学及相关实证研究

➔精彩提示

杨涛教授剖析了现代支付清算体系的基本架构，介绍了中国支付清算体系的现状。在此基础上剖析了金融科技的出现对现有支付清算基础设施的冲击。最后，结合“支付清算学”的概念强调了研究支付清算领域的重大价值。

今天很高兴有这样一个机会跟各位交流“新技术跟支付清算体系变革”相关问题。默顿《金融学》里面所讲的金融的功能是多元化的，涉及资金与资源的配置、风险管理、信息管理还有支付清算等。其中，支付清算是金融活动最基础的功能之一，而通常所说的金融基础设施，也往往就是指支付清算体系。

一、现代支付清算体系的基本架构

金融基础设施或者是金融市场基础设施有广义和狭义之分。过去我们把所有金融中后台有关的软环境跟硬件环境都归纳于其中，这是广义的含义。从狭义和更精准的含义来看，金融基础设施就是指支付清算和结算体系。

进入21世纪之后，全球对于以支付清算为代表的基础设施都给予了空前的重视。例如，美国相关监管部门推出了“长臂原则”，即美国的证券金融机构在其他国家市场进行相关产品交易的时候，应遵循美国的规则，而不是所在东道国的规则，从而在基础设施层面控制住相关风险。这也体现了人们对于金融基础设施认识的演变历程：基础设施越来越重要，它在金融稳定、金融风险传染当中起到的作用（正面作用和负面作用）都更加突出。

按照现在国际上相关的软法规则，金融市场基础设施具体指的是如下几个方面：支付系统、中央证券存管、证券结算系统、中央交易对手以及交易数据库。

各个国家在支付清算基础设施层面的政策目标，一直在效率、安全两个方面进行摇摆，而我国当前跟发达经济体这种摇摆的节奏是略有差异的。欧美过去对于支付清算基础设施的监管非常严格，近两年则开始侧重于“跷跷板”的效率方面。我国过去在支付领域的监管相对宽松，现在则更重视“跷跷板”的安全。这也是正常的，因为“跷跷板”本身是一种动态平衡机制。

依托国际惯例加上本土特色，为了更好地研究和分析，我们每年出版的《中国支付清算发展报告》将我国支付清算设施区分为三大块：中央银行支付清算体系、第三方支付机构体系和证券清算结算体系。

第一个体系，也就是中央银行支付清算体系，近年来发展非常迅猛，与此同时也面临很多挑战，比如监管协调。监管之所以需要协调，是由于混业经营不断推进，风险出现了交叉，在监管空白地带容易产生一些危机的萌芽。支付清算更需要监管协调，使风险定位更精准。

第二个体系，即第三方支付机构体系。有人认为第三方企业也面临跑路风险，实际上跑路的只是第三方支付里面相对来说比较低端（如做预付卡）的领域。第三方支付的牌照是有多种功能的，可以做网络支付、收单、预付卡等业务。

由于过去监管宽松，第三方支付获得了蓬勃的发展，与此同时也产生了某些问题，特别是客户信息安全问题。我国现在针对个人信息保护选择了最严厉的原则。比如非法利用个人信息50条以上就适用刑法，可见其严厉程度。第三方支付实际上掌握了大量的客户信息，可以用于增值服务。而互联网时代最具竞争力的财富、最核心的资产就是客户信息资产。因此，该领域的监管需要不断完善。

第三个体系，即证券清算结算体系。这个体系是支付清算领域的重中之重。在我国，证券清算结算体系主要有三个机构：①中央结算公司；②中国结算公司；③上海清算所。这三个机构是提供证券清算、结算服务的主体。

二、新技术对支付清算基础设施的冲击

金融科技指的是科技对整个金融产业链的全面重构。全球金融科技浪潮在近五年逐渐形成一个高峰。中国与全球处于同一起跑线上，而发达经济体对金融科技的应用没有我国普遍。其背后的原因是多元化的，一是发达经济体原有的主流金融体系服务完善，没有弥补短板的迫切性；二是监管严格。中国之所以能够成为弄潮儿，有资本驱动、监管宽松等原因，以及其他短期因素。中国正在全球金融科技浪潮当中引领潮头，但是是否能持续还有待观察。对于金融科技未来的长期发展，不容否认，基础设施至关重要，因为它能够从根本上带来效率的改变。

支付模式的变化不仅带来了支付效率的提升，而且可以促进电商经济进一步发展，支持消费，依托于支付还可以叠加一些金融服务，从而带来更深远的影响。有研究表明，在网络购物的时候，支付的便捷与否直接影响到消费者购买的可能性。再如，依托于支付，进行应纳税收申报时通过支付宝人脸识别就可以对个人身份进行验证（如北京地税局），这也节省了大量时间跟精力。

在讨论中国金融科技在全球领先的时候，大家特别喜欢用移动支付来印证，但我个人不完全同意，因为其中有很多“金融腾飞的幻觉”。看似赶英超美的东西，技术含量其实没那么高。第一，现在大量令人眼花缭乱的支付产品，未来可能都会退出市场。许多产品除了一点新奇的体验，已经完全脱离了支付本来的价值了。支付未来应是逐步走向便捷化、标准化的。这种概念上的赶英超美没有任何价值。第二，有人把移动支付跟电商视为“新四大发明”的内容。支付清算确实可以提升一个国家的效率，但是它对于最终福利改进是不能无限拔高的。极端地说，全靠居民部门加杠杆做快速支付，也可能带来过度负债和非理性消费，它不能从根本上改善某个部门的福利状况。

最后要强调我国如何处理好“跷跷板”的问题。过去金融基础设施建

设的大思路是大干快上，因为供给不足，由此导致项目质量出现问题。现在要严格监管，重点抓好项目质量。

此外，需要突出真正推动支付行业向扎实的金融科技驱动进行转换，增强金融科技的正外部性。我们需要的是一种技术上真正能够看到的改进，而非大量短期化的或“挂羊头卖狗肉”的改进，支付领域尤其需要关注这个问题。

三、支付经济学及相关实证研究

与支付清算问题日益为主流学界关注的现象相适应，“支付经济学”作为一个严谨的理论概念也开始被广泛讨论。来自里奇蒙德联邦储备银行的经济学家莱克尔（Lacker）对支付经济学的创建发挥了重要作用。各界研究者共同推进支付经济学研究的一个重要平台是各国中央银行举办的支付经济学学术研讨会。

支付清算系统运行与实体经济之间的密切联系，使得我们能够基于其数据对重要宏观经济变量进行验证和预测。利用支付清算指标可以观察宏观经济、金融运行。例如，由于支付清算系统是现代社会中货币流通的主要载体，根据支付清算数据能够更为准确地估算我国的货币流通速度变化，从而为货币政策提供依据。还有，通过支付清算数据，可以观察我国区域金融发展水平及其相互间的资金流动关系。

总而言之，支付清算的一些指标对于我们的研究是有巨大价值的，而且在新的技术时代——金融科技时代，作为研究者，关注的不能仅仅是对引领模式、商业模式带来的变化，更重要的是要关注这背后的理论内涵，通过梳理理论内涵来指导现实当中的政策及创新行为。新技术影响下的支付清算变革，可能改变原有风险特征与构成，改变消费者行为，改变金融科技所叠加的金融要素，从而在宏观层面带来深刻的影响。

➔延伸阅读

在延伸阅读部分，我们摘选了杨涛教授发表于《中国金融杂志》上的文章，该文章阐述了自美国运通在华合资子公司获批银行卡清算业务许可证并预测开展境内银行卡清算业务后，对于我国支付清算市场的国际化进程产生的影响。

延伸阅读：我国支付清算基础设施的双向开放

2020年6月13日，美国运通在华合资子公司连通技术服务有限公司获批银行卡清算业务许可证，并且预计在6个月内开展境内银行卡清算业务，这对于我国支付清算市场的国际化进程将带来深远影响。

美国运通入华的影响

可以说，这是我国支付清算市场发展中的重要事件，意味着在金融市场基础设施中最为关键的清算组织环节，将很快出现第二家持牌卡组织。总体上看，应有助于提升银行卡市场的竞争性和服务效率，有利于消费者享受更加多元化的支付服务。

首先，这表明我国的金融国际化步伐仍在按照既定方针稳步推进，并且进入作为核心的金融市场基础设施层面，可见推动金融业双向开放的战略并没有动摇，这也可以消除2019年以来国际形势多变背景下的境外疑虑。

其次，作为申请人的运通公司，其境外“三方模式”也有自己的特色。虽然其在国内需适应卡组织“四方模式”特征，但仍有其自身的比较特色，有利于推动国内零售支付产业链的进一步深化改革，形成卡组织、其他特许清算组织、金融机构、支付企业的竞争互补新格局。

同时，境外卡组织也可能在跨境支付服务方面有所作为，并且在聚集和服务高端用户、改善用户体验方面体现出自身特色，从而满足人民币国际化背景下的境内外客户新需求。这也能激励国内卡组织、特许清算组织等进一步直面国际竞争，推动产业链与平台模式的优化，积极“走出去”参与国际市场竞争、输出自身的先进经验和技术，为全球零售支付与清算市场的改善做出“中国贡献”。

以“引进来”提升支付清算市场效率

现代支付清算市场已经成为金融基础设施的核心内容，而公众最关心的则是其中的零售支付市场，因为其与老百姓的生活息息相关。从国际支付机构PayPal“借道”国付宝进入国内市场，到万事达“牵手”网联筹备银行卡清算机构获准，再到运通的融入，都意味着境内支付清算市场的整体国际化程度不断提升，最终将为国内支付体系改革带来更多“鲶鱼效应”。

一是将有助于经济的开放式、高质量发展。从全球来看，零售支付服务都不仅是着眼于支付本身，而且是成为商业模式的重要组成部分。尤其是在中国，新兴支付手段与电子商务、数字经济的蓬勃发展已经密不可分。据统计，2019年中国出口跨境电商交易规模达到8.03万亿元，增长超过13%。2020年初在疫情冲击下更体现出了跨境电商的生命力，如第一季度海关统计显示，电商进出口数据增长34.7%，而同期我国外贸进出口整体下降6.4%。可见随着国际支付清算组织参与到B2B（商家对商家）跨境支付领域，势必会进一步助力中国跨境经济活动的持续、快速、健康发展。

二是更好地满足居民多元化的支付需求。国际领先的支付清算组织通常具有扎实的商业基础、丰富的创新经验和规范的管理机制，入华之后同样可以发挥出自身比较优势。例如，虽然B2C（商家对消费者）跨境支付领域竞争日趋激烈，但仍然有诸多可创新的蓝海。在服务于中国居民“走出去”、境外居民“请进来”的过程中，境外支付清算组织同样可以努力抓住“痛点”来拓展业务。此外，在服务中国居民的本土需求方面，境外支付清算组织或许不具备短期优势，但通过市场化竞争来落地场景、增加客户黏性，最终将有利于增进消费者福利，并普遍增强消费者利益保护。

三是能够有利于优化支付市场结构，完善产业链布局。客观来看，在支付行业快速发展中，仍有许多不平衡、不充分的矛盾需要解决，体现在供给侧、需求侧和中间环节。同时，行业利益矛盾与协调变得更加重要，尤其是从零售支付角度看，行业“蛋糕”高速增长时代难以持续，这时更需要完善“分蛋糕”的规则。对此，引入境外机构将有助于缓解市场结构的缺陷，降低集中度风险，优化支付服务定价机制，促进整个零售支付产业链的进一步优化与重组。

四是推动“国际惯例”与“本土特色”的融合，强化市场内生活力。一方面，当前全球支付体系都已进入加速变革时期，在支付手段不断创新的同时，监管规则和业务标准也日益趋于完善，境外机构更加适应国际市场“游戏规则”，也更了解发达国家的消费者偏好与文化；另一方面，国内的“支付+”探索快速发展，即依托支付可以衍生出大量的附加金融和非金融服务，成为中国特色支付创新的重要内容之一，但也面临合规性挑战。由此来看，国际与本土特色“近距离碰撞”，显然对于整个支付行业的管理、业务、模式、渠道创新都利大于弊，也有助于本土机构在竞争中提升“走出去”的能力。

五是可以更加有效地进行多层次支付风险管理。近年来，我国支付市场在快速发展过程中，也出现了一些风险与问题。境外机构在风险管理的技术、理念、规则等方面都有其独到之处，有助于我们在行业与监管互动中借鉴经验，更好地把握效率与安全的“跷跷板”，乃至推动支付类监管沙箱的创新尝试。

六是能够助推支付清算法律制度的完善。支付服务市场开放需要伴随以国际化的制度规则，从而符合全球支付清算变革的大趋势。尤其是在中国，进一步开放有助于推动支付清算体系的上位法建设。因为现有规则总体上的法律层级比较低，有些基础规则相对滞后，已经难以适应现代支付体系的发展需求，对侵犯金融消费者权益的处理标准和力度缺少威慑力，违法违规成本偏低，市场乱象屡禁不止。同时，还有许多支付清算设施尚未被纳入《金融市场基础设施原则》的评估范围，或难以适应规则要求。相信在双向开放环境下，这些“制度短板”将会被加快完善。

“走出去”发展跨境支付市场的重点

从严格意义上看，跨境支付体系的发展应该包括三大层面，一是证券清算结算体系的跨境发展，如“沪港通”“深港通”“债券通”等金融市场的开放探索，本质上都离不开证券清算机制的国际化安排；二是大额支付清算体系的跨境发展，过去曾经表现为人民币清算行、代理行模式，或人民币 NRA 账户，现在则是以人民币跨境支付系统（CIPS）为重点；三是小额零售支付的跨境发展，也是当前各方关注的焦点。

在支付清算市场对外开放的过程中，“引进来”和“走出去”同等重要。我们已经看到，服务跨境、支持国际化的支付清算系统，是一国参与国际金融竞争的重要支撑。但某些观点认为，为了应对当前美国主导的国际货币金融体系的挑战、支持人民币国际化，应该跳出现有国际支付清算基础设施的局限，独立发展新系统、新设施，这在某种程度上还值得商榷。

一则，跨境支付清算系统只是推动人民币国际化的必要条件，而非充分条件。其所发挥的作用，归根结底还取决于在国际贸易、外汇储备、金融投资等领域，市场自身对人民币的需求程度。所以，寄希望于快速建设一个国际化支付清算系统，用于挑战美元主导地位，显然并不现实。二则，支付清算系统能否在国际市场上被各方接受，还要看其结算信用最终的保障，这里同样需要考虑，未来走向国际舞台的支付清算组织，在治理机制、产权结构等方面能否被市场认可。三则，长远来看，国际性支付清算组织自身应该逐渐走向市场化、准公共化，而所谓国家与政府影响力，更多地体现在国际法律、政治方面的博弈上，而非只靠国有背景支持。如美国的“长臂原则”事实上对现有《金融市场基础设施原则（PFMI）》都构成挑战，即便是那些在美国没有分支机构的支付清算组织和银行，只要利用美元清算系统开展跨境业务，就是在国际规则和法律框架内，就可能被美国法院施加一定的法律影响，更不用说还有反洗钱、反恐法案的约束。四则，近年来热议的基于分布式技术来挑战现有国际支付清算体系，提升我们的话语权，无论是在技术上还是在逻辑上，仍然难以真正落地。五则，虽然支付清算领域的技术创新日新月异，但从根本上看，决定支付核心竞争力的还是制度规则、信用与信心。

因此，所谓“走出去”并不仅仅是推动境内支付机构、卡组织到境外开展业务，更重要的是在夯实国内市场基础的前提下，持续、稳妥地推动支付清算组织的国际化服务能力与渠道，为跨境支付清算市场的发展提供更多的良好环境与要素保障。

全面练好金融基础设施的“内功”

当前亟须统筹发展国内金融市场基础设施，在“引进来”提升国际化“色彩”的同时，同步推动跨境支付清算服务“走出去”。对此我们认为，需要关注如下几方面问题：

首先，应该推动多层次的金融基础设施建设。一是以支付清算市场为核心基础设施。从前期六部门联合印发的《统筹监管金融基础设施工作方案》看，目前我国金融基础设施统筹监管范围包括金融资产登记托管系统、清算结算系统（包括中央对手方）、交易设施、交易报告库、重要支付系统、基础征信系统等设施及其运营机构。其中前五类可以与 PFMI 中分类设施相对应，但其具体界定仍具一定中国特色。二是重视金融科技时代的技术基础设施。根据相关国际组织的界定，技术市场设施通常包括客户身份认证、多维数据归集处理等可以跨行业通用的基础技术支持，也包括分布式账户、大数据、云计算等技术基础设施，此类业务多属于金融机构的业务外包范畴。因此，监管机构普遍将其纳入金融机构外包风险的监管范畴，适用相应的监管规则。金融机构要更好地运用新技术，同样需要在基础设施层面夯实基础，推动重大底层共性技术的创新，提高金融应用水平。当然，面对全新的国际环境，合理推动数字化技术设施的自主可控建设，也是题中应有之义。三是数字化背景下的金融标准化建设也是基础设施建设的重中之重。金融业务与产品标准化着眼于改善新技术在业务领域的应用效果，而技术标准化则是金融机构能够拥抱新技术与数字化的前提与保障。四是关注广义层面的金融基础设施建设。从严格意义上看，金融基础设施涉及金融稳定运行的各个方面，也包括货币体系、金融法律法规、会计制度、数据治理、信息披露原则、社会信用环境等制度安排。

其次，随着国内支付清算市场的参与者日益多样化，开放程度不断提升，也需要进一步探讨市场规则的完善与优化。当前，在发展金融“新基建”的过程中，尤其需要注意自主可控与开放共赢、政府主导与市场治理、行政（市场）垄断与市场竞争、多头建设与统筹安排、效率优先与安全优先、规模重要与质量重要等矛盾的破解。例如，在支付工具与交易层面，我国对民营企业的开放程度可谓全球领先。伴随着监管规则的不断完善、支付市场治理的日益深入，在清算环节对外开放的同时，也需进一步探讨对内开放的程度。

总之，支付清算的严监管和扩开放并不矛盾，合理推动改革开放，反而更有助于把握支付效率与安全的“跷跷板”。这就需从“引进来”与“走出去”、对外与对内开放、壮大行业与加强消费者保护等不同层面，重新梳理与探讨新形势下的支付清算市场发展路径。

来源：杨涛. 推动支付清算基础设施双向开放［J］. 中国金融，2020（22）：54—55.

第三讲

邓迪：区块链在金融行业的未来发展探析

主讲人：邓迪

邓迪，中国区块链应用研究中心理事长、北京太一云科技有限公司董事长。在中国互联网协会应用创新工作委员会换届大会上，邓迪被推选为协会常务委员、高级专家委员。据介绍，邓迪是本届十位高级专家委员中唯一致力于区块链创新技术的一位，也是最为年轻的一位。

内容摘要

- 病毒勒索，黑客为何选择比特币
- 从“三大要点”理解区块链技术
- 向商业领域进军的“可信区块链”是什么
- 如何监管、规范区块链
- 可信区块链“五大应用”助力金融发展

精彩提示

邓迪先生从席卷全球的比特币勒索病毒谈起，接着系统地讲述了比特币的底层技术——区块链，如何监管、规范区块链，以及向商业进军的“可信区块链”和其对金融业的推动作用。

一、病毒勒索，黑客为何选择比特币

比特币勒索病毒突然在全球爆发，这其中一个值得关注的问题是黑客为什么选择比特币？因为比特币可以实现点对点的支付，无须通过第三方进行中转，不会留下痕迹。比特币最初的设计是为了解决西方金融世界出现的问题，因此具有以下特点：

（1）从资产储值的角度来解决货币超发问题。比特币的创造者希望能够通过数学的方式将比特币的总量规模控制在2 100万枚，任何人都无法进行超发。

（2）跨国界的支付方式。这在初创时是一个非常超前的设想，因为超越了各国的货币主权，打破了各国不允许民间发行货币的限制。这也决定了比特币在设计指导思想上是反监管的。

（3）不能与任何资产或机构绑定、挂钩。比特币必须是全匿名的环境。这一设定也是出于反监管的考虑，确保整个比特币的体系很难被摧毁。

未来比特币是否能真正成为数字货币，还需要解决一个很大的问题——安全和快速的两难选择。区块链的交易速度是由网络环境和节点数量来决定的，想加快速度，就要减少节点数量，但这同时会带来安全性的下降。在目前区块链的这个架构中，很难实现安全与速度的两全其美。

区块链是比特币的底层技术，但区块链不等于比特币。以上铺垫了大量的比特币的内容，是因为现在很多人将这些概念混为一谈了。接下来我会继续介绍更多关于区块链的内容。

二、从“三大要点”理解区块链技术

区块链，是指把一段时间的交易打包到一个区块，形成一个首尾相接的链。这个技术包括三个最为重要的要点：

1. 分布式账本

只有“增加”和“查询”两个功能，不能删除和修改，而中心化的数据库同时具备增加、查询、修改和删除四个功能。

2. 分布式密钥

区别于传统密码（各个层级中只要有一个层级被突破了，其上层所有层级都形同虚设，导致信息泄露），区块链没有中心化数据库或网管，采用纯密钥式的管理，尽管个别密钥的丢失无法通过其他方式找回，但只要自己的秘钥不出问题，信息就不会丢失，安全性较高。

3. 分布式共识机制

不存在权力无限大的系统管理员。现存的计算机环境中系统管理员的权力非常大，可以修改、删除程序等。区块链中的每一个节点都可以扮演一个仲裁或决策者的角色，也就是设计成了多人共管、共同治理、共同拥有的制度。

三、向商业领域进军的“可信区块链”是什么

将区块链不可伪造、可以追溯的技术运用于现实的商业交易中可以发挥非常重要的作用。但区块链技术是匿名的，而且没有任何挂钩的资产，在现实中直接运用显然是不现实的。为此，我们提出了“可信区块链”的概念，包括以下几个方面：

1. 可信产权登记

将区块链中形成的token与某种资产或身份等挂钩，使其不再是纯虚拟的。比如和股票、股权关联，就形成一个股票的区块链系统。

2. 可信身份认证

区块链的世界是完全匿名的，这个在与现实世界的对接中是不可能的，比如你不知道某一个上市公司的大股东是谁、某栋房产的拥有者是谁，因此需要身份认证和登记，必须知道相关资产被谁持有。

3. 可信网络节点

比特币矿工使用的完全是博弈机制，利益驱动挖矿行为，可能存在矿工被收买等情况。而真实的商业环境需要建立在可信的底层节点之上。

四、如何监管、规范区块链

上述这三点是将区块链应用于商业世界的必要条件，但我们可以发现，它们其实同最初设计比特币、区块链的初衷是背道而驰的。因此目前比特币社区也出现了争论，甚至出现了两条可以说是背道而驰的道路：一条是完全匿名化、反监管、自由化，另一条则向监管、正规、商业使用的道路发展。对于比特币、区块链的争论众说纷纭。在我个人看来，当前应该采取以下几种措施对待区块链和比特币的发展：

1. 进行规模控制

当前区块链已经出现了自我驱动、加杠杆的进程，体量巨大，未来还可能越来越大。如果不及时进行规模控制，未来一旦出现问题，波及面和造成的损失也可能是巨大的。

2. 及早划定实验区，进行规范

可以仿照英国等进行“沙箱式管理”。管理过程中需要协调监管部门和创新者，而不是一味地禁止，否则创新者会越来越想逃避监管，而监管者会越来越疲于奔命，屡禁而不止。

3. 需要全世界合作协同规划

区块链已经形成了自我发展和自我循环的机制，在产业资金和数字货币资金的双重驱动下，区块链资产可能会大规模向现实世界进军，因此需要很多制度层面的设计，可能是国家层面乃至全世界的协同合作。

五、可信区块链“五大应用”助力金融发展

1. 数字货币——提高货币发行及使用的便利性

未来最可能的发展方向是法定数字货币。这一进程有如下好处：第一，降低印刷、回收、鉴别真伪的成本；第二，可以数字化、智能化编程决定某一笔发行的货币的用途，实现精准化投向某个应用领域。第三，目前的第三方支付平台，如支付宝，事实上已经成了一个“黑箱”，货币监管已经无法通过货币流通量来实现，可能导致经济判断等出现问题。数字货币技术一旦获得突破，就能有效解决这一问题。

2. 证券发行与交易——实现准实时资产转移，加快交易清算速度

我们现在的交易所之间的互联互通需要非常复杂的协议和谈判安排，造成了不同市场的分割。相反，区块链事实上营造了一种“无信任的信任”的环境，资产在登记的那一瞬间就已经被证券化了，可以在全世界的任一节点实现交易，而且交易的同时就可以在区块链上记录，因此没有收盘清算结算的必要，所有交易所都可以24小时开盘。在证券发行方面，复杂的股权结构可以通过区块链来理清、登记。当前PE、VC多轮融资造成股权结构复杂，众筹融资造成持股人数众多，纸质凭证登记困难，在此背景下，这一技术的意义更加突出。

3. 票据与供应链金融业务——减少人为介入、降低成本及操作风险

纸质票据时代有大量伪造票据的行为。虽然电子票据在一定程度上解决了这个问题，但是票据的流转、供应链上下游的流转仍然十分困难。引入区块链技术就能在很大程度上解决这个问题。

4. 跨境支付与结算——实现点对点，减少中间费用

跨境支付和结算虽然已经方便了很多，但是仍然存在多币种之间的转换、外汇管制等问题。现在微软、IBM等企业已开始接受比特币支付。

5. 客户征信与反欺诈——降低法律合规成本，防止金融犯罪

前段时间一个非常严重的问题是“P2P跑路问题”。因为这些P2P企业使用的是中心化的数据库，因此投资者无从知道钱投入这些平台之后的真实去向，信息透明度极低。如果用区块链将每笔数据都实时存证，就能解决数据

造假问题，这利用了区块链技术账目不可修改的特点。区块链还可以扮演第三方网上签约室，即使对方平台出现问题，合同仍然存在且有据可查。

延伸阅读

在延伸阅读部分，我们特地总结了分布式账本、供应链及共识机制的简介及主要分类介绍，以供读者参考学习。

延伸阅读：分布式账本、供应链及共识机制

分布式账本

分布式账本（distributed ledger）是一种在网络成员之间共享、复制和同步的数据库。分布式账本记录网络参与者之间的交易，比如资产或数据的交换。这种共享账本降低了因调解不同账本所产生的时间和开支成本。

一、技术阐述

分布式账本技术产生的算法是一种强大的、具有颠覆性的创新，它有机会变革公共与私营服务的实现方式，并通过广泛的应用场景去提高生产力。

分布式账本，从实质上说就是一个可以在多个站点、不同地理位置或者多个机构组成的网络里进行分享的资产数据库。在一个网络里的参与者可以获得一个唯一、真实账本的副本。账本里的任何改动都会在所有的副本中被反映出来，其做出反应的时间只有几分钟甚至是几秒钟。在这个账本里存储的资产可以是金融、法律定义上的、实体的或是电子的资产。在这个账本里存储的资产的安全性和准确性是通过公私钥以及签名的使用去控制账本的访问权，从而实现密码学基础上的维护。根据网络中达成共识的规则，账本中的记录可以由一个、一些或者是所有参与者共同进行更新。

分布式账本技术有潜力帮助政府征税、发放福利、发行护照、登记土地所有权、保证货物供应链的运行，并从整体上确保政府记录和服务的正确性。在英国国民健康保险制度（NHS）里，这项技术通过改善和验证服务的送达以及根据精确的规则去安全地分享记录，有潜力改善医疗保健系统。对这些服务的消费者来说，这项技术根据不同的情况，有潜力让消费者去控制个人记录的访问权并知悉其他机构对其记录的访问情况。

二、技术优势

分布式账本技术可以有效地改善当前基础设施中出现的效率极低、成

本高昂的问题，而导致当前市场基础设施成本高的原因可以分为三个：交易费用、维护资本的费用和投保风险费用。在某些情况下，特别是在有高水平的监管和成熟市场基础设施的地方，分布式账本技术更有可能会形成一个新的架构，而不是完全替代当前的机构。

供应链

一、基本含义

供应链是指围绕核心企业，从配套零件开始，制成中间产品以及最终产品，最后由销售网络把产品送到消费者手中的，将供应商、制造商、分销商直到最终用户连成一个整体的功能网链结构。供应链管理的经营理念是从消费者的角度，通过企业间的协作，谋求供应链整体最佳化。成功的供应链管理能够协调并整合供应链中所有的活动，最终成为无缝连接的一体化过程。

供应链的概念是从扩大生产概念发展来的，它将企业的生产活动进行了前伸和后延。日本丰田公司的精益协作方式中就将供应商的活动视为生产活动的有机组成部分而加以控制和协调。哈理森（Harrison）将供应链定义为："供应链是执行采购原材料，将它们转换为中间产品和成品，并且将成品销售到用户的功能网链。"美国的史蒂文斯（Stevens）认为："通过增值过程和分销渠道控制从供应商到用户的流就是供应链，它开始于供应的源点，结束于消费的终点。"因此，供应链就是通过计划（plan）、获得（obtain）、存储（store）、分销（distribute）、服务（serve）等这样一些活动而在顾客和供应商之间形成的一种衔接（interface），从而使企业能满足内外部顾客的需求。

二、构成要素

一般来说，构成供应链的基本要素包括：

(1) 供应商。供应商指给生产厂家提供原材料或零部件的企业。

(2) 厂家。厂家即产品制造企业。这是产品生产的最重要环节，负责产品生产、开发和售后服务等。

(3) 分销企业。分销企业为实现将产品送到经营地理范围每一角落而设的产品流通代理企业。

(4) 零售企业。零售企业将产品销售给消费者。

(5) 消费者。消费者是供应链的最后环节，也是整条供应链的唯一收入来源。

共识机制

一、简介

所谓“共识机制”，是通过特殊节点的投票，在很短的时间内完成对交易的验证和确认；对一笔交易，如果利益不相干的若干个节点能够达成共识，我们就可以认为全网对此也能够达成共识。再通俗一点来讲，如果中国一名微博大V、美国一名虚拟币玩家、一名非洲留学生和一名欧洲旅行者互不相识，但他们都一致认为你是个好人，那么基本上就可以断定你这人还不坏。区块链作为一种按时间顺序存储数据的数据结构，可支持不同的共识机制。共识机制是区块链技术的重要组件。区块链共识机制的目标是使所有的诚实节点保存一致的区块链视图，同时满足两个性质：

（1）一致性。所有诚实节点保存的区块链的前缀部分完全相同。

（2）有效性。由某诚实节点发布的信息终将被其他所有诚实节点记录在自己的区块链中。

二、分类

现今区块链的共识机制可分为四大类：工作量证明机制、权益证明机制、股份授权证明机制和Pool验证池。

工作量证明机制（PoW）

工作量证明机制即对于工作量的证明，是生成要加入区块链中的一笔新的交易信息（新区块）时必须满足的要求。在基于工作量证明机制构建的区块链网络中，节点通过计算随机哈希散列的数值解争夺记账权，求得正确的数值解以生成区块的能力是节点算力的具体表现。工作量证明机制具有完全去中心化的优点，在以工作量证明机制为共识的区块链中，节点可以自由进出。大家所熟知的比特币网络就应用工作量证明机制来生产新的货币。然而，由于工作量证明机制在比特币网络中的应用已经吸引了全球计算机大部分的算力，其他想尝试使用该机制的区块链应用很难获得同样规模的算力来维持自身的安全。同时，基于工作量证明机制的挖矿行为还造成了大量的资源浪费，达成共识所需要的周期也较长，因此该机制并不适合于商业应用。

权益证明机制（PoS）

2012年，化名Sunny King的网友推出了Peercoin，该加密电子货币采用工作量证明机制发行新币，采用权益证明机制维护网络安全，这是权益证明机制在加密电子货币中的首次应用。与要求证明人执行一定量的计算工作不同，权益证明要求证明人提供一定数量加密货币的所有权即可。权益证明机制的运作方式是，当创造一个新区块时，矿工需要创建一个“币权”交易，交易会按照预先设定的比例把一些币发送给矿工本身。权益证明机制根据每个节点拥有代币的比例和时间，依据算法等比例地降低节点的挖矿难度，从而加快了寻找随机数的速度。这种共识机制可以缩短达成共识所需的时间，但本质上仍然需要网络中的节点进行挖矿运算。因此，PoS 机制并没有从根本上解决 PoW 机制难以应用于商业领域的问题。

股份授权证明机制（DPoS）

股份授权证明机制是一种新的保障网络安全的共识机制。它在尝试解决传统的 PoW 机制和 PoS 机制问题的同时，还能通过实施科技式的民主抵消中心化所带来的负面效应。

股份授权证明机制与董事会投票类似，该机制拥有一个内置的实时股权人投票系统，就像系统随时都在召开一个永不散场的股东大会，所有股东都在这里投票决定公司决策。基于 DPoS 机制建立的区块链的去中心化依赖于一定数量的代表，而非全体用户。在这样的区块链中，全体节点投票选举出一定数量的节点代表，由他们来代理全体节点确认区块、维持系统有序运行。同时，区块链中的全体节点具有随时罢免和任命代表的权力。如果有必要，全体节点可以通过投票让现任节点代表失去代表资格，重新选举新的代表，实现实时的民主。

股份授权证明机制可以大大缩小参与验证和记账节点的数量，从而达到秒级的共识验证。然而，该共识机制仍然不能完美解决区块链在商业中的应用问题，因为该共识机制无法摆脱对于代币的依赖，而在很多商业应用中并不需要代币存在。

Pool 验证池

Pool 验证池基于传统的分布式一致性技术建立，并辅之以数据验证机制，是目前区块链中被广泛使用的一种共识机制。

Pool 验证池不需要依赖代币就可以工作，在成熟的分布式一致性算法（Pasox、Raft）基础之上，可以实现秒级共识验证，更适合有多方参与的多中心商业模式。不过，Pool 验证池也存在一些不足，例如该共识机制能够实现的分布式程度不如 PoW 机制等。

实用拜占庭 PBFT

PBFT 是一种状态机副本复制算法，即服务作为状态机进行建模，状态机在分布式系统的不同节点进行副本复制。每个状态机的副本都保存了服务的状态，同时也实现了服务的操作。将所有的副本组成的集合使用大写字母 R 表示，使用 0 到 |R| −1 的整数表示每一个副本。为了描述方便，假设 |R| =3f+1，这里 f 是有可能失效的副本的最大个数。尽管可以存在多于 3f+1 个副本，但是额外的副本除了降低性能之外不能提高可靠性。

第四讲

郭宇航：金融科技重塑规则与投资热点

主讲人：郭宇航

星合资本董事长，点融网创始人、联席董事长，中国区块链应用研究中心理事长。曾是沪上知名律师事务所的管理合伙人，十余年律师从业经验。2012 年创立点融，3 年打造成独角兽企业。2016 年成立星合资本，专注金融科技早期投资。郭宇航现为上海市政协委员，曾荣膺新华社与上海“一行三会”金融监管评比的“2015 沪上金融行业领袖”“2015 年上海十大互联网创业家”等称号。

内容摘要

- 金融科技创业关键字
- 金融科技的崛起趋势
- 金融科技重塑行业规则
- 金融科技投资热点

精彩提示

郭宇航从自己的互联网金融创业经历讲起，指出勘测红线边界、寻求增信背书、招人注重平衡和分配股权恰当，是金融科技领域创业必须关注的四大关键。

在金融科技的崛起方面，他指出，全球范围内金融科技已经进入高速发展阶段。谈及金融科技对于规则的重塑，他认为金融科技促使金融走向普惠，高盛、花旗等传统的金融机构也逐步向技术公司靠拢。

在金融科技投资方面，他对多个领域进行了分析。最后，他表示希望用世界最前沿的技术提高金融的效率，从而让金融带来温度，使社会变得更美好。

过去五年是整个金融科技发展的黄金时期，金融科技的真正目的在于如何运用最新科技领域的发明来重塑金融的业态，提升金融的效率和降低成本。那么在金融科技领域，创业的生死抉择中，到底有哪些过不去的坎儿？

一、金融科技创业关键字

在金融领域创业必须关注的关键字有几个：勘测红线、增信背书、人才平衡。

首先，什么叫勘测红线？创业这件事情本身是个九死一生的事，尤其是在金融领域创业，分寸感的拿捏非常重要。在金融科技领域创业，很多时候是在利用科技进步的力量不断打破旧规则、创建新规则，使得草根创业从一片红海中杀出一条血路来。

所以，离红线太远，什么都不敢碰，创业者是没有机会的。但如果胆子太大，动不动就跨越红线、越过雷池，那就有可能从先驱变成先烈。法律有很多时候是滞后的，它的边界并不是特别清楚，创业者很多时候不得不掂量政策的边界在哪里。

跟监管的主动沟通包含了几种策略：一方面要创造各种各样的条件表达观点，引起监管的共鸣和关注；另一方面要会解读政策，在整个业务发展过程中，始终密切关注政策的导向和风口。

其次，寻求增信是作为草根来进行互联网创业的不二法门。我们在跟监管不断沟通的过程中，始终强调我们这样一个弱势群体的定位，寻求监管的理解和给予一定的政策空间。

最后，对于所有创业——不仅仅是金融科技行业创业，融资都是非常重要的能力，创始人就是要能够找到资金、找到优秀的人才，才能够把创业完整地推进下去。所以找到金主、找到能够给你增加增信背书的投资人非常重要。在这个过程中，我们就赢得了和监管平等对话的可能性。

二、金融科技的崛起趋势

与其他国家和地区相比较而言，中国金融监管的弹性更大，近年来也涌现出很多优秀的金融科技创业公司。在毕马威发布的全球金融科技 50 强中，美国目前还是占有最大比例，但中国也占据了七席，仅次于美国。

2013 年 6 月 13 日，余额宝上线后，在短短的几个月时间里，被银行所忽视的投资人群用几百元甚至一元起投的产品，支撑天弘基金成为全球最大的货币基金。从这个角度来说，互联网金融爆发式的增长从那时起正式开始。

金融科技并不是最近才崛起的，比如恒生电子、万得资讯、信雅达、东方财富、中科财金这些公司，它们一直在用技术改变以银行为代表的传统金融机构，但是这种努力始终被定位成一种后台服务。

金融科技公司则比较强调技术的引领作用，在业务构成和设计方面，技术团队扮演了非常重要乃至不可或缺的角色，而不仅仅是提供工具性解决方案的支持部门。

知识拓展

金融监管是金融监督和金融管理的总称。

金融监管是指政府通过特定的机构（如中央银行）对金融交易行为主体进行的某种限制或规定。金融监管本质上是一种具有特定内涵和特征的政府规制行为。综观世界各国，凡是实行市场经济体制的国家，无不客观地存在着政府对金融体系的管制。

从词义上讲，金融监督是指金融主管当局对金融机构实施的全面性、经常性的检查和督促，并以此促进金融机构依法稳健地经营和发展。金融管理是指金融主管当局依法对金融机构及其经营活动实施的领导、组织、协调和控制等一系列活动。

三、金融科技重塑行业规则

FinTech到底解决什么问题？我认为是利用科技提高金融运转的效率。

比如说区块链技术，在区域型金融机构间用区块链技术搭建清算结算体系，能够大大节约成本。人工智能在金融反欺诈方面的运用，有不可代替性和领先性。如果没有人工智能、没有深度学习、没有计算能力的大幅度提高，沉睡在金融系统里面的大量数据是不可能被广泛挖掘出它应有的作用来的。

从监管合规角度看，我们如何用技术来解决合规问题？在网贷出现之前，民间大概有接近10万亿元的地下灰色借贷市场，也就是所谓的高利贷市场，这是我们监管部门始终难以掌握的信息。如果把线下借贷、民间借贷通过网贷的方式公开透明地呈现在互联网上，所有的交易均有据可查，这样监管层就可以实时掌握民间借贷的资金流向、坏账率和利率水平，这对于监管的好处是不言而喻的。所以监管也要与时俱进，运用技术提升监管能力。

知识拓展

深度学习是指多层的人工神经网络和训练它的方法。一层神经网络会把大量矩阵数字作为输入，通过非线性激活方法取权重，再产生另一个数据集合作为输出。这就像生物神经大脑的工作机理一样，通过合适的矩阵数量，多层组织链接在一起，形成神经网络“大脑”进行精准复杂的处理，就像人们识别物体标注图片一样。

深度学习是从机器学习中的人工神经网络发展出来的新领域。早期所谓的“深度”是指超过一层的神经网络。但随着深度学习的快速发展，其内涵已经超出了传统的多层神经网络，甚至机器学习的范畴，已逐渐朝着人工智能的方向快速发展。

四、金融科技投资热点

金融科技投资领域的未来方向是什么？在互联网理财方面，因为互联网流量的成本导致这种商业模式很难维系，因此垂直领域创业风口其实已经很难再找到了。

互联网消费金融是一个风口，车贷、房贷这些基于互联网的金融资产端公司会蓬勃发展，能够给网贷平台源源不断地提供优质的资产。

互联网保险未来的发展空间是非常可期待的，但是基于 GPS（全球定位系统）信息的车险产品，目前并没有看到特别优秀的公司。

电子货币方面，我们看到在比特币的交易方面，有一些创业公司获得了不错的发展，很快就实现了盈利。但是以技术创造虚拟货币、脱离政府公信力背书的类比特币的代币产业，在中国恐怕很难公开、独立地发展起来。

区块链技术在未来五到十年有一定的发展潜力，不过应用场景的落地性制约了它进一步发挥作用的可能性。

人工智能的自动化投资，由于中国产品的丰富性欠缺，共应用空间也相对较小。

从林林总总的行业来看，互联网金融和金融科技创业模式赛道有很多个，但不是每一个都具备投资机会和投资价值。在未来的发展过程中，合规化、垂直化、混业化和国际化可能蕴含着一些机会。

从金融科技公司和互联网金融公司定位来说，中间业态特征会比较明显，未来银行可能会成为一种专业的存款机构，而大量的放贷能力尤其是创新类的放贷能力，会委托金融科技公司和互联网金融公司来完成。

知识拓展

互联网消费金融，是指借助互联网进行线上申请、审核、放款及还款全流程的消费金融业务。广义的互联网消费金融包括传统消费金融的互联网化，狭义的互联网消费金融仅指互联网公司创办的消费金融平台。随着传统消费金融机构线上化的发展，本文以广义的互联网消费金融为研究对象。

消费金融（或消费贷、消费信贷）是指以消费为目的的信用贷款，信贷期限在 1 至 12 个月，金额一般在 20 万元以下，通常不包括住房和汽车等消费贷款，专指日常消费如日用品、衣服、房租、电子产品等小额信贷。

根据消费金融业务是否依托于场景、放贷资金是否直接划入消费场景中，又可以将消费金融业务分为消费贷和现金贷。由于消费金融机构不能完全覆盖各类生活场景，因此直接给用户资金的现金贷成为有场景依托的消费贷的有力补充，大多数消费金融机构都同时具备这两种形式的消费金融产品。

延伸阅读

星合资本董事长郭宇航于 2018 年 3 月 21 日在洪泰基金“春分一万物生”投资人大会上，针对区块链主题发表了演讲，进一步介绍了当前区块链达成的共识，并针对区块链存在的问题提出了解决方案。我们将此文摘录于延伸阅读中，以飨读者。

延伸阅读：走向共识的区块链

所有技术都有走向共识的一条漫长的路要走，区块链只是其中之一，并不鲜见。

2000 年，我记得刚进互联网的时候就碰到纳斯达克暴跌，一堆企业股价变成 1 美元以下。那个时候大家对互联网的悲观情绪远胜于今天对区块链的批判和指责。所以谈到了区块链，刚才主持人也讲到，通证圈、链圈似乎泾渭分明。这跟我们金庸小说的华山派气宗、剑宗有异曲同工之妙。

没有底层技术支撑，这样的区块链的确是空中楼阁。但是，怎么样让通证圈和链圈走向共识呢？我在 2015 年关注区块链，2016 年走访区块链公司，希望投资它们的时候，链圈对通证圈是完全鄙视的。刚才主持人讲到三点钟区块链群，现在，似乎有一样东西开始让通证圈和链圈走向共识，就是“财富效应”；如果大家看不到百倍、千倍的上涨，那些大佬怎么会在半夜三点钟来讨论对他们来说似乎风马牛不相及的技术概念？

区块链较大的共识今天来看并不是技术有多先进，或在多大程度上改变了社会生产关系，更多的还是挣钱，而不是对技术有什么人文情怀。大家说较早的一批在通证圈赚钱的都是上一代在互联网失意的人，慢慢才有精英进入，之后会有大佬进入，之后带着一群韭菜进入，所以区块链搅动了 VC、PE。

2008 年金融危机催发了大量金融科技创新，就是因为对华尔街的不信任，对中央化的极（集）权机构不信任，对专家的不信任，才建立了一种新的信任机制，靠数学、密码学。我们现在用 token（通证）计量贡献。大家看到人人网、Telegram 等，为什么那么多互联网公司想要发行自己的通证？不把消费者变成自己的对立面，而是站在统一市场赚市场的钱。在传统的金融世界，现金也好，转账也好，有支付和清算才能完成金融的整体交易，但在通证世界里二者合而为一。大家知道，银行经营成本巨大，十几二十年前，银行员工每天下班后还要工作几个小时，只为了对账。在虚拟世界，区块链成本会变得更低。

代码即法律，就是指在程序员的世界里，编程、代码就是虚拟世界的法律。这是不可逆转的。

社群替代公司。现在公司的股东变化非常麻烦，一个新股东，哪怕只有 1 万美金股份，也要所有股东同意，才能做一些变更。社群里，对一个公司的支持，进入社群，有代币，就成了公司的一员。这样的经济效率是在传统的公司体制下很难达到的。

我们如何应对

区块链的局限非常多，它的技术并不成熟，未来两三年很有可能进入新的沉寂期，它只认数字签名不认人。但是大家记住，我们在传统的银行体系里，拿着借记卡、密码，同样不是本人也可以从银行 ATM 机拿走钱，所以这不是区块链本身的致命缺陷，很多金融机构也有同样的缺陷。

所以通证经济让一切变得有代价，这怎么理解？我们知道在有了短信、微信以后，最骚扰我们的就是垃圾信息。发垃圾信息几乎是零成本的。在通证体系，我们开发一个全新的邮件系统，每发一份邮件都是要付出通证代价的，这种情况下垃圾信息可能会被杜绝。

在现有体系下如何保证不涉嫌非法集资？在过去五年 P2P 创业里，也是反复地提醒自己，在没有法律规制的情况下，怎么守好创业的红线和底线。我们最近看到瑞士出台的对于token的四个定义里最重要的一条，就是当产品开发完成上线，有实际使用场景，你的通证发行不是证券发行，而是可以获得一种通证，可以在多大范围内使用，包括是否允许兑现，这是一条红线。

公司制本身不是一个技术含量很高的创新，却造就了整个西方资本市场，包括中国的资本市场的繁荣。未来在通证情况下不需要成为股东，大家就可以分享企业发展的收益，是不是通证可以构建一个新的经济体系和经济逻辑？我们拭目以待。

某点评网站也是一个案例。大家可以去想，我们每一次对餐饮的评价，我们拿到一个token，拿着这个token可以去店铺抵扣消费。这些行为在目前的范围内监管都是认同的；但是当某网站自己发了10亿token，3亿给客户使用、3亿挖矿出来、3亿多自己留着，这种情况下监管开始犹豫了：这种行为是不是跟金融行为有关联了？当它的通证进入二级市场交易的时候，就进入了监管的敏感区域。

美国硅谷也有非常疯狂的对发币的执着爱好者，很多优秀的人从华尔街、Google这样的团队加入了创业。在美国是相对集中在底层技术层面的开发。

同样的审慎，不一样的监管。大家可以看到未来创新和监管博弈将始终贯穿区块链的发展过程。未来，如果想要在区块链新技术领域里得到扎扎实实发展的话，跟监管的沟通和交流是必需的。很多时候创业者想在创业过程中得到监管支持，主动拥抱是不可回避的路径。

小国先试，大国跟随。大国的经济体量如果一开始就对创新模式给予宽容的话，可能系统性风险比较大。所以大家看到柬埔寨、新加坡，包括中国香港地区都跃跃欲试，希望政府在通证交易上给出宽松的政策。

来源：郭宇航. 走向共识的区块链［EB/OL］.（2018－03－28）［2021－11－15］. https://www.prnasia.com/story/206081－1.shtml.

第五讲

曹彤：开放银行的广义概念对中国银行业具有现实意义

主讲人：曹彤

曹彤，中国人民大学财政学学士、金融学硕士，东北财经大学金融学博士，高级经济师，拥有20余年银行业从业经验。曾先后供职于中国人民银行、招商银行和中信银行、中国进出口银行，深圳前海微众银行，目前担任中国人民大学国际货币研究所联席理事长、金融科技研究所联席所长，深圳瀚德科技董事长。

内容摘要

■ 从狭义开放银行到广义开放银行
■ 开放银行的概念对于中国银行业的意义
■ 直销银行将不断迭代

精彩提示

曹彤先生首先介绍了开放银行从狭义到广义的概念，并提出开放银行的概念对于中国银行业具有现实意义。他指出，解决银行业当前的经营痛点，需要通过开放式银行、数字化银行路径去实现。

开放式银行，是一种从传统银行到互联网，再到开放银行，最后到开放式社区的四层定义关系。站在全社会视角来定义开放银行的概念，对于中国银行业具有现实意义，解决当前的经营痛点，需要通过开放式银行、数字化银行路径去实现。当前，直销银行会沿着互联网银行、开放银行的路径不断迭代。

一、从狭义开放银行到广义开放银行的过渡是银行视角的切换

开放式银行，是一种从传统银行到互联网，再到开放银行，最后到开放式社区的四层定义关系。在这四层定义关系当中，前两层的定义关系，对于中国的银行从业者和一些银行客户来说应该有所感受。传统银行以线

下业务为主。从2012年开始，一些直销银行渐渐出现，并开始在线触达客户。2015年以后出现了互联网银行，这些都是典型的代表和特征。当前我们所说的开放式银行，严格意义上应该是一个狭义的开放式银行，因为是站在银行的视角来看金融业务、银行业务，它的开放是具有一个相应的主体——假定银行为主体。开放银行的技术、应用的能力、账户、基于账户的数据以及如何与社会交互等，这是第三阶段开放式银行。第四阶段开放式社区的含义是什么？它的主体视角转换，不是站在银行的视角，不是单一银行主体，而是站在社会、企业、个人和用户的视角，主体多元化和社会化了。此时，需要开放连接的对象就不仅仅是银行业，且不仅仅是通过API与银行交互，还需要通过市场板块与证券业、信托业交互，通过支付板块与第三方支付公司交互，通过技术协作与各类金融科技公司交互，等等。

其中，第四阶段的开放式社区，是一个广义的开放银行。在此阶段它并没有一个先验的主体，且不是假定站在银行的视角，更多的是站在全社会的视角。因为在那个时候，解决的金融问题会更广泛。不仅仅解决银行的信贷、理财、账户的问题，同时还要解决资本市场的问题，解决社会自我金融实现问题。而要解决资本市场的问题，连接的对象是谁？是证券公司以及证券公司内嵌的账户，还包括信托公司、信托公司的信托账户等。另外，对于金融科技一系列的技术应用，例如大数据技术、区块链技术，它们很有可能连接的是市场层面的金融科技公司。而支付很有可能连接的是第三方支付公司等。所以在那样一个阶段，它的开放主体会更加多元化。是不是一定要经过第三个开放银行的阶段？可能是必须的，因为银行这一类金融主体十分特殊，特殊性表现在账户主体。所以如果完成不了账户层面开放的过程，全社会的开放式生态将是无法想象的。

二、开放银行的概念对于中国银行业具有现实意义

第一，解决当前的经营痛点，需要通过开放式银行、数字化银行路径去实现。当前，中国金融的三个核心痛点在于：中小微企业如何能获得贷款（间接融资）、低评级企业如何成功发债（直接融资）、一般性的C端老百姓理财投资如何能找到适合的标的且是既安全又符合收益期望的。这三个问题如果能通过传统的办法解决，那么中国银行业应该早已解决。政府、监管、银行自身，工作十分努力且积极，所以如果传统的做法能解决，相信这些问题一定是早已解决了的。那么为什么到今天努力了这么多年，例如中小微企业依然贷款难，此类2002年就明确提出来的问题，已经20年过去却还没有解

决？就是因为用传统方法去解决存在一定难度。这不是主观认识而是客观方法论的问题。这些方法论需要通过数字化来解决。只有通过发现更多的数据、更多的信息对称，才能找到更加可靠的风控方法，从而为潜在风险度较高的主体找到融资的方案，所以数字化一定是它的方向。而数字化是不是通过银行闭门造车就能解决呢？答案肯定是否定的。如今谈及的数据是大数据，过去银行基于账户的数据是小数据，这一点是作为银行自身一定要认识到的。有更多的行为数据、社交数据并没有体现在银行账户这个范畴中，所以假如只是基于账户这些小数据就想要完成更广泛的大数据信息判断是不可能的。这就是为什么当前许多金融痛点无法得到解决的核心原因。

第二，从银行业自身发展来说，需要回到社会的角色。如何定义自身？银行业到底是自己定义自己还是由社会定义？在银行业多年发展下，存在走向自我定义的趋势，尤其是《巴塞尔协议》出现后，银行业变得越来越专业、越来越自成体系。但是，无论自我定义有多么完善，一定要回到社会的角色上来。当前外在社会的巨大变化之一就是数字化在快速发展，在深刻变革。任何一个行业都在经历这样一个过程，不管是 to C 端的服务形式还是产业互联网的深化，都是在快速地数字化。面对这样一个外界经济基础的变革，银行业如果自身不改变、不调整，仍然是自己定义自己，这是不切实际的。

第三，当前银行间的数字鸿沟，不是在缩小而是在扩大。我国银行数量庞大，多达四五千家，这四五千家银行当中真正数字化做到优秀的并不多，对于更多的银行而言，当前银行间的数字鸿沟，不是在缩小而是在扩大，值得引起重视。尤其近五年银行与银行之间的数字鸿沟，相比五年前更加扩大，对于目前还没有启动开放银行计划的中小银行更加具有现实意义。

三、当前直销银行会沿着互联网银行、开放银行的路径不断迭代

直销银行从传统银行角度来说是一个互联网化的升级与进步。但是如果从开放银行的分析框架来说，直销银行是开放银行的早期特例。在从传统银行到互联网，到开放银行，到开放社区的路径中，直销银行处在第二个阶段，即在互联网银行的早期出现了一种所谓的直销式的银行，它更多描述的是银行端通过互联网技术的应用单向地触达客户、单向地从市场获客。这里也运用了一些开放式银行的技术，例如 SDK 技术、H5 技术，也调用对方的 API 接口，但是它主要是一种单向开放的模式。

从开放式银行发展的趋势来看，直销银行将一步步升级，向互联网银行、开放银行发展。升级的方向一定是双向互动的，即银行端不仅要获取

市场的客户，从市场上获取一些对方的数据，或者数据分析的结论，同时也要将自身的内容、自身的风控技术、数据处理的技术开放给社会，将自身账户所形成的数据开放给社会。这样一方面对社会的贡献更大，另外一方面银行自身也能够不断进步。这是因为开放越多，对社会的数字化经济技术交互越多，业务发展就会越快。所以从这种趋势上来看，直销银行会沿着互联网银行、开放银行的路径不断迭代。

➜延伸阅读

科技金融和大数据的发展在给传统银行业带来挑战的同时，也给银行带来了转型的机遇。曹彤先生的文章《金融科技化时代背景下银行大数据如何转型》分析了大数据下银行的模式创新。作为本身业务与大数据紧密相关的银行业，传统银行面临科技金融横向切割市场的挑战。当前科技化领跑金融行业转型，负债端互联网化、支付端区块链化、管理端大数据化、资产端证券化是金融科技化的未来发展趋势。在这样的背景下，大数据外部化、动态化都要求银行在运营架构、系统上进行创新，其核心在于跳出小我、找到大我，融入大数据时代。

延伸阅读：金融科技化时代背景下银行大数据如何转型

以往我们认为银行业本身就是从事大数据挖掘的，包括全球非常著名的银行，在大数据挖掘上都有非常多的实践。但是不管银行自身有多少数据，许多数据应用的困惑仍然存在，这是时代衍生的特点和现象。从数据应用出发，大数据既是风控的视角，也是转型的视角。

一、科技金融横向切割市场

自从大数据概念开始兴起，数据体量逐年攀升，近十年来银行业围绕着大数据在转型改革上做出了许多探索。但是受限于银行业务范围，银行管理者始终有一个焦虑感。从银行创新来说，近年无论是在思想上还是在实践上都做了很多创新，但还是感觉无法适应现实的需要，因为这取决于外界环境的变化和经济社会的发展——近十几年高科技背景下的不断迭代，外界环境发生了巨大的变化。首先就是客户属性发生了变化。两三年前总感觉C端的用户在互联网化，现在B端用户也在不断互联网化；因为客户改变了，金融机构服务客户的方式必然就会改变。其次就是金融供给过剩，现在看得比较多的是金融机构，银行是其中的一个组成。从银行内部的销售数据来看，柜台的客流量在明显减少。

在新形势的要求下，科技金融应运而生，形成了新的管控平台。以前金融管控方面工商银行规模较大，招商银行起步比较早，中信银行是国家给的牌照，这些都可以接受。但是最近几年以科技为背景的金融科技管控平台不断出现，使得金融管控引入了科技和金融两个角度，其中平安保险是一个比较典型的代表。这些管控机构的出现，使得整个市场被横向切割。

不同的金融机构之间、不同的银行之间，在科技金融的应用上千差万别。从科技领域上看，4 000 多张银行牌照的数字风波，是跑在前面的集团军，跑在后面的会越来越大。

二、科技化领跑金融行业转型

无论是金融化还是科技化，两个维度都在不停地变化，但这些外界环境的变化是过去十几二十年稳定上升的结果，变化不太明显。这也是我们焦虑的地方。

转型在金融化上是一种视野，是很难超越的。可以预先知道的是，科技化是尽量地领跑，金融化是尽量地跟跑。信息技术对金融的敏感性非常强，每一次信息技术出来都在跳跃，电话、电脑、区块链都在跳跃。从金融维度上可以看到，这些年并没有什么大的风险——除了 2008 年美国次贷危机——之后并没有大的风险出现；但是在信息技术上，近年来可谓是风起云涌，现在的风险都是科技化进入而非金融化进入，这是非常明显的趋势。

科技对金融的影响，当前最具代表性的就是互联网技术。互联网是生产关系，其本身并没有带来跳跃。例如滴滴打车经过重新组合产生了新的变化，从互联网金融监管角度看，这种变化呈现出一个部分平衡的态势。另外我们看到在互联网金融里面，账户、虚拟账户、贷款、在线交易、互联网金融复杂的对公业务都在迅速地互联网化，并且模式已经成型，这就是一种新的生产关系。所谓科技化是对新的生产关系，嫁接这些关系的杠杆才能脱颖而出。怎么把科技摆在第一位？怎么看大数据？是当前转型一个非常重要的角度。

目前很多银行已成为全功能银行，各式各样的功能都是齐备的，甚至还在扩展。但是全功能银行意味着要有牌照，还要重资产。在新的监管理念下，重资产就意味着重资本，它俩一一对应。银行从业人员都知道资本的充足率大概两三年时间补充一次，但是资本有 0.7、0.2 的银行出来，资本补充是每个季度一次，这种重资产是走不了的。所以随着资本收益率、资本回报率下降，资产和资本的循环很难形成。

目前许多银行为了摆脱重资产的现状，采取了次重资产加人才的方法，一部分银行尝试向交易银行家角度转型，再发展就是成为轻资产＋科技的现代科技银行。当然科技银行之外，一些银行可以走得更远，譬如平台银行，即建设网点，在某个在线的流量下创造自己的流量客户，形成服务客户嫁接其他金融机构的桥梁。最终平台银行可以转变成为自金融的平台。

自金融可能是科技金融演绎的一个必然选择方向。比如企业财务公司就是自金融，财务、供应链都是自金融。虽然目前金融设施并不能支撑科技银行更进一步发展，但是越发展，银行的经营模式越清晰，这些显然都跟金融科技、数据、数据应用的方式、选择的模式是相关的。

三、金融科技“四化”是未来趋势

金融科技的“四化”作为一种创新、一种方向很难讲好与坏，只能讲谁跟这种创新方向相契合。就目前来看，这“四化”对于简单易行的商业转型比较适用，即怎么样让一个银行从卖变为买的银行。

第一，负债端的互联网化。这一点不需要讨论，只不过我们现在看到银行的负债端的互联网化还没有做得这么完美，现在负债端真正做得好的不多。作为银行，人、财、物什么都不缺，但是为什么次端银行做得不好？这是一个需要反思的问题。任何一个机构再厉害，在这个时代都要适应合纵连横的趋势。你的业务边界一旦划出这个银行，对一个陌生用户进行15秒的贷款判断，这个数据就不是银行的数据。我们现在在银行的互联网化上，最核心的还是没有走出一个小我的超越。由此得到的结论是，负债端的互联网化是必然的选择。

第二，账户支付端的区块链化。区块链化对于中小银行而言是好东西。比如说两个银行在互联网上吸纳存款，一个是工商银行，一个是某某村镇银行，客户很显然不会选择村镇银行。所以村镇银行要走出来，要找到自我征信的技术。

第三，管理端大数据化。包括怎么样在精准营销、在线风控、数据管理上实现突破，这些都是银行必须面对的问题。“四化”是比较简单易行的方法，其实都可以找到比较简捷的对应方案，例如怎么样资产证券化、怎么样实现VBO（虚拟后台）的应用、区块链怎么连接等，针对这些方案都有成熟的应用案例。

第四，资产端证券化。目前建设资产证券化云数据库，无论怎么做，数据量都是有限的。不管怎么做，要想产生一个在线的、计时的评级机制很难，因为这一定是社会多维度的集合。资产证券化是我们做的基层技术，不是算法复杂，而是链条太长。怎么样让成本降低？很显然需要平台化、需要多方参与的逻辑。

说说VBO的应用。关于互联网化还有一个概念非常重要，就是VBO这个概念。LNEDINGCLUB本身不是持牌银行，它是在线做贷款的，背后有银行。但是背后的银行怎么不自己干？因为LNEDINGCLUB一类的机构跟市场更贴近，能找到最佳解决方案。这也从某种意义上证明我们做银行的，需要对直销银行的概念进行思考；客观地讲，银行的互联网化就是直销银行，但是以职能投入的模式还是理财超市的模式目前还未解决。

再说说区块链。区块链也是一种自我征信的方法，其实在资产管理办法实现以后，这个是优势存在。它使得银行不再代表国家而只是一个企业，从这个层面出发来思考怎么自我征信非常重要。好在这个时代给出了一些技术方案，使得中小企业能在这方面实现自我突破。我们做了一些探索，可以说已经初见成果，例如贵阳发布的票据链。

四、新时代背景下银行业对大数据的思考

大数据是一个非常有意思的概念。什么是大数据？

第一个特征就是外部化。如果不认可外部化，大数据就不用谈了。尤其是对于银行从业者，我们自己的数据到底够不够？这是一个非常需要思考的问题。因为这个时代的要求已经跃升为秒级。如果一个陌生客户来找银行贷款，只有一次见面机会。如何能在十几二十秒内判断贷不贷？贷多少？这个数据显然不是银行的。要在互联网上找一个客户，而客户不知道是从哪里来的。如果只需要在线的数据判断，这显然一定是个外部机构。

第二个特征是动态化，因为数据是有生命的。数据仓库是在互联网化之前比较优秀的数字管理模式，现在看来已经不符合要求。现在如果数据不经过模型化、算法处理，这个数据就没有意义。在不开放的平台上，这个数据模型不可能好，因为数据模型需要大量实践才能打磨出来。这些特征决定了现在的数据平台需要跟各方互动、要不断调整自我，这才是一个好的大数据的应用模式。

所以从这个视角看问题，银行的人、财、物的积累找到一个好的方法是不难的，这里面有好的实践，一些具体的架构、系统的选型都是不难的。核心的是怎么跳出小我、找到大我，这是一个数据的时代。

来源：曹彤. 金融科技化时代下银行大数据如何转型［EB/OL］.（2017－05－03）［2021－11－15］. https://mp.weixin.qq.com/s/cNGSwT7v26QAtp－laeK－RQ.

第六讲

贲圣林：新形势、新机遇
——互联网金融的转型发展之路

主讲人：贲圣林

贲圣林，博士，浙江大学管理学院教授，国际联合商学院院长和互联网金融研究院院长，兼任中国人民大学国际货币研究所联席所长，全国工商联国际委员会委员，中华海外联谊会常务理事，中央统战部党外知识分子建言献策专家组成员，浙江省政协常委、经济委员会副主任，浙江省人民政府参事，浙江互联网金融联合会联合主席，广东金融专家顾问委员会顾问委员等。

贲博士有着丰富的国际金融从业经历，主要研究方向为金融科技、创业金融、国际金融、国际商务等。

贲博士先后获得清华大学工程学士学位、中国人民大学企业管理硕士学位和美国普渡大学经济学博士学位。

内容摘要

- 互联网金融的发展与安全问题
- 互联网金融的发展现状
- 互联网金融转型的战略定位
- 互联网金融升级的三大驱动力
- 互联网金融转型发展需要处理好的五大关系

精彩提示

贲圣林教授首先分析了如何正确处理金融科技发展与安全的关系，然后总结了互联网金融发展的历程及现状，并通过用户、产品及场景三个维度给出了互联网金融转型的战略定位。最后他认为互联网金融需要借助价值驱动、技术驱动和规则驱动这三大驱动力实现升级，同时也要处理好与监管、传统金融、规范、国际形势和经济属性的关系。

一、互联网金融的发展与安全问题

2017年4月，习近平总书记在谈到目前金融形势的时候，特别将“金融安全”作为关键词。6月，中国互联网金融协会秘书长陆书春在“金融科技发展与安全”论坛上就总书记讲话精神在互联网金融领域的表现形式做了系统的阐释。她指出，要正确处理金融科技发展与安全的关系，需要从以下几方面入手：

第一是“穿透表象，金融为本”。这是“我是谁”的问题。互联网金融本质上是金融。

第二是“服务实体，普惠大众”。这是“为谁服务”的问题。不论传统金融还是互联网金融，都必须为实体经济服务，互联网金融还要服务大众、普惠大众。

第三是“保障安全，防控风险”。这是“生存之道”。首先要在国家层面防止金融风险。而面对经营风险的金融企业，给风险定价进而有效防控风险是其生存的关键点。

第四是“良性竞争，共促发展”。由于互联网金融具有独特的生态，会在一定阶段出现一些垄断的倾向。为了促进整个行业的共同发展，必须建设一个良性的竞争环境。

第五是“面向国际，引领未来”。这是“如何发展”的问题。互联网金融的发展不仅要面向未来，还必须引领未来，面向国际。

那么互联网金融究竟是什么？金融科技是什么？它们之间有什么关系？实际上，我们认为，互联网金融是指在互联网（包括移动互联网）平台上，由从业机构（包括传统金融机构或IT及互联网企业）进行的涵盖资金融通、支付、投资和信息中介服务的新型金融业务模式或业态。而与之相对应，金融科技是指技术带来的金融创新以及所能创造的新的业务模式、应用、流程或产品，从而对金融市场、金融机构或金融服务的提供方式造成重大影响。金融科技与互联网金融二者之间有关联，但是不完全一致。互联网金融的概念和实践从全球范围来看，是金融科技发展的一个阶段，从传统金融到互联网金融的变革的核心必然是互联网。

二、互联网金融的发展现状

总体来说，互联网金融在中国的发展非常迅速。

首先是我国第三方支付交易规模及增长率的快速发展。2016年，我国移动支付规模已经超过人民币38.6万亿元，年增长率高达216%。而伴随着第三方支付的飞速发展，以银联为代表的传统支付机构却面临着重大挑战。

其次是互联网理财规模的快速增长。以余额宝为例，目前余额宝已成为全球最大的货币市场基金。中国市场的特殊性和技术的快速进步是余额宝在短期内迅速扩张的重要推动力量。

再次是互联网保险的崛起。从 2012 年开始，在短短的几年间，中国的互联网保险保费规模已经超过人民币 2 347 亿元。以消费保险为代表的互联网保险正在改变着我们现有产品的生产和销售。

最后是网贷的迅速发展。我国的网贷规模和平台数量是全世界最大的。从发展阶段来说，2011 年之前基本上属于网贷平台的萌芽探索期，2012 年开始爆发式增长，2015 年正常运营网贷平台达到 3 124 家。而从 2016 年开始，中国的网贷平台开始走向规范发展的阶段，网贷平台数量下降至 2 400 余家。

知识拓展

互联网保险，指实现保险信息咨询、保险计划书设计、投保、交费、核保、承保、保单信息查询、保全变更、续期交费、理赔和给付等保险全过程的网络化。网络保险无论是概念、市场还是经营范围，都有广阔的空间可以发展。2000 年 8 月，国内两家知名保险公司太平洋保险和平安保险几乎同时开通了自己的全国性网站。太平洋保险的网站成为我国保险业界第一个贯通全国、连接全球的保险网络系统。平安保险开通的全国性网站，以网上开展保险、证券、银行、个人理财等业务而被称为“品种齐全的金融超市”。

同年 9 月，泰康人寿保险公司也在北京宣布：泰康在线开通，在该网上可以实现从保单设计、投保、核保、交费到后续服务的全过程网络化。与此同时，由网络公司、代理人和从业人员建立的保险网站也不断涌现，如“保险界”等。当前，互联网保险有新的趋势出现，互联网保险出现了市场细分。另外，还有专门销售个人人寿保险的网站等。有些网站还获得了风险投资。在风险投资的推动下，互联网保险将取得更大更快的发展，竞争也必然加剧。一场互联网保险的市场争夺战已在全国范围打响。

三、互联网金融转型的战略定位

互联网金融发展到今天，如何转型才能达到可持续发展、健康发展？具体来说，应从三个维度来进行战略定位。

首先，用户维度。近年来，中小企业融资难、融资贵一直是困扰我国经济发展的重要问题之一，而要解决这一问题不仅需要技术的支持，更重要的是要建立起合理有效的规则和机制。从这一角度来说，以小微客户以及高净值客户的零散需求为主是互联网金融最重要的客户定位。

其次，产品维度。考虑到互联网金融的客户群体，在产品的定位上应该更多地提供一般大众容易接受的、结构较为简单的、同时满足用户风控需求的产品。

最后，场景维度。目前基本上可以说是全场景化，尤其是支付。全国很多城市正在发展为无现金城市。在这一点上，中国的互联网金融必须深入挖掘中国的市场需求，深入了解中国的核心场景。

四、互联网金融升级的三大驱动力

在互联网金融发展的过程中，厘清互联网金融转型发展的动力是什么，是另一个重要的问题。驱动互联网金融转型发展的重要动力主要是以下三个方面：

首先是价值驱动。当前的互联网金融转型升级的动力首先是价值。无论是一般客户还是“长尾客户”，他们接受服务的前提都是互联网金融所提供的产品为他们创造了价值。

其次是技术驱动。技术是互联网金融的核心。互联网金融的未来发展依赖于技术的革新和进步。

最后是规则驱动。未来中国的互联网金融要健康稳定地发展，必须依靠规范的制度规则和合理有效的监管体系。

总的来说，当前的互联网金融以价值驱动为主，而未来的互联网金融将是技术、价值、规则等多轮驱动协同发展的结果。

知识拓展

所谓的“长尾客户”，是指为企业带来较少利润但数量较多的那部分客户。正态曲线中间的突起部分叫“头”；两边相对平缓的部分叫“尾”。从人们需求的角度来看，大多数的需求会集中在头部，而这部分我们可以称之为“流行”。而分布在尾部的需求是个性化的零散的小量的需求，这部分差异化的、少量的需求会在需求曲线上面形成一条长长的“尾巴”。而所谓长尾效应就在于它的数量上，将所有非流行的市场累加起来就会形成一个比流行市场还大的市场。

五、互联网金融转型发展需要处理好的五大关系

虽然中国的互联网金融发展取得了非常耀眼的成绩，但在其发展过程中，依然存在着许多有待解决的问题。在中国互联网转型发展的过程中，

我们应着力解决好以下五个方面的关系：

一是互联网金融企业一定要处理好与政府、监管之间的关系。互联网金融企业要时刻不忘服务实体经济、普惠大众的“初心”，主动拥抱监管，正确处理自身与政府和监管之间的关系；

二是互联网金融企业一定要处理好与传统金融的关系。一方面，互联网金融要协助四大行拥抱互联网，盘活存量，提升服务质量；另一方面，互联网金融应该着重从用户、产品、场景三个维度创造增量，弥补现有金融服务的不足。

三是互联网金融企业一定要处理好规范与发展的关系。互联网金融企业在转型发展过程中要主动拥抱未来，拥抱监管，拥抱规则，同时内部一定要制度化、流程化、高效化。只有这样，才能在未来依然保持健康稳定的发展态势。

四是互联网金融企业一定要处理好市场需求、技术能力和规则政策之间的关系。互联网金融有着其特殊的业务模式，用传统的监管思路和监管手段是无法有效地监管互联网金融的。从这个意义上讲，无论是互联网金融联合会的形式，还是“一行两会”的监管体制，都需要优化。

五是互联网金融企业一定要处理好国内与国际的关系。能否“走出去”，把中国的成功经验和模式输入到别的国家和地区？这是一种责任，同时也会提供重大的机遇。

总之，互联网金融既有经济属性，也有社会属性，关系着行业的战略导向、生存与发展，必须对这些问题有统一认识，以标准化促进规范化发展。

延伸阅读

我们节选了贲圣林教授关于金融科技的学术著作，从普惠金融的背景、技术助力以及边界问题阐述了金融科技对于普惠金融未来发展的作用，希望能帮助读者加深对金融科技行业的理解。

延伸阅读：科技赋能普惠金融及八大边界探索

一、普惠金融的提出背景

2005 年，联合国正式提出普惠金融（inclusive finance）的概念，也被称为包容性金融。2016 年，国务院发布了《推进普惠金融发展规划（2016—2020 年）》，其中包含了实现普惠金融的三大目标：提高金融服务覆盖率、提高金融服务可得性和提高金融服务的满意度。这三个目标设定得非常好，但是也让我们想起了当年引发全球金融危机的次贷产品。众所周知，次贷是服务于没有传统信用资格的人的，按照这三个标准来说，次贷产品大大提高了金融的覆盖率，增加了金融的可得性，满意度在金融危机爆发前也处于相对较高的水平，然而它引发了全球性的金融危机。所以，普惠金融还需加上一个关键要素，就是负责任。当时的次贷产品其实是一种不负责任的金融产品，因此它也是不可持续的，造成了严重的后果。

二、普惠金融需要技术助力

普惠理想如果没有技术的参与，可能就难以实现。从数据上来看，技术也确实在很大程度上推动了普惠金融的发展。2017 年全球有 38 亿成年人在银行或移动支付上拥有账户，占比为 69%，而这一比例在 2011 年时仅有 51%。这其中的增长大多来自发展中国家。在中国，蚂蚁金服可以通过手机实现“310”原则的借贷，即 3 分钟提交申请、1 秒钟钱到账户、0 人工干预。这项服务在过去四年的时间里累积了超过 4 000 万的用户，累计信贷总额超过 7 000 亿元。正是技术的助力，才使得我们在很短的时间内就能获得高效的金融服务。

三、如何处理好普惠金融的边界问题

第一，普惠金融的地域边界。科技的发展，让社会金融服务的地域边界几乎消失了。对于整个金融行业来说，这是一项巨大的、正面的、革命性的发展和进步，也大大提高了金融体系的整体运行效率。

第二，普惠金融的客户边界。科技赋能使得中小客户在一定程度上可以几乎平等地获得跟大型客户一样的金融服务。从这个角度来说，普惠金融的客户边界得到了极大的扩展，更多的长尾客户成为金融机构服务的对象，金融机构服务的客户范畴更加广泛且多样。

第三，普惠金融的渠道边界。近年来，为客户提供金融服务的渠道，已经趋向完全的数字化了。众所周知，以前 UBS（瑞银集团）是全球私人银行业务做得最好的机构之一，但它在渠道数字化方面进展较慢，主要原因在于 UBS 对其客户的定位一直是超高净值的商务人群，而它认为这类人群不需要 APP 式的服务。但是当 UBS 将业务扩展到杭州地区的时候，它就遇到了很大的问题。杭州的很多科技新贵都是UBS的私人银行客户，当他们面对UBS的金融服务时却表现出了不解："能不能别总是跑到我这儿来找我？能不能把你的渠道数字化、智能化？"所以说，金融服务的渠道边界在逐渐地模糊，渠道数字化发展是大势所趋。

第四，普惠金融的产品边界。所谓的产品边界，就是简单金融产品与复杂金融产品的边界。在金融行业，我们所熟悉的一个铁律就是金融的适当性原则。一个金融产品或服务是否适合特定的用户，用户的承受能力如何，用户是否适应这个产品或服务的流程，都是决定金融产品和服务好坏的关键因素。只有与用户需求相符合的、适当的产品和服务才是好的金融产品和服务，这也是普惠金融的产品边界所应考虑的主要问题。

第五，普惠金融的政策边界。科技的进步，让金融的一些概念以及金融机构持牌与非持牌的边界比过去更加模糊了。如何合理地定义并构建出健康的行业环境，需要政策的积极指引和监督。

第六，普惠金融的市场边界。普惠金融虽然具有社会性的导向，但是也需要实现一定程度的市场化，从而通过可持续发展的市场模式去解决问题。政府政策的参与，有时可能过多地干预了本来属于市场自我运行、自我调整的机制。比如，最近谈论的精准扶贫，是一个有益于全社会健康发展的事情，政府也在其中扮演了十分重要的角色。未来我们应该更多地思考，是否应该更多地通过市场的机制而非政府的力量来更加有效、可持续地推动精准扶贫和普惠金融的实施和发展。

第七，普惠金融的风险边界。互联网金融、金融科技的出现，在某种程度上缓解了一些信息不对称的问题，从而缓释了一些潜在的风险因素，但是也从另一个层面产生了一些新的风险，比如网络安全风险，可能就是未来金融行业发展将要面临的最大风险之一。科技的飞速发展，使得风险的传导速度和隐蔽性也极大地提升，风险的边界越来越宽阔。

第八，传统金融与新金融的边界。一方面，技术寡头现象的出现可能给企业的行为边界带来考验，金融科技企业作为行业的一部分，应该思考是否应该对其自身的行为有一定的克制，从而保障整个社会的健康可持续发展；另一方面，金融科技用户在金融便捷性和个人隐私之间也经历了一些抉择和权衡。在杭州，每个人一天大约会被拍照100次，无论你身处酒店、大街还是在家里。杭州有两个全球最大的视频监控公司，一个是海康威视，还有一个是大华科技。这些科技企业在为我们提供更加便捷的服务的同时，如果使用不当也会侵犯我们的个人隐私。作为消费者，我们的边界又在哪里呢？金融服务尤其是普惠金融对于消费者来说是一种权利，但是我们在享受这种权利的同时可能也需要更多地理解金融服务的内涵，维护权益、争取权利，智慧地享受金融产品和服务带给我们的便捷。

总的来说，普惠金融是推动社会经济发展的一个非常好的目标，也是一个理想主义的目标。以信用为基础，以科技为手段，今天的普惠金融理想主义目标比历史上任何时期都更加地接近现实。然而，金融排斥现象可能在未来很长一段时间内还是会以某种形式存在。因此，我们要处理好普惠金融的这些边界问题，这些问题实际上就是规则的问题、治理机制的问题，以及如何处理好激励和约束关系的问题。只有建立好普惠金融相应的规则和机制，实现科技的驱动与规则的引领，普惠金融才能真正实现健康可持续的发展。

来源：贲圣林. 科技赋能普惠金融及八大边界探索［J]. 浙江经济，2018（11）：12—13.

第七讲

王永利：“数字货币”的本质与发展脉络

主讲人：王永利

王永利，深圳海王集团股份有限公司首席经济学家、中国银行原副行长。著有《金融危机全景透视》《新财会制度重点问题讲解》《应以更高更宽的视野看待美国次贷危机》《美元持有全球化与其投放管控属地化矛盾》等数十篇文章，对2008年全球金融危机的原因、本质、影响等各个方面进行了全面和深入的剖析。

内容摘要

- 货币的本质
- 比特币难以成为真正的货币
- 比特币应有地位
- 数字货币探索
- 数字货币未来的变革

精彩提示

王永利先生从货币本质的角度分析目前数字货币的发展情况。由于虚拟货币违反货币发展规律与运行逻辑，在货币层面是倒退而非创新，因此，虚拟货币不可能成为真正的流通货币。在此基础上，王永利先生认为，中央银行设计数字货币时需要设计完整合适的方案。

2009年初，一种全新的去中心化网络“数字加密货币”——比特币横空出世，随后在世界范围内推动各种数字货币概念风起云涌，从纯粹的网络内生数字币，到与单一法定货币挂钩的网络数字稳定币，再到与一揽子法定货币结构性挂钩的超主权数字稳定币，又到多国中央银行研发设计法定数字货币等，花样不断翻新，数字货币甚至已经成为主要国家之间相互竞争的金融热点。

但不幸的是，现在多种数字货币并存的局面，恰恰说明人们对货币的本质与发展逻辑缺乏足够的了解，各种货币概念泛滥、运行混乱，已经对货币金融理论和实践带来巨大冲击，亟须准确把握数字货币的本质与发展方向。

一、货币一直在向数字化方向迈进

自诞生以来，随着相关技术的发展，货币的表现形态和运行方式等一直在不断演变，旨在不断提高运行效率，降低运行成本，更好地发挥功能和作用，促进社会经济发展。

纵观世界货币历史，货币发展演变的基本脉络是：

自然实物货币（如特殊的贝壳、骨头、羽毛等）→规制化的金属货币（金币、银币、铜币等）→金属本位制的纸币（代币）→纯粹国家信用货币（亦称主权货币、法定货币）。其根本的发展方向就是去实物化、数字化。

其中，随着信息科技的发展，信用货币的表现形态和运行方式又在不断演变，去现金化、数字化进程不断加快。主要表现在：

现金货币（纸币及金属辅币）→存款货币（体现为银行存款，并以存单、存折等作为载体，货币收付主要是存取现金或通过邮局以寄信或电报方式进行汇款，需要大量人工操作）→电子货币（仍体现为在银行或支付机构的存款，但其存放与收付主要依靠电子载体，如银行卡、电子银行或移动支付的钱包等，通过电子信息传输与处理来完成，货币呈现出去现金化、数字化态势，收付与合规监控的自动化水平大大提高）→数字货币（表现形态更加数字化、无形化，运行方式更加网络化、开源化、智能化。目前尚处于起步阶段，仍在探索之中）。

二、对数字货币的多种探索

信用货币的产生和发展，大大增强了货币供应与总量控制的灵活性，但受到种种因素影响，却又朝着货币超发、总量失控、货币金融风险持续积累，引发越来越严重的货币金融危机的方向不断推进，促使人们不得不重新反思并探索创新货币运行体系与机制。其中，2007 年次贷危机及之后全球金融危机爆发，更是推动各类数字货币纷纷涌现。

按其概念出现的先后顺序，目前数字货币主要包括以下几类：

(1) 全新的网络内生数字加密币。其代表是 2008 年 10 月 31 日发布白皮书，2009 年 1 月 3 日推出并运行至今的比特币。比特币是在特定的网络体系内，运用区块链等加密技术，按照设定的规则由电脑系统推出和管理，避免政府和个人干预（去中心），没有任何载体的纯粹的网络数字货币。

在比特币的基础上，又发展出以太坊（以太币）、莱特币等大量新的加密数字币（现在已经淘汰了不少，但还有数千种）。

这种网络内生加密数字币在发展过程中暴露出价格大幅起落的问题，又催生出与法定货币挂钩的网络数字稳定币。

（2）与单一法定货币等值挂钩，要通过购买挂钩货币作为储备物投放出来，主要运用于特定网络体系的数字稳定币。如USDT、USDC、GUSD等，一些大型金融机构也设想在其体系内推出后运行这种稳定币，如JPM-coin等。

（3）与一揽子法定货币结构性挂钩，需要用挂钩货币作为储备物兑换产生，主要运用于特定网络体系的超主权数字稳定币。如设想中的eSDR、Libra等。

（4）探索或尝试中的，运用信息科技推动法定货币数字化的“中央银行（法定）数字货币”（CBDC）。现在不少国家都在研发CBDC，其中，中国人民银行的数字人民币（DCEP）已进入社会公测阶段。

显然，上述所谓的数字货币存在根本性不同，现在都冠以“数字货币”，就让人不得不问：这些“数字货币”都是“货币”吗？到底什么是货币（货币的本质到底是什么）？为什么货币必然从实物货币转化为信用货币并不断提高数字化水平？信用货币的“信用”到底是谁的信用？为什么信用货币又被称为主权货币或法定货币？只有搞清楚这些基本问题，才能回答什么是数字货币。

三、数字货币的本质属性

货币之所以必然从自然实物货币（包括规制化金属货币）发展成为纯粹信用货币，是有其内在逻辑和规律的。

所谓“货币”，就是“货物”之“币”，“币”则是价值的单位和表现方式，这就决定了货币最核心的功能就是价值尺度，是为货物（后来也发展到劳务）的交换服务的，相应地发挥着交换媒介的功能。

要充分发挥货币的价值尺度功能，就需要保持货币币值的基本稳定。

要保持货币币值的基本稳定，就需要保证一国的货币总量能够与该国主权范围内、法律可以保护的可交易社会财富的价值规模相对应，能够随同可交易社会财富的增减变化而变化，具有可调性、灵活性。

这样，传统的自然实物货币，由于其实际供应量更大程度上取决于这种实物的自然储存量、开发或加工量等，很难与可交易的社会财富价值规模的变化相适应，很容易造成严重的通货膨胀或通货紧缩，甚至在货币不同国家之间的贸易中，贸易的严重失衡很容易导致货币的严重失衡进而引发相互战争。即使是金本位制下的纸币，也同样存在"特里芬难题"。因此，随着市场经济的发展和可交易财富的增长，实物货币必然要退出货币舞台，回归其社会财富的本源，其本身的价值同样需要以新的货币来加以标识。

货币则必然脱离自然实物，转化为纯粹的价值单位或价值表征物，其本身可以不再具有实用价值，可以成为纯粹的数字。但它之所以能够被社会接受，是因为一国货币是建立在整个国家可交易财富的支撑和信用基础之上的，受到国家主权和法律保护，所以，这种货币被称为"信用货币"，也被称为"主权货币"或"法定货币"。

信用货币的"信用"，是整个国家的信用，而不是政府（财政）自身的信用或负债，并不是以政府税收为担保的（税收只能为政府债务提供担保）。货币也不再是发行货币的中央银行的信用或负债（中央银行不再承诺货币持有人可以用货币向中央银行兑回黄金或任何其他东西），而更像是社会财富价值的法律权证（财富证券化）。所以，有人认为，货币属于以国家财富为支撑的股票，这是否准确值得探讨，但至少说明货币不再是发行机构的负债已经开始得到学术上的关注。

四、数字货币的必然归属

根据上述分析，可以肯定：在国家主权依然存在，世界尚未实现一体化治理的情况下，要打造和运行超主权世界货币是不大可能的（哈耶克"货币的非国家化"设想很难实现）。具体看：

1. 比特币等网络内生数字币不可能成为真正的流通货币

在货币属性上，比特币高度比照黄金设计。黄金在地球上的储量是有限的，而且直观上，越是好挖的，早期越容易被挖出来，越往后越不容易挖到，新增产量就会越少，并且最终会完全枯竭。由此，比特币的总量按照计算规则被设定为 2 100 万个，每 10 分钟左右将产生一个数据包（区块），内含设定数量的比特币，其中，第一个 4 年每个区块包含 50 个比特币，第二个 4 年每个区块包含 25 个比特币，依此类推，每 4 年新增产量自动减半，到 2140 年最终结束。

这就使得比特币的总量与单位时间新增供应量均由系统严格锁定，不可人为调控，难以与社会财富的增长相适应，难以保持货币币值基本稳定，违反货币发展规律与运行逻辑，在货币层面是倒退而非创新，不可能成为真正的流通货币，只能是一种新型的可以投资的数字资产，或者成为特定网络社区使用的社区币或商圈币。而作为网络社区币或商圈币，不与法定货币兑换，实际上很难在现实社会流通；而与法定货币兑换的话，很容易受到严格的金融监管（监管的重点是法定货币的兑换与使用）。

比特币等纯粹网络内生数字币，尽管模拟黄金，但并不是真正的黄金，而只是纯粹的数字或字符，其设计原理存在明显的升值预期，有利于投机炒作，但风险非常大。当越来越多的人相信并投资时，其价格会大幅上涨，但如果受到严格监管，或者人们对其失去信任时，其价格就可能大幅下跌，甚至一文不值！

另外，比特币采用的是去中心、全封闭的区块链模式，形成了脱离现实社会的网络体系，其全网计算（挖矿）和分布式记账与核对的做法，消耗大、效率低，难以解决现实问题，难有生命力，区块链的发展需要跳出比特币范式！

2. 与单一法定货币等值挂钩的网络数字稳定币只能是代币

在一个国家只能流通一种法定货币的情况下，不代表绝对不允许在一定范围内被赋予特殊权利与义务的“代币”的存在和使用。如在中国，法定货币是人民币，但仍允许一些单位食堂有自己的饭菜票/卡，一些商场有自己的购物券/卡，一些电商平台有自己的积分或“token”，但这些东西只能是人民币的代币，只能在一定的社区或商圈内使用（其价值取决于应用商圈的广度与深度），要受到严格的货币监管，不能流出规定范围自由流通，不可能完全取代法定货币。

3. 与一揽子货币结构性挂钩的网络数字超主权货币设想很难成功

2019 年 6 月 Facebook 发布 Libra 白皮书，设想 Libra 与 5 种法定货币结构性挂钩，其中美元占比 50%（与 SDR 货币篮子不同的是，Libra 货币篮子不含人民币，而是加入了新加坡元），并声称“Libra 的使命是建立一套简单的、无国界的货币和为数十亿人服务的金融基础设施”，将由上百家大型国际化公司组成 Libra 核心协会独立进行管理，“让跨境汇款像发短信一样安全便捷”。

基于 Libra 管理协会可能拥有的全球用户超过 30 亿人，很多人想当然地认为，Libra 的推出，将在全世界用户中广泛流通使用，成为全新的超主权货币，将强化美元的国际地位，并使很多非篮子货币被取代，因而会对国际货币体系和人民币国际化等产生重大冲击。

这确实产生了巨大的轰动效应，但其实存在很多空想：在货币设计上，

Libra与SDR相比并没有更多创新，甚至在货币的兑换、结构的动态控制、储备物的管理、兑换损益的处理、实际使用的便捷等方面比SDR存在更多困难和挑战。其中特别需要关注的问题是：

（1）Libra尽管以美元为主，但绝对不是美元。如果Libra能够广泛流通，首先冲击的就是作为国际中心货币的美元，而不是其他货币！所以，这种设想不可能得到美国的支持。这就像国际货币基金组织（IMF）在20世纪60年代末推出的SDR一样，尽管也是以美元为主的，但有可能对美元产生替代效应，仍然不能得到美国的支持而成为超主权世界货币，而只能作为一种特殊的政府间储备资产！

（2）Libra缺乏国家主权和法律保护，没有明确的社会财富与之对应，其作为货币的币值难以稳定。

（3）即使是欧元，一旦成为区域内的法定货币，其成员国原有的主权货币就必须彻底退出，二者不可能同时并存！所以，如果Libra真能成功推出，意味着其篮子货币都应彻底退出，但这几乎是不可想象的！

可见，推出与不同国家法定货币等值挂钩并分别使用的代币（如USDT）是容易的，但与一揽子货币结构性挂钩却很难实现。即使是IMF，设想运用新的技术打造eSDR，同样难以成为超主权货币而在其成员国中自由流通！

也正因为如此，2020年4月，Facebook在发布Libra2.0版本时，基本上退回到只与美元等货币单一挂钩的设计上了，而且在名字上都可能另外起名。

综上所述，从严格的货币角度看，数字货币最终只能是法定货币的数字化，发展的根本只能是"中央银行数字货币"。

而且，中央银行数字货币只能是法定货币的数字化，不可能是法定货币之外的另一种新货币。中央银行数字货币不可能模仿比特币、以太币等设计成为去中心的加密货币（类似委内瑞拉中央银行采用以太坊ERC20推出的"石油币"，以及立陶宛中央银行推出的LBcoin等，不可能与其法定货币并存，只能成为一种特殊的投资品或收藏品）；必须坚持货币的本质与管理的基本逻辑（如中央银行与商业银行分离，中央银行不得直接面向企业、个人和政府发放贷款或购买债券等进行货币投放，金融业务应该交给商业性机构办理，并接受严格的金融监管等），数字货币变革的只能是货币的表现形态及其运行方式和配套的体系、机制等，而不能变革货币的本质，其目标只能是进一步提高货币运行效率、降低货币运行成本、加强货币风险监控。

5. 数字货币可能带来深刻变革

本着积极创新、趋利避害的原则，中央银行数字货币设计方案的选择应该是：

中央银行数字货币系统面向所有用户（包括境外用户）开放（开源），所有的社会主体（包括金融机构）可以下载系统并在中央银行开立唯一的数字货币基础账户，需要做到严格的实名制，逐笔登记每一笔数字货币收付金额并保持账户适时余额，但基础账户只供核查，不办业务，不予计息。

各类金融业务仍由各类金融机构办理，社会主体可以在商业银行等金融（包括支付）机构开立数字货币业务账户，记录其开办业务时引发的债权债务变化及其结果，并按照业务约定进行计息。其中，商业银行还需要在中央银行分别开立借款账户与存款账户（存款账户也可以与基础账户合并），按照业务约定分别计息。

每个社会主体的业务账户都要与其在中央银行的基础账户保持勾连关系，在账户实名制程度上可以适当区分、分档管理。

社会主体发生数字货币收付时，其数字货币钱包载体要相互确认并生成业务勾连码，收付款双方要将相关信息及勾连码同时传送中央银行及自己的业务开户银行进行账务处理；业务开户银行根据收到的信息进行账务处理，并要将相关信息加上自己的标识后发送中央银行，相应调整其存放中央银行的数字货币账户余额；中央银行分别将收付款双方发来的信息，通过业务勾连码进行碰对并核对相符后，调整收付款双方的账户余额并向其发出对账信息。另外，将收付款双方开户银行发来的信息，通过业务勾连码进行碰对并核对相符后，相应调整两家银行的账户余额，并向其发送对账信息。

这样，就在中央银行形成了全社会“数字货币一本账”，并形成数字货币在中央银行的基础账户与在金融机构的业务账户并存格局，保持数字货币二元运营体系，将推动货币运行体系和运行机制的深刻变革：中央银行可以掌握所有的数字货币用户信息和交易数据，可以实时掌控所有数字货币逐笔的收付情况及数字货币具体的分布情况，可以实现对数字货币的全方位、全流程监控，大大提高中央银行货币政策的准确性和有效性；但中央银行并不办理具体业务，各类金融业务仍由金融机构办理，特别是存贷款业务仍由商业银行经办，但金融机构只能了解与自己经办业务相关的信息，不能掌握业务交易对手方的情况。由此，不仅可以节省现金印制与流通使用相关费用，大大增强货币收付监控力度，而且可以实现中央银行之外的有限匿名，适度保护商业秘密与个人隐私，并且不会对现有金融机构与金融体系（包括支付机构）产生重大冲击，有利于维护货币金融体系稳定。

当然，这对数字货币的载体以及每一笔业务的信息多重传送（包括收付款双方及其开户银行、中央银行相互之间的信息传递），对中央银行数字货币开源系统的设计与维护，以及数据核对与账务处理、数据的存储（包含全社会数字货币收付数据和相关信息，规模将异常庞大）与安全管理等提出了更高要求，同时，中央银行形成的数字货币的数据的法律权属及如何合理高效利用等都需要认真研究。

目前，不少国家都在积极推动CBDC的研发，但仍缺乏统一的认识和标准。其中，中国人民银行走在了世界前列，其要推行的数字人民币DCEP已进入联合公测阶段，似乎已经呼之欲出。但中国人民银行一直强调，DCEP主要替代流通中现金M0（若如此，叫"数字现金"更为恰当），并采用现有的"中央银行—商业银行—社会主体"的双层运行体系，这也使不少人对其在数字货币上的创新性与实际价值产生了疑问。

实际上，中央银行数字货币定位于M0，或者从替代M0开始，是没有问题的，但绝不应仅仅局限于替代M0（即使是替代M0，也不应再像纸币一样，具有面额、票面图案和纸币编号等，否则将带来大量找零及图案核对等不必要的成本），而应该允许数字货币被用于所有金融业务，包括银行用于发放贷款、购买债券等派生新的数字货币，使数字货币能够得到充分供应，尽可能替代包括各种存款在内的所有货币。

如果数字货币仅仅局限于替代M0，中央银行没有建立"数字货币一本账"体系，中央银行就难以对数字货币的运行实现有效监控并支持"双离线"支付健康运行（"双离线"只能是应急性小额支付，没有第三方账户加以控制，双离线支付是存在"多花"或随手机丢失等很大风险的），就难以推动整个货币运行体系和运行机制的深刻变革，就难以形成在CBDC领域真正的国际领先优势，就难以吸引境外用户的广泛参与并推动人民币国际化，数字货币的创新性与实际效果势必大打折扣。

可以预见，中央银行数字货币的落地运行，还将产生一系列派生影响：

必然要求货币载体（如手机或卡片）和识别器械（如POS机）的改造与广泛的系统连接，要有"数字人民币结算管理办法"并需广泛培训，由此可能带来相关领域新的投资机会。

中央银行数字货币的高效运行，势必对现金印制与支付流通相关产业，对传统的银行卡、纸质票据及其相关业务，以及新生的网络内生数字币、与单一货币等值挂钩的稳定币的收付使用等产生排挤作用，甚至有可能使其失去生存空间。

特别需要关注的是，中央银行全面掌握数字货币用户信息和交易数据，将最大限度地打破或削弱单一机构包括大型互联网平台型公司在用户和大数据方面的领先优势甚至垄断地位。

各国中央银行数字货币的推出和运行机制的变化，势必对现有包括SWIFT在内的国际收付清算体系产生很大冲击，需要进行相应变革，打造出适应数字货币运行的区域化、全球化支付清算新体系、新机制。

➔延伸阅读

2020年8月，王永利先生撰文表示，现有信用货币体系下，社会负债与货币总量的增长越来越超越社会财富的增长，越来越多的国家实际利率为负，货币币值呈现长期大幅贬值态势，积累着越来越严重的货币金融风险乃至危机隐患，亟须推动货币运行机制的深刻变革。

延伸阅读：中央银行数字货币与运行机制变革

一、货币核心功能与信用货币本质

货币，是"货物"之"币"，"币"则是价值标识（价值单位或符号），所以，货币实际上就是可以进行交换的社会财富（已经从货物发展到劳务等）的价值标识物。货币是为社会财富交换服务的，其核心功能就是价值尺度与交换媒介。

要充分发挥货币作为价值尺度与交换媒介的核心功能，就需要努力保持货币币值的基本稳定。

要保持货币币值的基本稳定，理论上就需要努力做到使一个国家的货币总量与这个国家主权范围内、法律可以保护的可交易社会财富的价值规模相对应（简单地讲，就是货币总量与财富规模相对应）。

要做到这一点，就要求原来充当货币的黄金、白银等自然实物，必须退出货币舞台，回归其社会财富的本源。货币则必须从社会财富中的一部分脱离出来，转化为纯粹的财富价值标识物；货币的供应不再受制于原来充当货币的黄金、白银等原材料实际供应量的限制，货币总量完全可以随社会财富价值规模的变化而灵活调整。

这就推动了货币从传统的实物货币转化为纯粹的信用货币、价值符号，完全可以数字化、无形化。

基于货币总量与财富规模相对应的基本要求，信用货币实际上是以国家主权范围内、法律可以保护的社会财富的价值作为支撑的，是社会财富价值的法律权证。所以，信用货币的"信用"实际上是整个国家的信用，受到国家主权和法律保护，因此也被称为"主权货币"或"法定货币"。货币不再是货币发行机构（如中央银行）自身的信用，也不再是货币发行机构的负债。现在依然说中央银行发行的货币（主要是现钞）是中央银行的负债，是不成立的，因为中央银行发行货币根本没有承诺持币人可以用货币向中央银行兑换黄金、外汇等任何东西。同样，也不是政府（财政）自身的信用或负债，货币不是以政府税收作为担保的。

正因为信用货币与国家主权和法律紧密相连，所以，在国家（主权独立）依然存在，世界远未实现一体化治理的情况下，要重新以黄金、白银等超主权的自然实物作为货币，或者比照金银原理打造纯粹网络内生的数字（加密）货币（如比特币等），或者设想与一揽子法定货币结构性挂钩打造新的超主权货币（如 Libra 等），都是不现实的，都难以颠覆或取代现有法定货币体系。

二、信用货币的投放渠道与主体划分

信用货币取代实物货币后，货币投放主要存在两大渠道和方式：

1. 货币投放机构购买货币储备物投放基础货币

为确定货币币值，货币投放机构首先需要通过购买社会上最被认可的财富，特别是传统上曾经充当货币的黄金、白银，以及国际上最主要的流通货币（国际硬通货）等，作为货币的价值对标物（锚定物）和储备物。由此投放的货币，是最严格意义上的基础货币。

这种基础货币非常重要，但又不是越多越好，而是应该严格控制在必要的范围内。否则，中央银行购买和冻结的社会财富越多，投放出来的货币总量就越会偏离可交易社会财富的规模，难以保持货币币值的基本稳定，甚至会使货币体系倒退回实物货币体系。

2. 货币投放机构以增加债权的方式派生货币

在控制中央银行基础货币投放量的情况下，社会货币需求如何得到满足？

这就需要通过社会融资加以解决。社会融资方式包括两大类，即直接融资与间接融资。

直接融资是指货币所有者按照约定条件直接将货币转让给货币需求方的融资方式。这种融资方式是存量货币的转让，只是转换货币所有者，而不会增加货币总量。

间接融资是指货币所有者将货币存放在银行（存款性机构），形成其与银行的债权债务关系；银行在存款基础上，再将其中沉淀的部分以发放贷款或购买债券等方式投放给融资方，从而增加融资方的货币。这一过程的主体是从事存贷款业务的银行，尽管其发放贷款等投放货币，需要以其吸收的存款为基础，保持充裕的流动性以备存款人对外支付，但不会改变其与存款人的债权债务关系，不会因此减少存款人的存款（货币），而是另外又发生了银行与融资方的债权债务关系，相应增加了融资方的货币（存款）。整个过程联系起来看，银行就成为社会融资的中介了，所以被称为间接融资。

间接融资会增加货币投放，属于基础货币的派生货币，已成为货币投放越来越重要的渠道，银行也就成为货币投放越来越重要的主体。

以增加社会负债方式投放货币背后的原理在于：由存在货币需求的社会主体以其已经拥有或约定期限内将会拥有的可货币化财富为依托，以增加负债的方式获取货币，并保证按照约定及时还本付息，从而引入社会主体共同对可交易财富的规模进行评估，相应投放货币，保持货币总量与可交易财富规模对应。

这样，信用货币的投放就越来越多地依赖社会负债的扩张，没有社会债务的扩张，银行很难把货币投放出来。同时，货币的质量也就在很大程度上取决于社会负债的质量：如果社会负债大量存在坏账损失，但又没有得到及时处理，就必然造成货币超发（没有真实财富作为对应），货币就必然会相应贬值。

为保障货币质量，就必须强化不良负债的识别与坏账损失的处理，必须强化债权债务双方的财务约束，资不抵债的必须进行破产或重组，不能一味地为维稳而掩盖问题，过度保护僵死的企业与金融机构。

其中，为强化货币投放机构的财务约束，就需要将其划分为中央银行和商业银行，赋予其不同职责并实施不同的监管：

中央银行负责货币现金的管理，以及货币币值的监控、货币政策的制定与实施，由此，中央银行很难因资不抵债而破产，所以必须严格控制其直接面向企业、个人等办理存贷款或购买债券等融资业务，也不能直接为政府提供透支或直接购买政府债券。中央银行原则上只能面对商业银行等金融机构发生货币收付和再贷款，为维护金融体系稳定行使"最后贷款人"职责。

商业银行可以面对企业、个人等社会主体办理存贷款、购买债券等业务，即投放派生货币的职能主要交给商业银行承担。商业银行要接受严格的金融监管，资不抵债的同样会被重组或清盘。

需要注意的是，商业银行通过贷款或购买债券等方式投放的货币，与中央银行购买储备物投放的基础货币都是同质的法定货币，从货币层面讲，不应将其划分为"中央银行货币"与"商业银行货币"（只有从负债的角度看，存放中央银行与存放商业银行才存在不同）。

这样，货币总量就包括中央银行购买储备物投放的基础货币与商业银行扩大债权投放的派生货币；货币总量主要包括社会主体持有的现金与银行存款（存款性机构相互之间的存款除外）；货币政策的传导就形成了"中央银行—商业银行—社会主体"的二元结构。

三、信用货币的运行逻辑与风险隐患

由于社会财富种类繁多、形态各异、分布极广，而且很多还存在上下游关系，经常转换形态与持有者，要准确掌握其实际的规模变化非常不易，因此，只能选择部分与人们生活生存密切相关的最终消费品作为样本，形成社会消费物价指数（CPI），通过 CPI 的变化（通货膨胀率）近似地反映货币币值的变化，据以调节货币投放速度与货币投放总量。这就形成了货币政策体系，包括通货膨胀目标的确定与货币总量调节的具体实施。

其中，根据弗里德曼"货币数量理论"，世界各国普遍认可 2%—5%的通货膨胀率属于有利于社会经济稳定发展的"温和通胀率"，货币政策目标普遍设定在 2%以上，而没有设定为零的。

同时，CPI 的变化及其对货币币值的代表性受到多重因素的影响，除受到货币总量变化影响外，还包括 CPI 样本物品本身的代表性、CPI 样本物品与非 CPI 样本物品的供需变化、货币总量中分流并沉淀到金融市场部分（各类交易保证金存款）的多少以及整个货币流动性的高低等。所以，说"通货膨胀只是货币现象"并不准确，货币总量的增长率并不必然等于社会物价的增长率。

上述因素的存在，使得社会负债与货币总量的增长必然超过社会可交易财富的增长。其中，越是以间接融资为主的国家，这种现象就越是突出。

在社会处于供不应求、经济加快发展、货币需求旺盛阶段，通货膨胀就成为信用货币的常态。但在社会遇到供过于求、经济发展下行、货币需求低迷时，就可能出现货币总量泛滥下的通货紧缩局面。货币政策在应对通货膨胀、需要控制货币投放时，是相对主动和有效的；而在应对通货紧缩、需要扩大货币投放时，则是相对被动和低效的，容易出现“货币无需求陷阱”。

面对社会主体主动收缩货币需求与负债规模，造成市场流动性枯竭和经济严重衰退，严重威胁到金融市场和经济社会稳定（可能引发金融或经济危机）时，就需要政府进行逆向调节，扩大负债与开支；就需要货币政策与财政政策配合，打破常规，实施零利率甚至负利率、大规模量化宽松甚至财政赤字货币化，通过货币政策，使社会财富的分配更多地向扩大负债并相应扩大投放和消费，能够为经济发展和社会稳定做出贡献的群体倾斜，无形之中剥夺和转移了持有货币性资产群体的财富，在很大程度上发挥着更广泛、更深刻的社会财富重新分配的作用。

由此，货币政策越来越难以完全保持中性或中立，难以保持货币币值的长期稳定，而是更多地注重保持各个时期 CPI 或通货膨胀率的基本稳定，由此维护当前经济社会的基本稳定。

所以，货币政策实施零利率乃至负利率、实施量化宽松乃至财政赤字货币化，可能是现有信用货币体系长期保持社会负债与货币总量增长超过社会财富增长的必然结果。由此，越来越多的高福利发达国家走上了这条道路。

但是，这种状况的持续发展却会积累更大的风险隐患，严重威胁货币体系的基础与信誉，最终可能酿成难以控制的极端恶果。这是需要高度警惕的！

如果说货币从实物货币转化为信用货币，最重要的突破就是解决了货币供应不足的问题，那么，现有信用货币体系存在的最大问题就是货币很容易不断超发乃至于完全失控。

如何科学合理地把握信用货币的投放与总量调控，仍是货币理论与信用货币体系需要研究解决的根本问题，亟须新的创新尽快加以解决。

其中，以新技术推动新型数字货币体系建设，可能是重要出路。

四、以新型数字货币重塑货币运行机制

本着趋利避害、积极稳妥的原则，新型数字货币体系建设可能的选择是：

中央银行搭建数字货币平台，面向全社会开放（开源），所有的社会主体直接在中央银行数字货币平台开立唯一的基础账户。这成为数字货币所有者最统一最基础最重要的备查账户，逐笔登记每一笔收付金额并保持账户适时余额，但账户余额仅为备查数据，不予计息。

同时，社会主体可以在商业银行等各类金融机构，开立业务（专用）账户，专门记录户主开办各类金融业务时引发的债权债务变化及其结果，并按照约定进行计息。每个社会主体的业务账户与其在中央银行的基础账户保持勾连关系。

商业银行等从事贷款投放或债券投资等货币派生的机构，不仅会与借款人发生资金往来，而且可能与中央银行发生资金往来，其在中央银行的数字货币账户相对复杂，既需要在中央银行分别开立数字货币借款账户与存款账户（存款账户也可以与基础账户合并），按照约定分别计息，也需要开立数字货币投放的备查账户。

社会主体发生数字货币收付时，其数字货币钱包载体要相互确认并生成业务勾连码，收付款双方要将相关信息及勾连码同时传送中央银行及自己的业务开户银行进行账务处理；业务开户银行根据收到的信息进行账务处理，并要将相关信息加上自己的标识后发送中央银行，相应调整其存放中央银行的数字货币账户余额；中央银行分别将收付款双方发来的信息，通过业务勾连码进行碰对并核对相符后，调整收付款双方的账户余额并向其发出对账信息。另外，将收付款双方开户银行发来的信息，通过业务勾连码进行碰对并核对相符后，相应调整两家银行的账户余额，并向其发送对账信息。数字货币收付清算流程如图1所示。

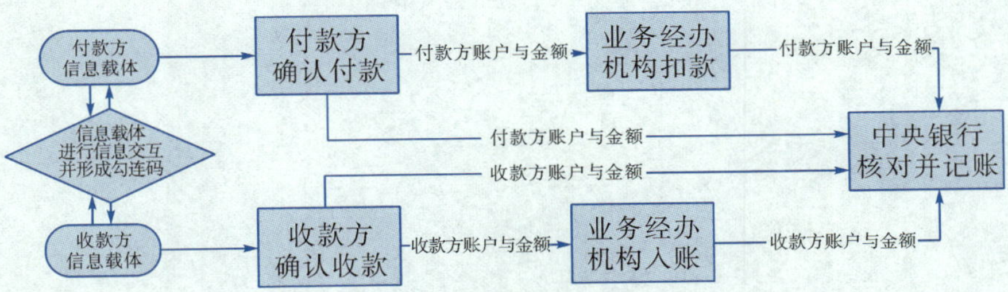

图1　数字货币收付清算流程

商业银行在发放数字货币贷款时，除调整贷款和存款记录外，还要跟借款人一道，向中央银行发出数字货币贷款发放信息，由中央银行登记贷款银行及借款人数字货币备查账户。

这样，就在中央银行形成了全社会“数字货币一本账”，形成数字货币的中央银行“基础账户”与金融机构“业务账户”并存格局。

中央银行可以实时掌控所有数字货币逐笔的收付情况及数字货币具体的分布情况，可以实现对数字货币的全方位、全流程监控，但中央银行并不面向单位和个人办理具体业务，不会对现有金融体系产生巨大冲击；面向单位和个人的存贷款等金融业务仍由商业银行等金融机构经办，但金融机构只能了解与自己经办业务相关的信息，不能了解业务交易对手方的具体情况，从而实现中央银行之外的有限匿名，适度保护商业秘密与个人隐私。

这可能是中央解行数字货币能够实现的最重大的突破，将推动货币运行体系深刻变革，将对提高中央银行货币政策有效性、防止货币持续严重超发、维护货币金融稳定等发挥极其重大的作用。

当然，这对数字货币的载体设计以及每一笔业务的信息多重传送（包括收付款双方及其开户银行、中央银行相互之间的信息传递），对中央银行数字货币开源系统开发与维护、账务处理与数据核对、数据的存储与安全管理等提出了更高要求，并不是能够一蹴而就的。

现在不少国家对中央银行（法定）数字货币高度重视并积极探索，其中，中国人民银行设计的数字货币 DCEP 目前已进入测试阶段。中国人民银行声明，DCEP 主要替代 M0，并采用现有的“中央银行一商业银行一社会主体”的双层运行体系，但并未披露具体运行细节。实际上，数字货币可能只是从替代 M0 起步，但绝不应局限于此，而应该尽可能替代所有货币，实现货币运行体系的深刻变革。如果仅仅局限于替代 M0，其市场竞争力或投入产出的实际效果就有可能存在很大问题了。

第八讲

杨东：我国现金贷、网络小贷行业发展与监管建议

主讲人：杨东

杨东，法学博士、教授，博士研究生导师，中国人民大学发展规划处处长、教育部特聘教授、教育部创新创业教育指导委员会委员、中国人民大学区块链研究院执行院长、未来法治研究院金融科技与互联网安全研究中心主任、金融法研究所与竞争法研究所执行所长。

内容摘要

- 话题的背景
- 互联网消费金融视角下现金贷的基础
- 互联网金融转型的战略定位
- 我国现金贷的监管目标和理念
- 我国现金贷的监管制度建议

精彩提示

杨东教授分析了现金贷、网络小贷行业发展的背景。由于信用卡没有大量普及并且智能手机迅速发展，让现金贷十分流行。为了更好地保证行业发展、服务实体经济，杨东教授向政府提出了监管政策的建议。要以保护消费者、行业健康发展、不发生系统性风险作为监管目标，并在市场准入、监管审查等方面给出了政策建议。

一、话题的背景

2011 年，支付宝获得了中央银行颁发的牌照，这是中国领先世界的移动支付的源头。然而需要注意的是，支付宝开始不是为金融业务而产生的，而是为了解决淘宝买家和卖家信任不对称问题，作为具有担保作用的第三方支付工具出现的。

2011 年，重庆地方政府给阿里巴巴颁发了牌照。由于不是由中央银行颁发的，该牌照不是正式的金融机构牌照，而是类似小贷公司的准金融机构牌照。阿里巴巴这张牌照的特殊性在于，重庆市在原来小贷公司的基础上开创性地发了网络小贷牌照。一般情况下，拿到地方牌照的小贷公司只能在本地区放贷，只能用自己的资本金杠杆，但由于阿里巴巴是网络电商，在淘宝上给店家放贷，这张网络小贷牌照实际上突破了地域限制。因此，互联网金融的起点不是支付宝，也不是两年后兴起的余额宝，而是网络小贷。

对于互联网金融机构来说，一方面国家对传统金融机构高度严管，互联网金融机构很难拿到正规的金融牌照；另一方面技术驱动的创新力量不断增强，网络小贷等地方金融牌照很受欢迎。而这又会引起两个问题：一是各地方政府审批的标准不统一，互联网金融平台资质参差不齐，容易滋生腐败、利益关系、道德风险等问题；二是很多现金贷平台的本质是助贷机构，其本身并不具备金融机构或者准金融机构资质，而目前这些作为信息中介的助贷平台也在充当信用中介，在没有资质的情况下承担信用风险。

二、互联网消费金融视角下现金贷的基础

广义的现金贷在消费金融当中产生，是小额现金贷款业务的简称，借款还款方式灵活，实时审批，快速到账。狭义的现金贷，是无抵押的个人小额信用借贷，跟发放日贷款比较类似。现金贷是12个月以下、5 000元以下的短期无担保信用产品，一般情况下30天以内还款。

知识拓展

传统消费金融是指向各阶层消费者提供消费贷款的现代金融服务方式。无论是从金融产品创新还是从扩大内需角度看，消费金融试点都具有积极意义。

在我国当前的宏观经济形势下，适时出台相关管理办法是适应客观经济形势的趋势和需要的。从金融产品创新看，个人信贷业务是传统银行难以全面惠及的领域，建立专业化的个人消费金融系统，能够更好地服务于居民个体。

现金贷与消费分期有区别。现金贷的典型代表是借呗，而花呗则是消费分期的典型代表，即消费者在淘宝买东西，通过花呗可以先拿到货再分期还款，这是一种消费金融的分期服务。然而随着互联网金融的发展，消费分期和现金贷混同了。人们习惯了消费分期，对于不能消费分期的商品则用现金贷贷出的现金去购买，然后分期还款，也起到了同样的效果。对于资金提供者来说，消费分期和现金贷提供的是同样的授信，所以并没有

区别，唯一重要的是客户的需求。

现金贷的兴起有两个重要背景：一是我国大量个人没有信用卡，难以获得金融服务；二是2014年左右智能手机兴起，而这几乎也是互联网金融爆发的时间。移动手机方便了手机存钱和消费，也提供了数据，从而有利于个人征信体系的完善。传统的征信体系覆盖不了的群体，特别是普通的农民工、偏远地区人员，手机数据能够提供信用分，形成征信。所以，现金贷对完善我国个人征信体系是非常重要的。

反过来说，个人征信也是现金贷和小微金融的基本生存逻辑，是突破传统金融的基础。中国互联网金融协会正式宣布筹建的信联就是网上征信中心，是基于个人大数据征信体系的建设。信联的成立填补了个人征信这一征信体系里的最大空白，使支付清算体系和征信体系两大基础设施得以双轮驱动，对我国金融的未来发展有着重大意义。

三、互联网金融转型的战略定位

目前，我国的法律法规保护合法的借贷关系。下文的监管建议部分将提到的法律依据有以下三条：

（1）在利率方面，最高人民法院规定了24%的标准，以及2015年司法解释提到的36%的标准。

（2）根据《中华人民共和国合同法》第二百条，现在一些现金贷平台使用的“砍头息”被明确禁止。

（3）根据《中华人民共和国合同法》第四百二十六条，居间人可以收取一定的报酬。这其实肯定了收取服务费的合法性，也为服务费和利息分开计算提供了法律依据。

四、我国现金贷的监管目标和理念

总体而言，现金贷的监管目标，第一是保护消费者权益，第二是行业健康发展，第三是不发生系统性风险。

监管理念有三方面：第一，柔性监管，要强调合法、透明、责任、法制、有效，不要搞“一刀切”，也不要什么都不管；第二，穿透监管，就是要抓住业务本质进行监管，对资金来源、中间环节、资金最终流向进行监管，强调实质重于形式；第三，功能监管、行为监管和机构监管相结合。

另外，技术监管或技术驱动型监管，也受到了当前“一行二会”等监管部门的特别重视。党的十九大报告特别提到要促进实体经济、科技创新、现代金融、人类资源协同发展，加强互联网、大数据、人工智能和实体经济深度融合。对于这些科技创新，自然需要一些创新的监管方式，所以党的十九大报告也提到了转变政府职能，创新监管方式。这种提法包含的思想是鼓励创新，尤其是要创新监管方式，强调技术驱动性监管。

五、我国现金贷的监管制度建议

关于现金贷监管，主要有五个监管建议：第一，市场准入方面，适当对持牌机构要严格准入、严格监管，对资金端严控，对不良平台严厉打击；第二，特别强调对客户审查，标准要更加严格，防止多头借贷，防范骗贷机构扰乱市场；第三，对于诱导客户续贷、短贷长用的情况要加以防范，防止利滚利造成过度负债；第四，防范重大信息技术风险，如拥有大量个人信息、隐私数据的助贷机构，如果做不好防控，潜在的风险不亚于金融风险本身，甚至会引起一定程度的系统性风险；第五，监管部门应当规范催收方式，扶植阳光催收企业，特别是基于大数据智能化催收的创新企业，对于暴力催收问题，除了禁止明显的恐吓、威胁之外，对于精神暴力也要进行规范和禁止。

知识拓展

系统性风险即市场风险，即指由整体政治、经济、社会等环境因素对证券价格所造成的影响。系统性风险包括政策风险、经济周期性波动风险、利率风险、购买力风险、汇率风险等。如世界经济或某国经济发生严重危机、持续高涨的通货膨胀、特大自然灾害等。对系统性风险的识别就是对一个国家一定时期内宏观的经济状况做出判断。整体风险造成的后果带有普遍性，其主要特征是所有股票均下跌，不可能通过购买其他股票保值。在这种情况下，投资者都要遭受很大的损失，其中许多人都要竭力抛出手中的股票。

系统性风险中的经济周期波动等因素对股市的打击是极其严重的，任何股票都无法逃脱它的打击，每个股市投资者承担的风险基本上是均等的。但是这种整体风险发生的概率是较小的。随着人类社会的进步，对自然和社会驾驭能力的提高，对整体性风险发生的防范能力及其发生之后的综合治理能力都有了很大增强。

关于利率合法性问题，年化收益率标准需要有差异化的监管。一方面，可以按照《中华人民共和国合同法》第四百二十六条，把服务费单独拿出来，不作为利息，然后按36%以下的利率计算；另一方面，如果实在要突破36%，可以借鉴英国的监管沙箱机制。

知识拓展

监管沙箱，又称为监管沙盒，英文是 Regulatory Sandbox。这一概念由英国政府在 2015 年 3 月首次提出。按照英国金融行为监管局（FCA）的定义，监管沙箱是一个安全空间，在这一空间中，监管规定有所放宽，在保护消费者或投资者权益、严防风险外溢的前提下，尽可能创造一个鼓励创新的规则环境。金融科技企业可以在其中测试创新的金融产品、服务、商业模式和营销方式，不需要担心在碰到问题时立刻受到监管规则约束。

这一设计本质上是一种金融创新产品的测试与激励机制，同时也能保护广大消费者权益，是一个短周期、小规模的测试环境，可以缓冲监管对创新的制约作用，和我国的经济试点有相似之处。其具体流程总体上可分为申请、评估和测试三步，运作核心包括两方面：在既有的监管框架下降低测试门槛；同时确保创新测试带来的风险不从企业传导至消费者。

除英国外，新加坡、澳大利亚、美国等国家也纷纷在 2016—2017 年推出了关于监管沙箱的相关文件，对准入条件与操作方法进行了说明。目前我国区块链发展迅速，2018 年以来新成立了大量新项目，如果对其进行“一刀切”式的管控，无疑将不利于我国在金融科技领域保持领先地位。因此在 2017 年 5 月 23 日，我国在贵阳启动了区块链金融沙箱计划，是我国首个由政府主导的沙箱计划。

关于信息披露，现金贷平台应该尽到充分的信息披露义务。目前平台上的借款服务合同通常是事前拟定好的，对于逾期费用等与借款人重大利益相关的条款，通常没有进行充分的解释。对这些问题要加强监管，正式披露，不能一笔带过。

关于现金贷平台本身的管理，主要有五个方面的建议：第一，建立现金贷平台准入标准；第二，对持牌机构采取备案或者注册的方式，银监会统一制定标准后，可委托地方政府开展具体监管；第三，核查机制，发挥专业机构、会计师事务所、律师事务所核查，提出专门意见，确保新平台合规；第四，完善信息披露制度，明确告知投资人各种年化收益率、期限、还款方式、贷款展期、逾期处理方式等；第五，监控现金贷资金来源。

延伸阅读

在此我们节选了杨东教授关于金融法的学术著述，从监管科技方面进一步说明金融科技面临的监管挑战与维度建构，希望能帮助读者加深对金融监管的理解。

延伸阅读：监管科技——金融科技面临的监管挑战与维度建构

近年来，“互联网金融”“金融互联网”“金融科技”“科技金融”“类金融”“准金融”“替代性金融”等新概念层出不穷，出现了全社会的泛金融化、金融泛化或者金融再造（重塑）现象，对于金融监管与风险防范带来了巨大挑战。党的十九大报告提出“健全金融监管体系，守住不发生系统性金融风险的底线”和“创新监管方式”两大目标，并强调着力加快建设实体经济、科技创新、现代金融、人力资源协调发展的产业体系，强调推动互联网、大数据、人工智能与实体经济深度融合，充分说明了发展科技创新驱动型的现代金融并有针对性地加强创新型监管的重大意义。在金融监管的历史长河中，“放松监管→创新过度→金融危机→严格监管→压制创新—放松监管”循环更替彰显了金融效率与安全的平衡难题，其在金融科技迅速推进的背景下表现得尤为突出。金融科技的破坏式创新对于传统金融的监管模式、理论逻辑和法律制度提出了前所未有的巨大挑战。

一、挑战监管：金融科技的变异与冲击

科技变革正在改写金融服务业的交易规则，与此同时，风险相伴而生。金融业正面临着近现代金融机构、金融市场诞生以来最深刻最宏大的技术创新，大数据、云计算、人工智能、区块链等不断迭代创新的科技发展甚至已经开始从根本上改变现行业务模式和监管框架。一方面科技创新和更迭速度显著加快，另一方面科技转化为金融产品的周期大大缩短。随着互联网人群的持续增加，消费者接受新科技的能力和意愿逐渐增强，新产品、新平台、新组织、新业态及其包含的网络效应向社会公众进行跨区域、跨国界和跨时间的渗透扩散速度亦随之加快。对金融稳定越来越具有重要影响的科技企业却因其本身并未从事金融业务而无法被纳入现有的金融监管体系，进而出现巨大的监管漏洞，提高了风险的传递速度，增强了风险的隐蔽性，扩大了风险的影响面。

首先，技术性风险。金融科技业务发展有赖于先进的技术和交易平台系统，技术和交易平台系统选择失误会带来较大风险。即在计算机驱动交易的背景下，交易频率以及交易量迅速攀升，尽管新技术有利于克服寡头垄断并规范传统的市场交易主体，但技术漏洞或编程错误均会对金融市场

产生巨大影响，衍生新的系统性风险。使用人工智能、大数据、云计算和区块链等技术时，数据相关性不是被用于检测因果性而是被用于预估未来，它就有可能产生错估成本与风险。如果该金融科技企业规模足够大，一旦破产，风险就会迅速传递至与它有链接关系的企业。其次，操作性风险。操作性风险通常与不适当的操作和内部控制程序、信息系统失灵和人工失误密切相关，该风险可能在内部控制和信息系统存在缺陷时导致不可预期的损失。当科技驱动创新的步伐加快时，操作性风险也会随之增加。另外，数据风险与信息安全风险相互交织，增加了信息科技风险等操作风险。最后，系统性风险。关于金融领域系统性风险的传统认识，认为金融领域系统性风险的首要来源是"具有系统重要性"的大型银行和其他金融机构，但低估了那些小型且去中心化但发展迅猛的金融科技所诱发的系统性风险程度，因为其可能诱发比中心化的金融机构更大的风险。相较于大型金融机构，金融科技企业的规模与商业模式决定了其易受恶劣经济动荡的影响，而且会将这种动荡传递至行业内的其他企业。由于监管者缺乏技术手段获取金融科技市场结构和运作的可靠信息，因此对金融科技企业进行监管和约束更加困难。另外，金融科技的技术性风险和操作性风险在特定的情形下会由量变急剧升级为质变，引发金融系统性风险。因此，金融科技带来的监管问题不仅区别于传统金融，甚至会带来不可预期的巨大风险，亟须金融监管予以回应。

二、金融科技监管的双维逻辑

双维监管体系可以克服审慎监管等传统金融监管的弊端与不足。科技驱动型监管将带来金融监管模式的根本性变革，其不仅包括实时获得动态数据，还包括实时反馈信息和及时发出指令，利用科技手段实现实时监管，以及对未来的预判和提前监管。

1. 以数据驱动为核心的金融监管

科技驱动型监管主要围绕数据聚合、大数据处理和解释、建模分析与预测，但需要依赖高质量的数据和强大的计算能力。其真正潜力在于以数据监管为核心，采取有效的数据收集、报告、管理和分析流程，从而推动监管模式由"了解客户"向"了解数据"转变。金融监管工作的关键在于以数据为本，丰富数据监管多样化手段，提出科技治理方案，由规则、原则治理走向科技治理，其核心理念是透明、平等、智能，从而构建真正意义上的实时、动态监管体系。

2. 科技驱动型监管的三条路径

(1) 分布式的平等监管机制

在依据科技治理理念构建的科技驱动型监管模式下，监管者可以借助科技手段及时有效地获得数据，监管由被动变为主动，监管者与被监管者处于平等获取信息的地位，双方将构建平等的信息共享机制，通过数据共享形成一个有机的交互系统。其中，信息披露的主体更加多元，不仅包括金融机构、信用平台，还包括行业协会和政府部门等。因此，监管模式将由监管方单一治理转为利益相关方共同治理，监管扁平化结构将取代过去的层级制监管。在科技治理模式下构建新型的关系，监管者、金融中介机构和金融消费者都是平等的参与主体，从而可以进行开放式的对话，从监管者的视角了解监管的目标以及从公司的视角观察监管要求。另外，区块链带来的数据透明使得监管者能够获取监管对象的信息，在无须监管对象报告的前提下，对其实现监管。而且，直接信息获取可以避免监管对象针对监管者的要求而对其行为进行有针对性的调整。

(2) 智能化的动态监管机制

基于人工智能的监管系统可以依据监管规则即时、自动地对被监管者进行监管，避免激励不足导致的监管不力等情况。金融监管日益变得复杂且相互冲突，采用金融科技和监管科技是难以避免的。科技创新让监管更加透明化与自动化，从而合规程序更加完善。通过 regtech 使金融机构合规工作量减少，而且自动化的监管流程将有利于更有效地进行风险识别和合规监管。利用有效的数据管理和市场监测手段，科技治理为适度的并以风险为基础的金融监管创造了条件，比如人工智能和深度学习可以提供自动化的消费者保护、市场监测和审慎监管。此外，智能化动态监管的实现依赖于金融监管规则的代码化或者说让机器可识别，即通过代码来进行自动化监管（regulate－through－code）

(3) 试点性的监管沙箱机制

FCA 发展出的有效测试金融创新产品和服务的监管沙箱制度，为支持 regtech 了契机。监管者可以通过监管沙箱来构建促进创新和市场信心的新型监管框架。监管沙箱是实现对 regtech 有效保障，预期治理是“引导未来技术走向理想社会成果”的过程。预期治理允许监管机构采取多种方式管理新兴技术，而这种管理仍然是可能的、可预见的、可参与的和可集成的。另外，监管沙箱有助于参与式规则制定，即允许监管者在制定规则、预测趋势、设想替代未来和促进改进结果方面采用多层次的信息以实现动态监管。

近十年来，科技和金融的二元融合与渗透，加速推进着金融市场的颠覆式发展，导致审慎监管束缚手脚，行为监管和功能监管等也力不从心，即便所谓新监管模式如穿透式监管、实质性监管等也是新瓶装旧酒，没有实质性的监管模式和理论的突破重构。唯有科技驱动型监管（Regtech）监管的模式和维度的正道，才能克服目前存在的监管失灵与过度监管、不监管与“一刀切”粗暴监管的问题，也同时解决了政府监管能力建设问题。党的十九大报告中提出，深化机构和行政体制改革……转变政府职能，深化简政放权，创新监管方式，增强政府公信力和执行力，建设人民满意的服务型政府。因此，应当构建以数字经济为代表，与现代市场经济的频繁创新及演进相适应的监管工具、监管方式以及监管理论，而科技驱动型监管的提出与该理念正好不谋而合。

来源：杨东．监管科技：金融科技的监管挑战与维度建构［J］．中国社会科学，2018（5）：69－91．

第九讲

曹锋：区块链金融实践与技术趋势

主讲人：曹锋

曹锋博士，派链科技 CEO，中国第一个区块链国际专利发明人，人民日报出版社出版的《区块链领导干部读本》共同作者，中国最大的区块链联盟 ChinaLedger 共同发起人，中物联区块链协会首席科学家，中国计算机区块链分会共同发起人，中国区块链研究联盟高级研究员，中国金融科技 50 人论坛成员，美国 ACM SIGKDD2019 区块链论坛工业界主席。他和团队成功完成了全球第一笔区块链资产收益权转让暨中国第一笔区块链金融真实交易。他曾担任 IBM 全球下一代人机大战中国区负责人、区块链技术负责人、互联网金融首席科学家、专利评审委员会联合主席。曾 3 次获得 IBM 全球杰出技术成就奖，发表 22 篇国际顶级论文，获 30 余项美国专利，并担任多个 ACM IEEE 顶级国际会议论坛主席。

内容摘要

- 区块链迅猛发展的原因
- 区块链的定义及其构成
- 区块链的应用

精彩提示

曹锋先生从梳理区块链的发展历史谈起，讲解了区块链金融实践与技术趋势。高信用化的特点是区块链发展的重要推动力，区块链的定义及构成使其有潜力成为价值互联网的基础。未来，区块链在金融系统有许多应用前景，但其也面临着技术、政策、治理层面的问题。

一、区块链迅猛发展的原因

金融和科技的结合称为Fintech，而Fintech的核心就是区块链。因为区块链技术从诞生之日起就自带金融属性。而其他的Fintech技术，例如大数据、云计算、人工智能，与金融只是结合。金融并不是这些技术的原生属性。

区块链相对而言仍较为新颖，属于后互联网的一种新兴技术。从大数据到区块链，金融业的未来已来。2015年R3CEV区块链创业公司成立，这个创业公司在短短的三个月时间内，就联合42家主要的银行和金融机构参与，它的目标就是建立银行的联盟，而区块链则被认为是下一代更加安全有效的链接工具。

据不完全统计，全世界90%的中央银行都在积极探索数字货币和区块链技术，包括中国人民银行。除了中央银行外，“十三五规划”也是我国研究区块链相关技术的重要推手。“十三五规划”是国家级的战略规划，区块链这样一个新兴的技术在短短一年之内就被写入了国家战略规划。区块链是一个相对来说比较复杂的计算机技术，融合了计算机网络、数据库、操作系统、密码群、分布式系统等技术，综合了很多计算机的监控和数据。

区块链可以被定义为价值互联网。现有关于互联网的讲解更多的是在讲信息互联网，未来要创造一种价值互联网，让人们能够很方便地在价值互联网上进行资金、资产的转移。现在的网上银行、手机银行、支付宝、微信等虽然在名义上实现了价值转移，但问题在于它们都是以相对中心化的方法实现价值转移的，很难采用去中心化方法，而这恰恰就是区块链最大的价值。区块链是一个纯的技术，技术更加中立，它是一种通过技术手段来确保创造信用的方法。这就是为什么很多国家的中央银行想积极探索研究区块链，用区块链发行数字货币的原因。因此，一部分人会把区块链定义成分布式的、加密的技术。

知识拓展

区块链诞生的历史背景

区块链虽然是一种社会热潮，但是它的诞生绝不是一个偶然。从社会学上看，区块链的诞生基于生物进化论；从经济学上看，区块链的诞生基于自由主义经济学；从政治学上看，区块链的诞生基于无政府主义。最重要的是，分布式网络技术发展成熟了。

区块链的发展大致经历了三个阶段，从1.0时代的数字货币，到2.0时代的智能合约，再到3.0时代对区块链技术全面应用的畅想。澳大利亚BTL公司主席John Joseph Foley曾表示：区块链3.0时代一旦降临，就将颠覆我们现在所有的认知，我们将跨入一个全新的时代，一个不再有信任危机的时代。区块链1.0是以比特币、莱特币等为代表的加密货币，是与转账、汇款和数字化支付相关的密码学货币应用。区块链2.0是以以太坊、瑞波币为代表的智能合约，是经济、市场和金融领域的区块链应用。区块链3.0是区块链技术在社会领域的应用场景实现，将为各种行业提供去中心化的解决方案。

二、区块链的定义及其构成

区块链由数据块组成，数据块又分为区块体和区块头。区块体里面打包了大量的交易，每一个区块的交易数不可能完全一致。区块头由一系列摘要性技术构成，其中一个很重要的技术是本区块的摘要（HASH）。

知识拓展

摘要（HASH）

HASH（摘要）函数提供了这样一种计算过程：输入一个长度不固定的字符串，它会返回一串固定长度的字符串，又称HASH值（摘要值）。单向HASH函数被用于产生信息摘要。HASH函数主要可以解决以下两个问题：在某一特定的时间内，无法查找经HASH操作后生成特定HASH值的原报文；也无法查找两个经HASH操作后生成相同HASH值的不同报文。这样在数字签名中就可以解决验证签名和用户身份验证、不可抵赖性的问题。信息摘要简要地描述了一份较长的信息或文件，它可以被看成一份长文件的“数字指纹”。信息摘要用于创建数字签名，对于特定的文件而言，信息摘要是唯一的。信息摘要可以被公开，它不会透露相应文件的任何内容。目前常用的摘要算法为MD5、SHA1、SHA256等。

摘要（HASH）跟下面的数据具有一一对应的关系，因此，当下面的交易数中间的任何一个数据发生改变的时候，它的摘要Hash就会发生改变。正是由于摘要Hash的存在，前一个数据块和后一个数据块之间就形成了关联，在整个区块链之间想要更改任何一个数据，就会形成一种连锁反应，从而确保了更改数据是非常困难的。事实上，在很多区块链节点中间会包含一千个甚至一万个节点，这些节点之间都是相互备份的。

现在的互联网都是信息互联网，而人们把区块链称为价值互联网，因为在互联网被发明之前，信息是通过电视、报纸、传统媒体来传递的，传递信息是一种相对自由的、相对中心化的方式，大众对于信息获取的结果是相似的。而由于互联网的出现，原来信息传递的方式被完全改变。互联网的长项恰恰也是它的弱项，因为信息的传播不需要任何代价，篡改数据也非常容易。当进入价值互联网时，区块链可能会形成这样一个底层的技术：一方面它保证了像互联网一样在全球范围内高速度传播，另一方面它又杜绝了拷贝、粘贴问题，所以区块链会成为价值互联网的基础。

将基于互联网的金融服务和基于区块链的金融服务进行对比，会发现上面两层基本是一样的，提供的都是对终端用户的金融服务。但是基于互联网提供金融服务的，一定是有牌照的金融机构或者值得信赖的金融机构，只有通过这种信用机构本身的信用为其服务进行征信，才敢用阿里巴巴的支付工具。但是区块链不需要任何一方组织机构提供这种信用，因为它自身通过技术确保了其信用。

三、区块链的应用

首先，区块链可以被应用在金融上，其中一个很重要的应用是以区块链为基础的票据系统。中国一年票据交易量是120万亿元，GDP是70万亿元左右，通常是GDP的1.5倍。因此，票据数量非常多，尤其是对于小微企业来讲，金额比较小、服务成本非常高，结算票多、融资票少；客户非常分散。同时还有一个很重要的痛点是流动性差，因为很多票是中小银行签发的，中小银行相对于大银行来说，信用度相对较低。为了解决这个问题，区块链技术创造了一个以区块链为基础的连接中小银行的系统，进而构建起银行联盟内的信用生态环境，用高效快捷的互联网方式为中小微企业提供票据融资服务。

其次，我们用区块链进行收益权登记。第一，根据区块链的不可篡改性①、唯一性，可以设立一个唯一的数字凭证，通过数据的算法来确保它是唯一的。第二，由于技术上的可能性，它完全可以实现跨地域、多中心化

① 区块链是一个P2P的对等网络结构软件，没有服务器，每个节点都会存储一份完整数据，自己最多把自己节点上的数据修改，然而只修改自身数据不能得到其他节点的承认，无法验证通过，就不能将数据打包到区块之中。除此之外，一个数据打包进区块后，更改某个区块的数据，后续区块数据都需要修改，篡改的难度非常大。

的信任。第三，通过区块链手段来有效地规避一些金融资产第三方善意取得的风险。第四，增强信息披露，满足监管要求。

最后，可以提供区块链基础服务。因为现在整个区块链技术还处于相对早期的阶段，让任何一个想要基于区块链进行创新的企业都来搭建这样一个平台就会变得非常复杂。我们希望借由 FbaaS 的平台，给很多想要基于区块链进行金融创新、行业创新、应用创新的这些企业提供服务。

区块链有很多用处，但从基础角度来说还存在一些到目前为止没有解决得很好的问题，被称为区块链的“三难”问题。第一，去中心化①。区块链系统本身是去中心化的，去中心化就是希望参与到网络空间的参与者或者系统构建者，不光是用户，而且是构建这个系统的人。节点尽可能分散，这是去中心化的特征。第二，性能。性能通常的衡量标准是每秒钟所完成的交易数。第三，安全。区块链是一种相对很安全的系统。这个安全怎么定义？就是以节点为单位，抵御更多的攻击者。去中心化、性能和安全构成一个三角形，这个三角形其实是互相制约的。比如要提升它的性能，一种最简单的方法是尽可能中心化，第二种是放弃一定的安全性，不要太复杂，不要太多验证，不要每一步都做加密解密。去中心化和安全性之间也有一定问题，一般来说我们认为越去中心化它相对来说越安全。但是反过来说，如果把它作为一个纯中心化的系统，提高单个节点的安全性其实相对来说变得更容易了。因此，区块链存在“三难”问题，三个方面都需要做出一定的平衡。

总的来说，区块链是基于货币的创新。第一是比特币。比特币涉及政策、治理的层面，无法进行具体准确的走势判断，未来的不确定性较大。但是从技术创新源头来看，它就是要做一种加密的数字货币，包括中央银行的数字货币也很有可能用区块链来做。第二是智能合约。收益权、票据、Parity 钱包等都存在大量的智能合约。未来各种应用都能够基于区块链来做，从而上升到一种治理阶段，就像现在治理互联网一样，未来的发展趋势就犹如现在的“互联网＋”一样产生“区块链＋”。

---

① 区块链技术使用分布式核算和存储，不存在中心化的硬件或管理机构，任意节点的权利和义务都是均等的，系统中的数据由整个系统中具有维护功能的节点来共同维护。任一节点停止工作都不会影响系统的整体运作。需要注意的是，区块链的去中心化只是弱化了中心，并不是消灭了中心。

➔延伸阅读

在延伸阅读部分，我们摘选了曹锋先生在“2019国际货币论坛—金融科技之夜”闭门研讨会上的发言，以飨读者。

延伸阅读：区块链的发展是否会重演互联网的路径

一、区块链技术的起源

ABCD（A是人工智能，B是区块链，C是云计算，D是大数据）是我们常常提到的四个与金融科技有关的技术。唯独B，即区块链，跟另外三个不一样。人工智能（AI）实际已经存在很多年了，在20世纪50年代就已经出现了，比如IBM开始做国际象棋软件，这是大家最熟悉的一个AI技术。云计算也在不断地随着计算方式的改变而不断升级。上述的几项技术都是原生的科技。但是区块链的根源就十分不同。区块链的起点在哪儿？众所周知，区块链的起点来源于比特币，比特币出现的时候就自带金融属性。所以说区块链是一项纯IT技术是不太全面的，因为它相对于其他三项技术来说，区块链从出生的那一天起就带有金融属性，甚至可以说是专门为金融服务的。

尽管比特币经过这么多年应用已经比较成熟，但现在人们更多的不是在讲比特币，而是在讲区块链。因为区块链可能是一个无论是从政策上还是从科技研究来说都更有想象空间的一个概念。区块链的脱胎换骨是在什么时候开始的呢？是在大英博物馆的一个讨论会上开始的。当时，它的出现引起了很多人的兴趣，因为它不光是科技创新，还可以认为它是一个所谓的“金融创新”。大英博物馆的辩论，正式把比特币区块链的技术提了出来，变成一个专有名词，所以才有了现在的更少讲比特币而更多地讲区块链的现象。

二、Libra项目纷争

中国区块链研究联盟其实是有点年代的一个组织，现在很多涉猎区块链的人甚至不一定知道它。这个联盟成立于2016年1月份左右，当时圈内认为2016年是中国的区块链元年，但是在那个时候，知晓区块链的人，我们统计过，全国不超过 100 个。而随着这几年区块链概念的普及，我相信可能在座的每一位都听过“区块链”这个词，尤其是 Facebook 的 Libra，更是让全世界知道了区块链。因为根据之前的统计，2018 年，我们认为整个区块链的相关人员，全球不超过 3 000 万。但是 Libra 出现之后，顿时从 3 000 万拓展到 30 个亿，因为 Facebook 能直接影响到全球的 30 亿人。

另外，恰恰是由于 Facebook 提出 Libra 这个项目，才让很多国家开始站在国家层面上，更加慎重地考虑区块链技术对于整个现有金融体系的影响。最具表态性的属于美联储主席，这实际上是非常有意思的一个表态。他的表态说，Facebook 的这个项目应该由美联储监管，但是管不了。很多人后来分析他为什么会做这样一个表态。事实上更有可能的一个解释是 Facebook 在决定要做这件事情的时候，它第一时间跟美联储进行了沟通，并可能得到了美联储的默许，所以才得到这样一个回应。

还有一个事件，就是美国国会要求 Facebook 停止 Libra 项目。当时国内的媒体为了抓眼球，把原文当中的“要求”这个词翻译成“禁止”，或者是“责令”，即要求它不要继续，实际上原文是“要求”，“要求”它不要这样做，但这仍然引起了很多人的意见和分歧。最近这个事情发展非常快，Facebook 立刻回应：要继续干下去。

所以说对 Libra 项目的争论是一个很有意思的现象。区块链技术的出现为什么会让这么多人产生这么大的恐慌？一方面是因为 Facebook 的 30 亿人影响力，另一方面是人们发现参与这个项目的名单里有很多巨头。但是，这个项目本身可以发展到什么程度，我认为还需要拭目以待。为什么？我再讲一个过去发生的事情。2015 年，美国有一个创业公司，叫 R3CEV，可以说是当时多个区块链联盟的鼻祖。这个创业公司的厉害之处在于，它是 2015 年 9 月份成立的，到 2015 年的 12 月，就有全世界 46 家主要的金融机构宣布成为 R3CEV 的成员，这里面有大牌银行，比如高盛、摩根士丹利、瑞银都是它的成员，以及中国的招商银行、民生银行、平安集团。但是真正的结果其实并没有想象的那么翻天覆地，但是当时，基本上只要一讲区块链就必须得要提 R3CEV。这里面有一个小的插曲。2015 年时，我是 IBM 区块链团队的负责人，2016 年出来创业。我的美国老板听说我在做区块链，就写了一封推荐信给我。在他的引荐下，我是第一个走进 R3CEV 办公室的华人。当时它们的愿景是什么？其实跟现在的 Libra 的愿景一样，它们希望把全世界所有的银行联结在一起，基于区块链技术，提供给人们想要的金融服务。

所以区块链从最开始就是跟金融行业进行结合的。区块链除了金融以外，在其他领域也可以应用，比如供应链金融，所以它跟我们能够想到的各行各业都有联系。但是另外一点，我们在讲 FinTech 的时候，重要的是从什么角度观察它。一个视角是从金融视角去看它，另外一个视角是从产业视角去看它。产业视角是什么？我们各行各业都要升级，都要换代，都要变得更好，那怎么办？必须要兼顾两个翅膀：一边是金融，一边是技术。只有这两边才能把行业变得更好，才能把它改造得更加有意思。

三、区块链技术的发展现状

我今天也适当地给大家说说区块链技术本身的发展状况。我们现在提到区块链的时候，很多人还停留在 PoW 的年代，就是要用电力来挖矿，包括很多早期的研究者。但是很高兴可以跟大家做一个分享，这个时代已经在弱化了，有两方面原因：①这几年的技术进步；②现在更多的是通过 PoS 的方法。它在去中心程度上肯定是不如 PoW 的，但它在效率和人员的损耗上面是大大降低的。挖矿是一个比较生动或者通俗的一个想法，实际上如果我们用区块链专业术语来说就是共识算法。很多节点连在一起，大家形成一个共识。

这个共识算法衡量的指标其实有好几个不同的象限，第一个指标是去中心化，即能够支持多少节点一起参与共识。这个是非常重要的指标。这是衡量它去中心化程度的指标。

第二个指标就是所谓的效率，即 TPS。这个词其实并不是区块链里面独有的，在数据库里面也是衡量的指标，即每秒钟所处理的交易数。大家直观的印象就是阿里巴巴每年“双 11”的晚会，晚会汇报的峰值处理速度就是 TPS。

从我的角度来看，实际上区块链从整个历史发展周期来看还处于一个老式电话机的水平。为什么？因为它的 TPS 还不够高。但是随着这两三年的技术进步，我们认为目前的水平已经实现了一个飞跃。我和我的团队也非常荣幸，2018 年在全球 1 064 个节点上面，跨越了欧洲、美洲、亚洲，即跨越太平洋和大西洋做了数据实测，我们所取得的 TPS 是 12 万，基本上达到了商业可应用的水平。但是还有很多的技术需要进一步研发，因为实际上这个数字离真正无处不在的大规模区块链应用来说，还有很多的技术需要发展，所以只能说相对于我们原来的技术来说有提升。

第三个指标就是安全性。去中心化的安全性，业内有一个说法是“不可能三角”，很多项目现在说要打破“不可能三角”，最著名的项目就是 Algorand，最近被互联网金融协会给点了名，涉及一些问题。但是不管怎么样，它的项目引起了很多人的关注，最高的估值曾经达到 240 亿美金。我认为这个是大家对于创新的一个认可，或者说对于创新的一个估值。所以说我认为区块链最有意思的一点在于，它的价值是多少你很难去衡量，但是你只要真正做了技术上的创新，一定会有资本市场，一定会有人认可你的技术创新。

第二个进展，在业内叫分片，有的时候也叫多链，这也是另外一个区块链技术的发展趋势。其实我在 2018 年初就做了这样一个判断，非常有幸得到了这两年的印证，尤其是在上周以太坊大会也进行了介绍。2.0 技术最重要的就是分片，分片最主要的目的也是为了提高 TPS。

这个分片技术，除了本身在分片技术上的创新以外，实际上在区块链的底层，还需要做很多的技术创新，其中一个最重要的技术创新就是在通讯层的技术创新。为什么是这样的？之前，以太坊和比特币都是单链系统，即它的链条只有一条。在这样一个单链系统下面，底层的技术都是通过 P2P 网络进行的。但是 P2P 的传输网络在单链条下没有任何问题，在分片或者多链的系统下，采用传统单链式下 P2P 的信息传输就会出现问题。为什么呢？因为子链和子链之间很多情况下不需要通信，如果强迫它采用单链的系统进行通信，就会出现问题。

跨链也非常火爆。比如下一代的 Polkadot 其实也非常有意思，它的创始人叫 Gavin Wood，也是原来以太坊的联合创始人。在以太坊大会的圆桌论坛上，当时主持人问了以太坊的创始人一个有挑战性的问题，即怎么看 Polkadot，你认为 Polkadot 会对以太坊 2.0 造成重大的冲击吗。它成功地把 Vitalik 从中文频道转到了英文频道。

这个非常有意思，就是有关跨链，代表另外一个区块链技术发展的趋势，就是未来有很多的区块链可能存在一个并存状态。就跟互联网一样，网是相对跳转，来回链接的。区块链技术成熟之前，每个链都是独立的。这个不符合科学，所以一定要通过跨链技术把不同链连接在一起。这个可能也是区块链技术中一个重要的技术进展。

回到应用本身，随着 Facebook Libra 的出现，我们看到越来越多的大型机构，它们越来越意识到区块链技术本身的价值，以及它可能产生的降维打击效应。所以很多时候我们看到，一边有质疑，一边又在发展，但是不管是质疑也好，还是发展也好，这个技术一直在不断地往前进步。

四、结语

最后，我想用马云先生的一句话来做最后的一个总结。他说互联网技术经历了四个阶段：第一个阶段，看不到；第二个阶段，看不懂；第三个阶段，看不起；第四个阶段，来不及。

当时认为大家被互联网教育了这么长时间，已经看到了互联网改变我们世界的这样一个翻天覆地的可能性，和它的这种越来越多地影响到我们生活的方方面面。区块链是又一个我们誉之为“下一代价值互联网”的技术。在面对这样一个可能引起全世界翻天覆地变化的新的技术时，人们的态度会不会有不一样呢？我们当时很天真地以为可能会不一样，但是非常不幸地告诉大家，至少经过这三四年的发展，我们看到的情况正好是重演了这一条路径。

2015 年与 2016 年是最开始的“看不到”“看不懂”，我相信可能有一部分人还是处于看不懂阶段，但是还有很多人自认为已经看懂了。现在更多的人可能是处于“看不起”的阶段。看不起，我觉得挺正常的，因为国家有国家的限制，创新又有各种各样的限制，创新是要付出代价的，所以看不起是可以理解的。但是很快，我相信随着越来越多的项目真正落地，一定会进入“来不及”阶段。我也希望大家至少听完我今天这个演讲之后，能够有一点点改变，希望不要最后“来不及”。

谢谢大家！

第十讲

罗平：文档智能驱动中国新一代金融创新

主讲人：罗平

罗平，中国科学院计算技术研究所智能信息处理重点实验室副研究员、博士生导师。

罗平主要研究内容包括：数据挖掘、人工智能、机器学习等相关领域的智能算法与模型研究，并特别关注智能技术在金融、互联网领域的创新应用。在顶级国际会议（SIGKDD、IJCAI、CIKM、ICDM）和期刊（*TKDE*、*TIT*、*TKDD*）上发表论文40多篇；拥有10余项美国专利；2012年获得知识管理领域重要学术会议ACM CIKM“最佳学术论文”奖，并两次获得国际主流学术会议“最佳论文提名奖”；曾担任国际权威期刊*IEEE* Transactions on Big Data的客座主编；担任数据挖掘顶级国际会议ICDM2013的Poster主席、KDD2012的Poster主席；是国际顶级学术会议（KDD、ICDM、SDM、CIKM、ECML—PKDD等）的程序委员会成员。

内容摘要

- 金融行业具有“文档密集”的特点
- 人工智能对于处理金融文档的优势
- 人工智能处理文本、表格信息的简要流程
- 人工智能应用于金融行业的前景

精彩提示

罗平先生就“文档智能驱动中国新一代金融创新”进行讲解。他认为金融行业具有“文档密集”的特点，所有的金融活动实际上都记录在大量的公开的或者非公开的金融文档中。而人工智能（AI）可以参与到文档生成、审核、结构化的全流程中，让文档工作更加便捷，这就是“文档智能”。文档智能可以把非结构化的文档（如PDF文档）处理为计算机能够分

析和比对的结构化的数据。处理之后，不仅金融行业的工作更加高效，也纠正了纸质文稿中的许多错误，如勾稽关系错误、错别字等。借助文档智能，我们可以减轻相关从业人员的工作负担，同时可以对整个金融行业的场景进行结构化处理，掌握整个金融市场的实时动向。

一、金融行业具有“文档密集”的特点

对于金融行业的理解，我认为整个金融行业是以资金流向为主形成的生态圈，整个金融活动大概分为两个部分，分别是融资和资产的配置。在整个金融领域，实际上有不一样的角色或者参与人员在里面起到不一样的作用。其中，投资机构是一种特殊的企业，它通过将资金投资到其他企业使自身盈利；与此同时，监管机构需要监管金融市场中的所有金融活动。这里面其实还有一个非常重要的角色就是投资银行，投资银行把资金募集给真正需要用钱的企业，是资金需求方和资金供给方之间的桥梁。

总体而言，我认为整个金融行业是一个“文档密集型”的行业，所有的金融活动实际上都记录在大量的公开的或者非公开的金融文档中。这里有各种各样的文档，例如一家投资银行要为一家企业募集资金，或者选择IPO，或者选择发债；无论采用什么方式，投资银行都要和企业写一份好几百页的募集说明书，然后将这份说明书递交给监管部门去审核；如果审核通过了，IPO上市成功，那么这份募集说明书就会披露出来给各种投资人看。投资人包括一级市场的投资人和二级市场的投资人。

除了募集说明书之外，金融行业中还有其他各种各样类型的文档，例如股权质押通告、发行上市沟通材料、融资可行性报告，甚至是一些政策性文件，比如党的十九大报告、行业研究报告等。所以我认为整个金融行业实际上是以文档为中心的行业，是一个“文档密集型”的行业，市场中的金融行为与金融活动需要大量的文档来记录。

从文档消费链的角度来看，任何一个文档都有生产（撰写）、监管审批、阅读使用的过程。以募集说明书为例，首先需要文档的撰写和生成，这个主要由投资银行根据发行方提供的材料完成；随后将文档递交给监管部门审核；监管部门审核通过后，将该文档公开披露出来，则有大量的买方、投资机构来阅读和分析这些文档。然而，这些文档可能并不会有人一页一页地仔细阅读。因为每一份这样的募集说明书少则一百页，动辄五六百页，虽然里面有各种有用的信息，但是几乎没有人读得过来。

所以今天我们希望机器能够真正读懂这样的金融文档，让它们在金融

行业中发挥一些作用。我们以投资银行的工作为例。为什么以投资银行为例？我曾经在知乎上看到一个调查，调查的内容是金融行业中哪个职位最辛苦，结果排名第一的是投资银行家，他们的工作非常辛苦。在大众眼中，他们的薪水非常高，这是一个“高大上”的行业。要想进入这个行业，首先要有非常光鲜的教育背景，只有人大、清华、北大还有几个有名的财经院校毕业的人才可以，他们看上去是高学历高收入的人群。但是据我所知，入行五年以下的投资银行工作者，每天做的都是文档撰写和复核的工作。他们也经常调侃自己是“金融民工一级狗”。坦率地说，处理这些大量的文档工作，是一种高强度的锤炼，但学习曲线非常平缓。

而且，记录一切金融活动的金融文档都必须满足“真实、准确、完整”的核心要求；文档里面的每一处微小的错误都会带来很大的损失。例如，高盛在几年前就出了这样的问题，在它的一个合同上有一个简单公式的笔误，这直接造成了4 500万美元的诉讼。无论是从声誉还是从经济的损失来看，在金融文档中犯错误都是一件很严重的事情，这给投资银行家们带来了很大的压力。除此之外，现在金融市场的业务量也在不断扩大，IPO也开闸了，债券募集量也在逐年增加。也就是说，投资银行家们的工作量还在不断增加。

所以，我们计算机专业的工作者知道了这样的重要需求之后，我们想创造一些做文档智能的工具，让计算机能够更好地读懂和处理文档，把投资银行家们从繁重的文档工作中解救出来。

二、人工智能对于处理金融文档的优势

关于我们的整个工作，我想篡改一个成语——“庖丁解文”（原成语是“庖丁解牛”），我们希望计算机也像庖丁一样，能够仔细剖析并结构化一个五六百页的文档，让计算机能够读懂它。

我们可以大致看一下计算机能够做到什么程度。2017年5月份我们在公众号“债有主”上发布了全球首款金融文档智能甄别产品AutoDoc。只要用户上传一份（正在撰写的）募集说明书，计算机就会自动处理里面的每一句话，形成一个报告，告知用户文档里面有什么错误，例如各种财务数据的勾稽错误。这个功能当时在微信朋友圈被刷屏了，阅读量达3万多次。

具体来看，我们的这个产品能够做什么呢？我们将一份募集说明书所呈现出的内容划分为两种形式，一部分是大量的表格，另一部分是大量的文字说明。我们首先能够复核的是各种财务指标数据之间的勾稽关系。例如，文档某处提到的2017年1月到6月的营业总成本是一个数字，在后面的

表格中同样时点的同样科目对应的数字却不相同。对于这样的错误，我们能够通过计算机快速地将其找出来。除了简单的财务指标复核之外，我们还能够复核一些更加复杂的内容。例如，文档中提到“2015 年度三项费用合计占营业收入的比重较 2014 年度减少了 1.49%”，通过语义理解之后，计算机就能够自动寻找到相关的数据，复核这个减少的比例是否真的是 1.49%。

展示了这些功能之后，AutoDoc 的使用效果究竟怎么样呢？2018 年上半年我们内部做了一些测试。我们使用 1 000 份在网上可以下载到的公开的募集说明书做了一下自动分析，通过人工确认，我们发现 68.92%的文档里面都存在着数据不一致的问题，每个有错误的文档中平均有 4.26 处错误。我认为，已公布的募集说明书的质量是非常糟糕的，只不过大家没有深究里面的法律责任。我们的这个产品上线之后，到 2019 年 10 月底，仅公开平台已复核超过 6 000 份文档，这些文档来自 50 多家券商。我们发现有 98.4%的文档存在数据冲突，每个文档平均出错 6.5 个。

三、人工智能处理文本、表格信息的简要流程

接下来揭秘一下这些功能背后的 AI 技术：金融文档智能。我们需要把非结构化的文档（PDF 或者 word 文档）处理为计算机能够分析和比对的结构化的数据。我们把这个过程叫作“智慧迁移”。也就是说，本来这些知识是分散在整个文档中的，我们通过自动的整理和分析，把它们迁移到计算机能处理的知识库中。

具体的做法是，对于一份待处理的文档，首先分析其文档结构，包括文本段落、表格、目录结构等。之后走两个分支，一个分支对文档中的所有自然语言文本进行处理，识别文本的语义；另一个分支处理文档中的各种表格，识别表格的语义；最后，将表格处理的结果与文本处理的结果进行比对、复核，以报告的形式呈现最终的复核结果。这是处理的基本流程。

接下来我们看一下计算机在处理文本和表格的时候分别做了什么。首先看一下我们怎么从自然语言中提取其表达的公式。举一个简单的例子。比如这句话：“公司第一大客户 2013 年到 2015 年的营业额分别是……”，计算机本来是读不懂这句话的，但通过一个 AI 模型，将这句话分解为时间、财务指标、数值的三元组，只有三元组这样的结构化数据才能被计算机处理；再比如这句话：“公司前五大客户的销售额占总销售额的比重呈现出下降趋势”，这个比例就是前五大客户的销售额占总营业额的比例，人很容易理解这句话，但是机器不懂，计算机需要将它的语义翻译成一些由各种指

标的计算形成的等式和不等式。

这里面核心的问题就是让AI模型处理自然文本的语言，使计算机能够将其翻译为具体的语义和结构化的信息。做这件事情实际上有非常大的难度，做计算机的人需要了解语言学的知识以及金融语言的特点。

以下跟大家分享一些我们对金融领域的语言的一些分析经验。

举例来说，自然语言中有一个语言现象叫长程修饰，就是修饰词语与被修饰对象的距离很远。例如一句话说公司贸易业务（定语）的收入是多少，然后说了一堆后，立马又说它实现的毛利润是多少，这个时候这个毛利润指的是公司贸易业务的毛利润还是其他业务的毛利润抑或是公司全部业务的毛利润，计算机是不清楚的。如果我们仔细看这个语义，它指的是公司贸易业务的毛利润，由于大家在书写的过程中不是那么规范，所以这样的一个定语经过这么长的距离，实际上修饰的是这样的一个财务指标，计算机需要把它识别出来。这个语言现象就是长程修饰。

与此同时，语言学上还有承前省略或者零指代的现象。例如一句话说发行人一年之内的其他应收款账面余额占比是这么一个比例，后面立马说一年到两年是多少比例、两年到三年是多少比例、三年以上是多少比例，其实这些比例都指的是其他应收款账面余额，但这个指标在后面都被省略了。类似的，例如一句话中说流动负债、非流动负债与所有者权益分别是多少比例，这样的语言表达中根本没有提分母是什么东西，这时候就需要AI将它自动补全，这里需要一些专业的金融知识。英文文档的处理是类似的，坦率地讲，英文的金融文档非常规范，英文国家的监管机构要求大家用最简单的英文进行撰写，因而计算机对英文的处理是相对容易的。

接下来说第二个方面：对于表格的处理。人去阅读表格是非常方便的，但机器识别和阅读表格会有相当大的问题。举例来说，假如一个PDF页面里面有一个无边框的表格，人立马能够辨别出来，但是机器自动识别是很困难的。人的视觉功能通过一些对齐的关系认定表格的存在，我们需要计算机同样具备这样的功能。我们对PDF有边框、无边框的表格都处理得非常好，能够将所有的外部边框和内部的线准确地画出来。只有在将内外边框准确地画出来之后，我们才能精准地提取表格所对应的语义。这是一个世界难题，但我们已经做得非常好了，特别是金融领域的表格。这个功能已经被集成在了PDFlux这个软件中，大众可以方便地使用，快速便捷地获取表格中的信息。

除了处理文本与表格之外，我们最近推出了一个自动识别错别字的功能。举例来说，我们的一个客户让我们测试他们文档中的错别字。这里面都有哪些实际的情况呢？例如，“除权”被写成“出拳”，“减持”被写成“健齿”，这就闹了很多笑话。如果将这样的文档发布到公开网站就会产生很大的问题。我们的这个功能获得了客户的高度认可。

实际上，我们的这个功能主要是检测两类错别字，第一类错别字叫近音异字。我们在这个方面考虑到了各种拼音相近的情况，比如卷舌、平舌、前鼻音、后鼻音以及各个地方特色的读音。我们同样考虑了一些形近的异字：考虑到了少数使用五笔输入法的用户，他们敲错了一个字母，整个字就完全打错了。整个模型都是自动学习的，没有添加任何人工规则；同时，我们也在不断地扩充语料，效果会越来越好。

四、人工智能应用于金融行业的前景

我们研发了一个平台，形成从标注到训练预测再到反馈的闭环，我们期待平台内部的数据流动起来，这样它的效果就会越来越好。这里面有很多值得研究的内容，包括底层优化算法，到深度学习模型以及上层前沿的研究。我们需要一整套深度学习的方案向大家呈现出这样一些功能。

总结起来，我们事实上就是在做这样一个智慧迁移的事情：整个金融大环境每天都会披露出大量文档，这些文档都会汇入我们的文档智能化分析引擎，将这些非结构化的金融文档转化为结构化的知识。这样的转化过程有三个特点：第一是瞬时。一个文档一旦在交易所的网站上公开，20 秒之后就能够结构化到我们的数据库中。第二是精准。尽管自然语言的表达以及文档的呈现方式会非常丰富，AI 模型也能正确识别其语义。第三个是深度。我们不应当停留在一些简单的财务指标上。我们希望计算机能够进一步将脚注的内容也能够读懂，进而能够更加透彻地了解一家企业。

拥有这样的一个平台，相当于拥有了一个引擎去了解整个金融行业。如果我们有了这样的一个知识库，我们就可以对每一家公司财务状况做结构化，然后抽取它的同业公司信息，以及它的上下游产业信息，这是企业层面的结构化，也就是企业画像；同样，我们可以将这个技术拓展到跟这个企业相关的行业，对行业信息进行结构化；进而，可以对整个金融行业的场景进行结构化。这样，我们实际上就掌握了整个金融市场的实时动向。

现在大家都非常关注“灰犀牛”的事情。其实，预测“灰犀牛”所需要的数据都在大量的金融文档中，原来由于技术没跟上，没办法分析；而今后，金融文档智能化技术将大大给予助力。我们将不会对“灰犀牛”视而不见，而是会提早发现，让整个金融环境向着更健康的方向发展，即朝着价值投资的方向实现真正的发展。

如果能够让计算机读懂金融文档，我们在投资银行繁重的 paper work 就能变成 happy work，我们也希望这些技术能够更好地为投资银行、监管以及其他的投资行业服务。

延伸阅读

在延伸阅读部分，我们梳理了我国人工智能的发展现状、相关国家政策、相关应用场景等内容，以便读者研究学习，加深理解。

延伸阅读：中国人工智能的发展

1. 中国人工智能国家政策（见表 1）

表 1　中国人工智能国家政策

时间	政策报告	内容
2015.05	《中国制造 2025》	发展智能装备、智能产品和生产过程智能化
2015.07	《国务院关于积极推动“互联网＋”行动的指导》	提升终端产品智能化
2016.03	《中华人民共和国国民经济和社会发展第十三个五年规划纲要》	人工智能被写入“十三五”规划纲要
2016.04	《机器人产业发展规划（2016—2020 年）》	到 2020 年，自主品牌工业机器人年产量达到 10 万台，六轴以上工业机器人年产量达到 5 万台以上
2016.05	《“互联网＋”人工智能三年行动实施方案》	到 2018 年，创建人工智能基础资源和创新平台
2016.07	《“十三五”国家技术创新规划》	重点发展大数据驱动的类人工智能技术
2016.09	《智能硬件行业创新发展专项行动（2016—2018）》	重点发展可穿戴设备、智能车载设备、智能医疗健康设备、智能服务机器人、工业级智能硬件设备等。
2017.03	《“十三五”国家战略性新兴产业发展规划》	新增“人工智能 2.0”，人工智能进一步上升为国家战略

续表1

时间	政策报告	内容
2017.07	《新一代人工智能发展规划的通知》	人工智能上升为国家战略
2017.10	党的十九大报告	人工智能被写进十九大报告，将推动互联网、大数据、人工智能和实体经济深度融合
2017.12	《促进新一代人工智能产业发展三年行动计划（2018—2020）》	对《新一代人工智能发展规划》相关任务进行落实和细化，以新一代人工智能技术产业化和集成应用为重点，推动人工智能与实体经济深度融合
2018.03	《2018年政府工作报告》	人工智能再次被写入政府工作报告：加强新一代人工智能研发应用
2019.03	《2019年政府工作报告》	将人工智能升级为“智能＋”
2019.06	《新一代人工智能治理原则——发展负责任的人工智能》	突出了发展负责任的人工智能这一主题
2019.08	《国家新一代人工智能创新发展试验区建设工作指引》	力争到2023年，布局建设20个左右试验区
2020.1	《关于“双一流”建设高校促进学科融合加快人工智能领域研究生培养的若干意见》	提出要构建基础理论人才与“人工智能＋X”复合型人才并重的培养体系，着力提升人工智能领域研究生培养水平
2020.3	《教育部关于公布2019年度普通高等学校本科专业备案和审批结果的通知》	180所高校开设人工智能专业
2020.6	《全国人大常委会2020年度立法工作计划》	重视对人工智能、区块链、基因编辑等新技术新领域相关法律问题的研究。继续推动理论研究工作常态化、机制化，发挥科研机构、智库等“外脑”的作用，加强与有关方面的交流合作，抓紧形成高质量的研究成果

2. 中国人工智能产业链图谱（见表 2）

表 2　中国人工智能产业链图谱

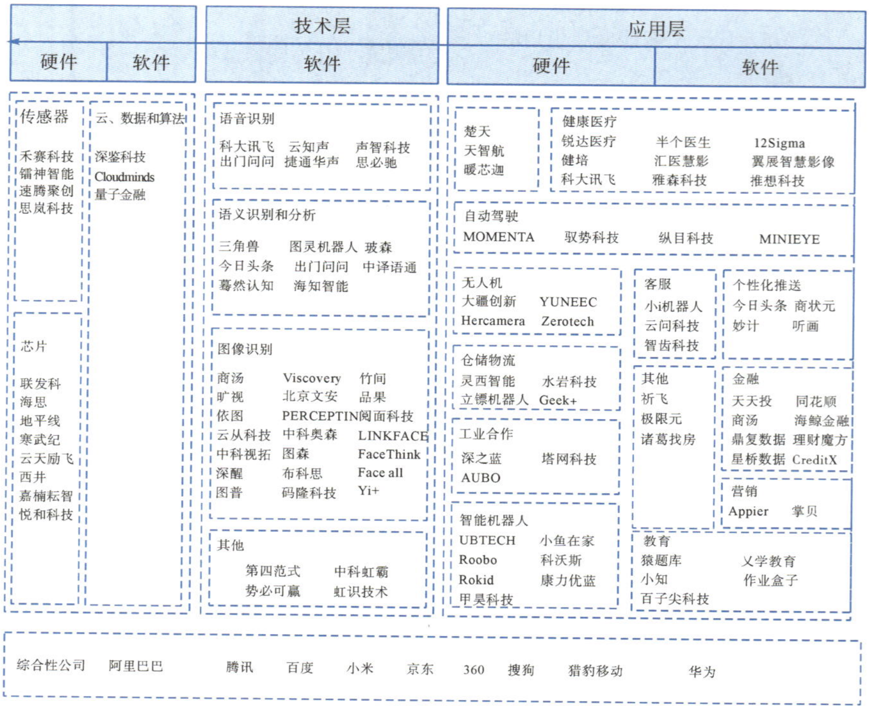

3. 人工智能商业化应用（见表 3）

表 3　人工智能商业化应用

行业	痛点	部分人工智能解决方案
政府	• 城市人口数量日趋庞大，相关的政府服务工作量巨大而且繁琐 • 犯罪、恐怖袭击事件无法提前预知	• 利用计算机视觉、机器学习等技术提高自助服务比例 • 大数据分析犯罪嫌疑人生活轨迹及可能出现的场所，利用计算机视觉技术发现并进行抓捕
金融	• 金融机构面临运营成本压力 • 金融机构无法为长尾客户提供定制化产品和服务 • 信贷维度较低	• 利用语音识别、语义理解等技术打造智能客服，解决用户在业务上的问题，降低客服成本 • 利用大数据、人工智能技术开发智能投顾，向更多客户提供个性化服务 • 人工智能与大数据相结合构建智能风控体系，多维度数据综合评估，提升风险管控能力

续表3

行业	痛点	部分人工智能解决方案
医疗	•医疗资源不均衡造成的资源配给跟不上需求 •看病贵，看病时间长 •医患关系紧张，误诊 •基层卫生医疗水平差	•智能影像可以快速进行癌症早期筛查，帮助患者更早发现病灶 •健康管理通过移动端、智能设备接入健康医疗，从源头改变人们的健康习惯
交通	•车祸频发 •人类的注意力有限 •货运交通成本高	•无人驾驶通过传感器、计算机视觉等技术解放人的双手和感知。以上技术支持的共享出行和无人物流将极大地提高个人出行和物流效率
零售	•传统市场调研手段难以发现真实的消费者需求 •广告投放目标无法精准，投放效果难以准确衡量 •消费者对店内体验、支付便捷、及时配送的要求越来越高	•利用机器学习技术生成用户画像，针对其喜好进行广告投放 •利用机器视觉技术捕捉顾客行为，分析其真实需求 •利用计算机视觉、语音/语义识别、机器人等技术提升消费体验
制造	•产品研发设计耗时长、成本高 •人力工序失误率高而且过程难以追溯 •人力实现大规模快速定制化的成本过高 •低成本劳动力缺乏	•利用计算机视觉技术高效准确发现瑕疵品 •机器人替代工人在危险场所完成工作

4. 各城市人工智能相关政策数量（见表4）

表4　各城市人工智能相关政策数量

城市	
北京	•北京市颁布政策26例，如： •《关于促进中关村智能机器人产业创新发展的若干措施》 •《关于共同推进建设人工智能与智能硬件创业创新平台合作框架建议》 •《中关村国家自主创新示范区人工智能产业培育行动计划（2017—2020年）》 •《北京市加快科技创新培育人工智能产业的指导意见》 •《北京人工智能产业发展白皮书（2018）》 •《关于支持北京建设国家新一代人工智能创新发展试验区的函》

续表4

城市	
上海	• 上海市颁布政策 48 例，如： •《关于促进人工智能和大数据产业发展的若干意见》 •《关于本市推动新一代人工智能发展的实施意见》 •《上海市人工智能创新发展专项支持实施细则》 •《徐汇区关于建设人工智能产业集聚区的实施意见》 •《关于加快推进人工智能高质量发展的实施办法》 •《关于建设人工智能上海高地，构建一流创新生态的行动方案（2019—2021）》
深圳	• 广东省颁布 68 例，主要集中在深圳市，如： •《关于组织实施 2018 年“互联网＋”、人工智能创新发展和数字经济试点重大工程的通知》 •《深圳市科技创新“十三五”规划》 •《深圳市新一代人工智能发展行动计划（2019—2023 年）》
广州	•《广州市加快 IAB 产业发展五年行动计划（2018—2022 年）》 •《广州市关于推进新一代人工智能产业发展的行动计划（2020—2022 年）》
杭州	• 浙江省颁布 46 例，主要集中在杭州市，如： •《杭州城西科创大走廊规划》 •《杭州市科技创新“十三五”规划》 •《杭州未来科技城（海创园）引进海内外高层次人才、加快高层次人才、加快人工智能产业发展的若干政策意见》 •《杭州市建设国家新一代人工智能创新发展试验区若干政策》 •《杭州市人工智能产业发展规划》
重庆	• 重庆市颁布 16 例，如： •《重庆市以大数据智能化为引领的创新驱动发展战略行动计划（2018—2020）》 •《渝中区以大数据智能化为引领的创新驱动发展战略行动计划实施方案（2018—2020）》 •《重庆市建设国家新一代人工智能创新发展试验区实施方案》

地区政策的力度可以从三个方面衡量：政策数量、政策指向性和财政补贴力度。从数量上来看，上海是六个城市中出台人工智能相关政策最多的城市，数量达到 48 项，通过规划、资金等方面的支持充分利用技术创新资源、人才与市场优势打造人工智能集聚区。北京、深圳、杭州、广州则紧随其后。从上述省级政策数量来看，广东省是出台人工智能相关政策最多的省份，2009—2017 年，颁布的政策数量多达 68 项，其主要出台城市是深圳与广州。浙江省政策数量为 46 项，主要颁布城市为杭州。重庆在这期

间是出台人工智能相关政策数量最少的城市，仅有16项。

从政策指向性来看，各地结合自身特点，各有侧重培育人工智能产业。广东省政策关注应用领域，主要包含基础设施、智能制造和机器人三大主题，意在发挥产业链完善的优势，快速实现产业化。北京强调产学研融合以及技术创新，更加关注基础研究、技术应用和创新平台。上海出台的政策在人才、创新生态、产业聚集、投融资支持等方面都有涉及，还特别针对企业关心的数据资源开放和应用提出具体措施；杭州关注人工智能产业布局和应用，结合成熟企业优势，重点发展人工智能小镇、园区、城区；重庆出台的人工智能政策主要侧重于促进技术与传统制造业的结合，推动智能制造的发展。

5. **人工智能产业链**

总体来看，人工智能行业可分为基础层、技术层和应用层。

基础层提供计算力，主要包含人工智能芯片、传感器、大数据及云计算。其中芯片具有极高的技术门槛，且生态搭建已基本成型。目前该层级的主要贡献者是Nvidia、Mobileye和英特尔在内的国际科技巨头。中国在基础层的实力相对薄弱。

技术层解决具体类别问题。这一层级主要依托运算平台和数据资源进行海量识别训练和机器学习建模，开发面向不同领域的应用技术，包括语音识别、自然语言处理、计算机视觉和机器学习技术。科技巨头谷歌、IBM、亚马孙、苹果、阿里、百度都在该层级深度布局。中国人工智能技术层在近年发展迅速，目前的发展主要聚焦于计算机视觉、语音识别和语言技术处理领域。除了BAT在内的科技企业之外，出现了如商汤、旷视、科大讯飞等诸多独角兽公司。

应用层解决实践问题，是人工智能技术针对行业提供产品、服务和解决方案，其核心是商业化。应用层企业将人工智能技术集成到自己的产品和服务上，从特定行业或场景切入（金融、安防、交通、医疗、制造、机器人等）。未来，场景数据完整（信息化程度原本比较高的行业或者数据注地行业）、反哺机制清晰、追求效率动力比较强的场景或将率先实现人工智能的大规模商业化。从全球来看，Facebook、苹果将重心集中在了应用层上，先后在语音识别、图像识别、智能助理等领域进行了布局。得益于人工智能的全球开源社区，这个层级的门槛相对较低。目前，应用层的企业规模和数量在中国人工智能层级分布中占比最大。

第十一讲

王立仁：比特币的前世今生和未来

主讲人：王立仁

王立仁，中国区块链研究联盟高级研究员、副秘书长，网络工程和安全技术专家，中关村区块链产业联盟副秘书长，农业区块链实验室联合发起人。王立仁拥有19年金融科技、IT开发和产品管理、网络工程、信息安全建设等领域经验和成果。他创办了能源区块链实验室，率先提出了区块链是互联网空间中数据和信息确权工具，以及互联网经济本地化的理论。近年来，他在金融科技领域也颇有建树，有多项落地的区块链产品和成功应用。

内容摘要

- Bitcoin 的出现
- 比特币出现的原因及记账思路
- 区块链发展的原因
- 区块链的运行机制及特点
- 比特币现状及未来的发展

精彩提示

王立仁先生的演讲以“比特币的前世今生和未来”为主题，首先介绍了比特币的起源以及记账思路，随后介绍了区块链的发展及其运行机制。

一、Bitcoin 的出现

Bitcoin 这一词语的概念来源具有较长的历史。1948 年，美国数学家 C. E. 香农在他的论文《通信的数学原理》里面首次使用了 Bit 这个词。其实万物皆由 Bit 构成，就像人本质上是由基因构成的。从一个角度来说，Bitcoin 可以理解为一种技术，它把比特原子化了，其经济学道理就是实现了物以稀为贵，每一个 Bit 都是不一样的，两个 Bit 的源头、流通、交易也都不一样。

区块链出现之后，或者说比特币出现之后，我们证明了“羊毛出在猪身上”的观点是错的。一直以来，人们在所谓的“羊”身上看不到“羊毛”，“羊毛”被认为安装到了“猪”身上，因此长期以来人们普遍形成了“羊毛出在猪身上”这一错误理念。而“羊毛”指的就是信息，也就是Bit。

二、比特币出现的原因及记账思路

信息所有权本质上决定了信息的定价以及信息的流通性。但是，由于从20世纪40年代开始发展现代通信技术之后，一直没有一个加密的技术，或者没有一套技术来解决互联网空间中的信息所有权。早期媒介以纸为主，纸上的信息形成契约，人们可以把信息装进保险箱，也可以轻易摧毁信息。但是在互联网时代，信息留存、确权、加密成本大幅度提升，摧毁信息的操作也比较困难，因此，需要一个技术实现对所有权的确定，实现信息定价、流通和交易。

货币流动构成了债权债务网，人们需要一个记账单位将经济生活中产生的债权、债务记录到一个T形账户中。有一种关于货币的学说叫货币名目论，它想象人类去数鸭子，然后将鸭子的信息记录到一张纸上，再把这张纸拿到市场上进行交易。这个过程，就实现了鸭子脱离客观事实，变成主观事实，再往下成为互为主体事实的演变。所谓互为主体事实，就是依靠许多人的沟通互动而存在，诸如国家、宗教、货币，就是因为我们信它，即所谓共识，所以它存在。

知识拓展

货币名目论亦称“名目主义”。它是与货币金属论相对立的资产阶级货币理论。它们否认货币的商品性和货币的实质价值，认为重要的不在于货币的金属内容，而在于它们的票面价格。货币只是由国家规定的符号，是一种票券，只在名目上存在。

总的来说，经济社会本质上是由信源、信号、信息、信任到信用再到信源的。每个物件都是信源，信源通过声波、光波、电磁波发出各种信号，信号又被各种IT工业处理变成信息，我们就是依靠信息来建立信任的。形成信任后我们可能会建立一些交易，交易产生信用，有了信用之后又会变成一个信源，会成为佐证，创造更多的交易机会。

在历史上，把信号变成信息的过程中都要采取媒介来记录这个信息，如泥巴、木棍、纸、贵金属等，它们的目的是记载信息，且保证信息不可篡改。到了互联网时代，传统媒介已无法承担相应的职责。本质上说，货币流动的债权债务关系里面有一套记账符号，这个记账符号可以用石头、金属来做，也可以用比特来做。这就是比特币的记账思路。

三、区块链发展的原因

现代金融创新基本要素有三点：第一是能够跨越时空配置资源，第二是就未来结果达成契约收益权力，第三是成本要足够低。随着经济协作规模不断变大，让人信任信息真实性的技术成本一定要下降，成本低的技术会替代成本高的技术。技术成本足够低的方向包括三点：数得清、存得住、流得动。在这个方向上创新的结果就是区块链，区块链技术本质上能以较低的成本实现对信息的记录和记载。区块链技术依托 token（通卡）的交易、流通，能够保证多方交易的信息真实、可靠、不可篡改，因而数得清。一个账页就是一个 block，一串交易就是 blockchain，区块链的记账过程伴随着财产确权，因而存得住。token 的转让、流通能够实现跨时空配置资源，因此流得动。

知识拓展

token 的意思是“令牌”，是服务端生成的一串字符串，作为客户端进行请求的一个标识。一般作为邀请、登录系统使用。token 其实说得更通俗点可以叫暗号，在一些数据传输之前，要先进行暗号的核对，不同的暗号被授权不同的数据操作。当用户第一次登录后，服务器生成一个 token 并将此 token 返回给客户端，以后客户端只需带上这个 token 前来请求数据即可，无须再次带上用户名和密码。简单 token 的组成：uid（用户唯一的身份标识）、time（当前时间的时间戳）、sign（签名，token 的前几位以哈希算法压缩成的一定长度的十六进制字符串，以防止 token 泄露）。

BLOCK 是数据库中的最小存储和处理单位，包含块本身的头信息数据或 PL/SQL 代码。

互联网具有两大结构性缺陷：一是难以保证信息真实可靠和隐私安全；二是 HTTP 协议导致的冗余性很差。在军方发展中，互联网最初是注重信息安全和可靠的。它靠什么证明信息真实可靠？靠保密制度。保密员确保信息只有加密者能看到，或者只有某些总统能看到。1994 年互联网开始民用、商用的时候，没有办法审查，而且具有成本依赖，这时候用什么手段？人们考虑到采用安全技术，比如 PKI、U 盾、VPN 等。从互联网发展中我们可以看出，互联网的本质是数学，是对信息进行加密、去中心的、分布式的、公开的、安全不可逆的运算。

四、区块链的运行机制及特点

有了这个债权债务支付、清算和结算的思路之后，比特币就可以理解为复式记账法在互联网空间里的实现。整个区块链空间有两类角色，一类是市场参与者，即参与市场交易协作的买卖双方；一类是记账员，或者叫矿工、会计。做支付动作的一方从付款人里面把钱拿出来，进到收款人账户里面去。这个过程完成后，一笔账户的输出被当成另一个账户的输入，计量的数字从一个账户移动到另外一个账户，就形成了一条链。信息在链里流动，记账员通过记账在流动中确定下信息所有权，记账员获得手续费和奖励。记账员最初是匿名的，但从 2015 年起，整个生态演变的结果是目前比特币系统里面只有不到 30 个大的记账员。就像汇款流程一样，有汇款人、收款人，还有一个清算和结算的中央机构一样，记账员就是做清算和结算动作的人，只是在通过一种去中心化方式，引入了竞争。通过大家抢 Block Reward（区块奖励）和交易费等过程，使更多人可以参与到这个环境里面。从而通过两个角色（市场参与者和记账员），把通信系统运转起来了。这是一个共识的过程。

知识拓展

区块奖励（Block Reward）是矿工通过算力解决相关数学难题并创建新区块后所获得的奖励。区块奖励根据不同加密货币而有所不同。以比特币为例，比特币以一个确定的但不断衰减的速率被挖出来，大约每十分钟产生一个新区块，每一个新区块都伴随着一定数量从无到有的全新比特币；每开采 210 000 个区块其奖励减半，其周期为四年。从比特币发明最初的 50 个比特币/区块到 2016 年后的 12.5 个比特币/区块，并会在 2040 年达到总数接近 2 100 万个比特币，在那之后新的区块不再包含比特币奖励，矿工的收益将全部来自交易费。

因此从技术角度来看，区块链技术最重要的特点是开源，区块链系统一定要开源，只有开源才知道代码有没有损坏，才能保证信息透明、去中心化。所谓去中心化是指在技术上通过去中心化方式降低成本，更好地大规模地传递信息。所以说比特币的系统风险很大，因为只有不到 30 个矿池，互联网大矿工已经控制了全网的算例，而这个机器目前就是互联网上的一个服务器、一个节点，我们总是有大量的方法可以攻击它。攻击它意味着不能记账了，或者说记完了账又被退回去了。

五、比特币现状及未来的发展

纯真比特币 RBTC（Royal Bitcoin）是从经典比特币中分叉出来的一个系统，其特点就是重新恢复去中心化特点，有电脑或手机就可以参与记账工作，从而完成交易、转账、加密报文、智能合约开发等功能，增强系统稳定性。之所以称之为“纯真的”，是因为通过一种点对点方式实现对信息的转移，转移信息真实可靠。比特币系统被无政府主义者说成是去政府的，我不太认同。政府是需要的，但是政府有边界。中本聪的本意并不是这样一个思路，它通过点对点方式降低了记账成本，使这个系统更加真实可靠。

我在很多场合呼吁，比特币体系是人民币国际化的好机会。芝加哥商品交易所现在推出比特币期货，就是因为西方国家认为中国快对比特币没有影响力了，利空的因素没了。从国际货币兑换和定价来看，人民币如果可以为比特币定价，在那个被称为比特币的一串字符里面打上人民币的标签，互联网到哪里人民币就到哪里，人民币也就国际化了。另一边，美联储对比特币的态度是值得关注的：比特币系统高喊无政府主义，打击美元霸权，美联储却一直保持一个比较中立的态度。作为美元区的参与者，日本政府极力推动比特币系统，这是可以深究的。耶伦在 2013 年 10 月份的听证会上讲比特币是一个技术，美联储没有监管的权力，直接造成比特币大涨。关于下一代区块链，我设想应该是一种“多点连接”的交互信息系统，可应用于区块链道路、区块链汽车等。

知识拓展

一、比特币的产生——区块的创建和比特币的由来

1. 区块的创建

在比特币行业里，创建区块的过程我们俗称之为“挖矿”。

每个人都可以创建区块。区块的创建是通过竞争计算完成的。上一个区块创建出来之后，系统会给出一个数 A。所有人就开始创建新的区块，记录实时发生的交易，同时玩一个密码学游戏——哈希。哈希的特点是：可以根据任意一段数据计算出一个固定长度的值，此计算结果相当随机，无法预知大小。大家不停地计算区块的哈希值（根

据以下数据计算：一个随机数、上一个区块的哈希值以及十分钟内验证过的交易），谁先算出来一个小于A的哈希值谁就在游戏中获胜。系统会将获胜的人创建的区块链接到区块链上。

在比特币世界中，系统算法决定了每10分钟左右产生一个区块。如果一段时间内区块产生的平均时间超过10分钟，算法就会降低游戏难度；反之，算法就会提高游戏难度。数A决定计算难度，A越小计算难度系数越高，这样就保证了比特币的发行速度几乎不变。

2. 比特币的由来

一个区块被创建后，系统就会奖励给创建者一定数量的比特币。这笔由系统奖励创建者的交易就被区块记录在第一条交易单中，称为coinbase交易。

比特币世界里没有独立的“币”，每个账户的余额体现为交易链条上的输出，而所有的输出都可以追溯到第一条coinbase交易。

创建一个区块，系统奖励多少币呢？刚开始，创建一个区块有50btc；产生第21万个区块之后，奖励降为25btc；第42万个区块创建后，奖励降为12.5btc。可理解为奖励每4年减半

二、比特币产业链——比特币生产（挖矿）

挖矿：整体算力、挖矿成本以及比特币价格决定挖矿收益。

• 算力越大，对比特币网络整体的稳定性和安全性越好。

• 由于比特币的产出是恒定的，对单个挖矿单位来说，算力占比决定能挖到的比特币数量占比。

• 系统算力总量、单位算力成本、比特币价格决定挖矿收益。

• 在比特币产生量稳定的情况下，降低挖矿成本（如提高矿机效率、降低电费）可以提高挖矿的收益。另外，就只有比特币价格提升才能让挖矿收益更高。

主流国家政府对比特币的态度见表1。

表 1 主流国家政府对比特币的态度

大洲	国家	态度
北美洲	美国	美国商品期货委员会将比特币归类为“商品”；各州相继推出数字货币监管法规，确定数字货币行业的监管框架
欧洲	德国	支持比特币合法化，但需要对交易正常征税
	英国	对比特币态度积极，承认比特币作为一种货币存在
	西班牙	允许比特币存在，只要按照相关法规交税即可
	芬兰	将比特币归类为金融服务，免收增值税
	波兰	将比特币看成金融工具而非货币，但允许其存在
	比利时	允许比特币存在，免收交易增值税
	法国	谨慎，在反洗钱等金融风险上对比特币要求严格
亚洲	中国	谨慎，控制，承认比特币的虚拟商品属性
	日本	批准数字货币监管法案，并定义比特币为财产
	俄罗斯	对比特币持负面态度
澳洲	澳大利亚	对比特币征收增值税

➔延伸阅读

此处我们选取了王立仁先生于 2016 年在公开活动中发表的演讲，在演讲中他表示区块链在技术本质上是分布式的账本，并阐述了对于区块链未来发展的构想。他认为，每一个有价值的信息在每一个市场上进行流通、交易，这会让更多的金融产品、金融市场出现。

延伸阅读：区块链在技术本质上是分布式账本

Factom 是一个美国的公司。Factom 这个词是一个拉丁文，意思是事实。这个 Factom 做的就是对业务流程文件的不可篡改。这个公司定义了存证市场，目前在国际上是比较知名的。在国内，Factom 在 2015 年年底的时候正式进入国内，进入国内之后我负责他们的业务。最近在国内已经落地若干个项目，用在跟一些 IT 企业合作，用在智慧城市、地方政府里面的金融风险防控等。我们做了一些项目，等下再做比较详细的报告。这个里面做了很多金融技术的创新，以及它研究的结果，区块链只是金融技术创新的一个里程碑。我给大家传递这样一个观念：区块链是对信息和数据的确权，它使金融更加美好。

我本来想说我如何用数据确权，怎么在国内搞这么多项目，包括跟地方政府的书记、省长或市长沟通。我们现在跟一些省长、书记在谈，说如何用区块链实现互联网经济的本地化，实现互联网数据本地化，解决数字鸿沟，从而实现在当地创造一个互联网生态环境。但是会议让我讲讲数字确权的理论，那么我就来说说。为什么用数字确权包括为什么现在的互联网公司巨头对区块链不是特别感兴趣？因为它改变了整个信息存储的模型。

我们知道，互联网是起源于美国国防部远景规划局的。这个项目的目的是保证信息传递不走样。在20世纪60年代，那时候指挥信息可以通过分组的方式传递到前线，或从前线回传到指挥部。通过分组方式，可以避免电路一下被打断，整个网络没有办法继续传递指挥信息的问题。这是当时设计的模型。分组，就像把信息分成一个一个的包，然后装到汽车上传输。而电路的方式就是一个铁路的方式。铁路被切断之后，交通就断了。我们小时候看电影，经常看到前线的指挥官说去查线路是不是被炸断了。那时候线路断了信息传不出去，所以20世纪60年代采用分组方式传输信息。分组方式传输的好处就是可以迂回，可以用分组的方式把信息送出去。这里面有一个前提，能接到这个网上的人和他的信息都是安全可靠的，因为外面有枪有士兵在看着，所以不会有非法的不可靠的信息进入这个网络里面。

一直到1994年，克林顿政府说我们要发展信息高速公路，市场商业化了，进入千家万户，很多电脑被接入互联网。那时候有幅漫画出现，说你不知道网络那头是不是一条狗。这是因为信息模型没有办法验证对方到底是个人还是什么。我做过十几年的IT设备，在互联网里面用的都是TCPIP协议。关于这个协议，现在有八千多篇论文。在1995年之前是没有人讲安全的，所有论文都是不管安全的，基本上没有考虑到网络信息的安全和信息的可靠性。直到进入1995年之后才有人开始讲安全。这就带来了另外一个问题。因为不讲究安全性，就导致这个信息在收集过程中间回到所有互联网公司的手里。这个网页协议是中心化的，没有对信息的确权，所以这个信息都被现有的互联网公司收集到手里，所以出现了这个问题。

随着互联网技术的发展，现在各行各业都要上“互联网+”。经济活动必然要上网，那我怎么保证这个信息的可靠性？区块链能做的事情就是在技术本质上是分布式的账本，是对经济活动信息进行记账、对账和分账。所谓确权是确定了信息的所有权，这个信息是我的，这个信息就在我的手里，如果不经我的授权，其他人是用不了我的信息的。有了所有权，这个信息就可以通过市场的机制对它进行定价，这个信息就有了价值。每一个有价值的信息在每一个市场上进行流通、交易，会形成更多的金融产品，出现非常多的金融市场。

我现在认识到区块链是对信息的记账、对账和分账。我创新的思路有两个，一个是在时间上创新，一个是在空间上创新。所谓空间上的创新，我是看任何一个行业，我都说你需要发现一个区块链。比如说纺织行业。最近一些纺织行业的朋友跟我说，我们能不能针对四五万亿元的纺织行业做区块链。因为纺织行业是高度闭环的行业，从种棉花到形成棉纱到织成布再到做成时装，这样一个环节里面有资金流、物流在运转。这个环节的每一个点上都需要进行记账、对账和分账。如果针对纺织行业做一个区块链的系统，这就创造了一个全新的金融市场。

第十二讲

Susanne Chishti：金融服务业的数字化变革
——高层领导的战略路线

主讲人：Susanne Chishti

Susanne Chishti 是 FINTECH Circle 机构 CEO 与创始人。该机构建立了欧洲第一个天使投资网络，专注于发掘金融科技潜能。FINTECH Circle 是全球领先的金融科技学习平台，为 C 级管理人员提供在线课程与创新工作坊。她还是畅销书 *The FINTECH Book* 的联合编辑，该书已被翻译成 10 种语言，销往 107 个国家和地区。她的最新著作 *The Wealth TECH Book* 和 *The Insur TECH Book* 中文版已于 2019 年出版发行。Susanne 还是众多全球顶级金融科技公司的董事会成员、顶尖金融科技会议的演讲嘉宾，并在伦敦举办了 FINTECH Tours，为全球金融服务公司的高层管理人员提供培训服务。本文译者：张谦，中国人民大学金融科技研究所助理研究员。

内容摘要

- 数字创新的方案：战略、能力与模式
- 数字创新的投入：研发与教育
- 数字创新的组织：内部创业计划与创新团队
- 数字创新的举措：创新试点、投资与并购、金融科技加速器
- 高层领导的角色

精彩提示

Susanne Chishti 就“金融服务业的数字化变革——高层领导的战略路线”进行讲解，从数字创新战略、创新能力、企业创新模式、研发、教育、内部创业计划、创新团队、创新试点、投资与并购、金融加速器、董事会和领导团队的角色、成为创新领导者等角度阐发了她对这一话题的洞察。

1869 年建造的英国传奇帆船“卡蒂萨克号”（Cutty Sark）将茶叶运往

世界各地。许多渐进式的创新和设计改进使这艘快艇成为当时最快的帆船之一。卡蒂萨克带着茶从中国到伦敦旅行了八次，最后一次是在 1877 年。

不幸的是，船东们并没有意识到蒸汽技术带来的变革，很快蒸汽船就占据了全球贸易航线的主导地位。结果，卡蒂萨克号成了一艘训练船。今天你仍可以欣赏到它，它在伦敦东侧的格林尼治的船坞里被修复得很漂亮，俯瞰着伦敦金融中心闪闪发光的天际线。银行、资产管理公司和保险公司也面临着类似的命运，它们中的一些人会正如 *The FINTECH Book*（中国人民大学出版社 2017 年出版）的作者所预测的那样，成为博物馆的一员只是时间问题吗？

颠覆式的创新是我们生活的一部分：当美国柯达公司及其胶片业务错过了数码摄影趋势时，它们发生了什么？2007 年，欧洲电信巨头诺基亚占据了全球手机市场 49.4%的份额，却忽视了苹果 iPhone 发布时，它们又发生了什么？

金融服务业已经开始出现变革，这可以用“金融科技”这个词来概括。摩根大通首席执行官杰米·戴蒙（Jamie Dimon）在 2015 年致股东的一封信中警告说，金融科技初创企业的竞争日益激烈，有数以百计的初创企业拥有大量的脑力和财力，致力于各种不同于传统银行的业务。

我们所有从事金融服务的人都面临的挑战是数字转型和企业创新。金融服务公司很难想出商业上成功的创新办法，也很难建立一个能够持续创新的组织。

早在 1942 年，奥地利经济学家约瑟夫·熊彼特（Joseph Schumpeter）就研究了企业家所推动的高速的经济增长，并提出了“创造性颠覆”一词。这一概念随着公司之间相互竞争取代的速度逐渐加快而变得愈加重要。

有利可图的大公司通常对市场的颠覆有盲点，尤其是来自传统竞争对手之外、规模较小、更具创新性公司的颠覆。这些金融科技公司不像现在的金融技术公司那样害怕影响现有的利润流，也没有旧的遗留系统的负担，也没有现有银行、投资经理或大型保险公司那样的高成本结构。

在大型金融服务组织中，“创新力量”往往因官僚化日益严重、风险承受能力丧失、对现有金融产品和服务的承诺以及对减少这些产品和服务的恐惧、对当前业务模式的坚持、对衡量创新的金融指标的依赖以及缺乏具有创新精神的文化和领导而受到削弱。因此，据估计，70%的组织变革努力以失败告终[1]。

FinTech Circle Institute 通过我们的 FinTech Master Classes 与英国和全球的金融领导团队合作应对数字转型挑战。下面，我将分享一个最重要的概念，即数字转型如何取得成功以及高层领导团队必须发挥的重要作用。

规模本身并不是创新的障碍。2007 年，苹果推出 iPhone 时，iPhone 已经有 30 年的历史，在《财富》500 强榜单上排名第 123 位。那么，大银行、资产管理公司和保险公司可以学到哪些经验或者教训呢？它们如何实现组织的数字化转型？它们的路线是什么以及如何指导它们的董事会和领导团队？

一、数字创新战略

首先需要领导层致力于创新，并将改变作为长期的事项。所有金融服务公司都需要制定创新战略，在不同类型的创新选择之间确定优先次序，并权衡短期和长期创新机会。还需要制造自上而下的创新氛围，使一个复杂组织的不同部分朝着共同的目标齐心协力。优秀的数字创新科技策略应该提供方向，让员工知道组织想要向哪个方向发展，以及为什么要这样做。归根结底，创新战略是一个行动战略，应该足够具体，以帮助公司看清重点及分配预算。

一个好的创新战略既注重技术创新，也注重商业模式创新，因为不仅技术或遗留下来的基础设施可能过时，商业模式也可能过时。因此，企业创新可以定义为企业引进和实施新的技术和商业模式的过程。

二、创新能力

对于任何金融机构来说，为了保持竞争力，两种组织能力是关键：第一，识别有价值的新想法以解决问题的能力；第二，知道如何在所有可能的机会之间做出选择，使公司获益的能力。为了创新，多元化的人才库也非常重要，因为他们能将各种功能、技术和行业知识汇集在一起，而许多突破性创新需要多样化的知识。总之，创新能力需要在早期从原始模型中构建和测试解决方案并获得客户反馈来快速进行实验、迭代和学习。

① NITIN NORIA，MICHAEL BEER. 破译变革的密码［J］. 哈佛大学商业评论，2000（5～6）.

三、企业创新模式：开放式与封闭式创新

• 封闭式创新模式是指企业在内部进行创新以建立自己的数字技能基础。创新模型包括研究和开发、内部企业创业计划和内部加速器模型。

• 开放式创新模式是指公司与第三方组织（包括金融科技创业公司）合作，以改善其业务产品和服务，降低成本或提高合规性。这种模式将由开放式创新团队领导。开放式创新模式还可以包括创新前哨、企业风险投资和外部加速计划。

• 没有绝对正确或错误的企业创新模式。这取决于组织、目标和预算。在实践中，我们看到开放式和封闭式创新模型一同实行的效果最好。没有任何创新模式可以成为“一刀切”，而应将其视为引领数字化转型的指南。我们现在将更深入地研究这些模型。

四、研究和发展

大多数公司都拥有某种形式的研发部门/团队来研究市场趋势，新技术及其用于财务案例，并研究如何保持公司的创新能力。在整个金融领域，我们正在处理从云计算到大数据分析、人工智能/机器学习、区块链和分布式分类账技术、物联网等许多新技术。大多数技术对于金融服务公司（我们将在后面讨论教育和提升金融服务员工所扮演的角色）的员工来说都是复杂且不熟悉的领域。研发部门在所有部门中凸显的作用是评估这些新兴技术和新的商业模式（如众筹、同行借贷、多边平台商业模式等），并推荐哪些将影响组织并应该进行进一步探讨。

五、教育

大多数财务人员需要更多地了解技术创新（了解市场上已有的内容以及它如何使自己的公司受益），灵活的工作实践，如设计思维方法，并了解新的业务和收入模型，以决定他们的产品和定价策略。“金融科技”是适用于金融的所有金融技术的通称，由几个垂直层次组成，包括：

• WealthTECH：金融科技被应用于全球投资管理、财富管理和私人银行部门；

• InsurTECH：金融科技被应用于全球保险和再保险市场；

• RegTECH：金融科技被应用于支持受监管实体满足合规要求；

• PayTECH：金融科技被应用于所有类型（个人、公司）和所有货币

（外汇、汇款支付）的支付；

• LegalTECH：金融科技被应用于金融服务的所有法律工作。

六、内部创业计划

一些金融机构允许员工在一段时间内建立自己的创业团队，如果他们的想法被认为是最佳想法（通过内部竞争），并可能对公司产生影响，则内部创业计划将鼓励并授权“内部创业者”，为他们提供资源，以便从公司内部启动初创公司，以改进产品和服务。

作为案例研究，FINTECH Circle 是法国兴业银行（Societe Generale）的加速合作伙伴。该银行是全球领先的银行之一，旨在帮助英国的内部初创公司从最初幻灯片上的原始创意转变为可行的产品和原型。通过 6 个月的“加速”，包括为银行内部创业者提供每周辅导和会议，他们就能学习和采用最新的工作方法，比如设计思维，并与外部金融科技生态相连。

七、创新团队

创新团队通常专注于发展同外部创新合作伙伴的关系，并将这些外部合作伙伴介绍给可能受益的相关内部部门。创新团队的职责是调研学术界、外部金融科技创业公司、外部创新合作伙伴等可以提供什么，以及它们如何使公司受益。创新团队经常走访金融科技公司，听取它们的宣传，了解它们的管理团队和商业模式，并在适当的情况下组织付费试点项目，以寻求更紧密的合作。

八、创新试点

建立创新试点可以成为创新团队的下一步举措。通过在不同地域建立创新试点或基地，创新团队可以搜寻其他客户、合作伙伴和创业公司。成功的创新试点通常设在能够见证行业发展的最佳城市或地区。

九、投资与收购

通过企业风险投资（CVC），金融服务公司可以利用自己的风险基金将少数股权投资到金融科技公司，这种投资通常是长期且不断发展的，并能为金融科技公司开辟重要的分销渠道。2018 年，全球三分之一的金融科技投资均包含企业风险投资。企业风险投资通常旨在谋划战略布局并与其他机构投资者（如私募股权投资和风险资本投资者）进行共同投资。

十、金融科技加速器

这些加速器可能来源于公司内部或外部。

1. 内部加速器

初创公司有机会成为大公司的一部分或在一段时间内附属于大公司。这种做法对初创公司而言或许是很有益处的，因为它为初创公司提供了财务支持以及接触客户群体的渠道。大公司之所以选择与这些初创公司合作，完全是为了满足自身的企业目标并从中获利。

2. 外部加速器计划

这些3～6个月的计划通常由多家金融服务公司共同发起，并由第三方外部加速器主导。借助外部加速器，公司可以安排一位专业人员进入第三方加速器的平台，在那里它们可以和初创公司建立必要的联系并了解金融科技的生态系统。此举可为金融服务公司带来极大的益处，因为它们可以在不必承担全部费用的情况下更加轻松地接触庞大的创业社区。但是，这些公司是由所有赞助商共同筛选的，因而这些外部加速器计划并非针对某些特定需求而定制的。

假设一家银行、资产管理公司或保险公司选择与一家金融科技公司进行合作，通常用于评估其可靠性的方法包括：

(1) 试点项目：通常通过首次小型展示来检验金融科技公司的产品及其有效性。

(2) 概念证明（POC)：展示金融科技解决方案让大公司受益的过程，其总体目标是让金融科技公司展示它们是怎样通过客户的真实数据以及连接到其现有的IT基础设施（如有需要）来帮助金融服务机构改善或解决问题的。

十一、董事会和领导团队的角色

数字化转型非常复杂，对公司高层的领导力有很高的要求。创新是一项人类活动。在组织文化的影响下，人们做出了所有有关创新的重要决策。文化决定了人们的思维方式和行为方式，包括要把哪些问题作为当务之急，哪些产品和解决方案正在大规模推广以及将哪部分细分客户作为首要目标。领导对任何金融机构的内部文化都有很大的影响。作为董事会成员，我们应鼓励：

明确数字创新战略，并将领导的行为视为典范以强化这一信息。

加强创新能力在开放式和封闭式创新中的投入（如前所述）。

敢于实验，容忍失败。创新型公司经历了很多。金融公司需要通过实验来了解客户反响最好的服务。这些实验需要在组织中承担风险，如果实验失败，领导层不应对相关人员进行处罚，而是应将这些实验视为创新圈中探索未知领域的一部分以及摸索新型产品、解决方案乃至整体商业模式过程中的垫脚石。

协作。良好的创新文化指的是公司乐于接受整个组织内部利益相关者提出的新想法（初级员工或面向客户的员工通常会产生很好的想法，这类想法很有必要让大家听到）。除此之外，公司也应当倾听组织外部的声音——来自客户、供应商、伙伴和竞争对手的建议。我们还谈到“共同选择”，这个术语指的是可能在其他领域与对方产生竞争的合作项目。这是一项艰巨的任务，需要公司与对方就两个问题进行公开和清晰的沟通：一是公司的合作方向，二是对方关注的能够获得竞争优势的其他领域。以该领域的全球区块链联盟为例，许多银行参与了行业的泛用性联合学习、探索和协作，同时保持其内部区块链研究工作的机密性。

十二、成为创新领导者

如上所述，要想在创新上取得成功，公司高层领导需要在组织内部发挥重要作用。以下这些是我们在成功创新者身上发现的特点：

可持续发展——银行巨头是雇用高级复合型人才的先锋集团。现在，掌握数字技术是这类人才不可或缺的一部分能力，但它并不在传统的招聘考量范围之内。除了聘用创新能力强的员工以外，这些银行还和其他组织建立了合作伙伴关系并通过协同工作汇集新技术并提升自身能力。

以客户为中心——切记，创新应以客户为中心。如果新技术无法对客户群体带来帮助，那么就没有必要使用新技术。若要完全服务于客户，公司需要进行更大的转变以了解客户的期望、需求和心愿。

创新是重中之重——全面创新，欢迎变革。金融服务需要提供整体性战略，这意味着创新战略得到了整个组织机构的认可，而非只是领导层为了加快推动创新计划而做出的常规举措。

在全球金融危机之后的十年中，两个目标主导了金融服务行业的公司战略——一个目标侧重于监管，而另一个目标侧重于削减成本/提升运营效率。因此，在过去的几年中，领先的金融服务公司专注于监管及削减内部成本的开创性行为，大多数 IT 投资也都被用于逐步改进遗留技术。

在此期间，金融科技行业蓬勃发展，全球科技巨头转向金融领域——从支付到储蓄，之后再到保险。这种大趋势将持续下去。毫无疑问，那些最初专注于中小型企业、自由职业者等细分领域的科技公司正在进入主流金融市场，它们使用移动和语音技术作为新界面从而提供全方位的服务解决方案，并着力研发未来人与金融建立关系的新形式。

金融技术和新的商业模式将彻底改变我们与银行打交道的方式，包括投资和储蓄，并为我们自身及业务提供保障。金融服务公司不应该像英国壮观的卡蒂萨克号帆船那样最终成为博物馆的一员，而是应将自身重新定位为金融科技授权机构，在为客户提供卓越服务的同时将金融服务完美地融入个人和企业客户的生活之中。数字化转型并不容易，但它可以通过我们的努力而实现！

➔延伸阅读

我们从 Susanne Chishti 所编 *The InsurTech Book* 一书中节选翻译了第 27 章，作者 Tshidi Hagan 是 Old Mutual 高级投资分析师，在本文中说明了保险科技领域中的公司如何进行协作以避免传统企业风险投资（CVC）陷阱。

延伸阅读：保险科技（InsurTech）领域的企业合作机会

共同协作有助于 InsurTech 的蓬勃发展。通过允许 API 接入的后台办公技术，数字合作伙伴 Munich Re 正在快速灵活地将更多的产品推向市场。Blue Marble、B3i 和 Gen. Life 向我们展示了如何以最少的资源投入共享研发并生产知识价值。合作模型的雏形正浮出水面，Startupbootcamp 等全球保险科技加速器证明了协同加速是嵌入式创新方法中风险最低而回报最高的。在投资方面，Jerusalem Venture Partners、Eos Venture Partners 和 Touchstone Ventures 利用不同合作伙伴的专业知识避免了传统企业风险投资（CVC）陷阱。

一、背景介绍

虽然 IT 转型计划、研发实验室、孵化器、加速器和 CVC 基金可用于升级过时的技术系统，提供定制的测试功能，培养内在的独创性文化，并利用先进技术开发以客户为中心的产品，但在内部管理时，这些举措可能会受到各种限制，比如高昂的前期资本要求、过高的运营成本、不成熟的技能、有限的专业知识、投资者延迟或缓慢交付等。最近，以 InsurTech 为重点的企业创新模式的崛起和成就显示了共同协作的好处。下文将通过各种案例进行说明。

二、协同数字化

名词解释

数字化：利用数字技术改变商业模式，提供新的收入和价值创造机会。

保险公司面临着在高消费者期望、快速产品开发和采用以及精简客户的数字时代紧跟潮流的艰巨任务。此外，它们还致力于为客户提供无缝整合的多渠道和多产品体验。这需要系统升级、流程设计改革以及数据管理和强大的分析平台。

如果再考虑整个保险价值链中自动化或数字化手动流程的挑战（整合和迁移复杂冗长的项目时间表与高执行成本），那么合作共赢的好处就会凸显出来。

数字合作伙伴 Munich Re 成立于 2016 年 5 月，旨在帮助企业与开发 InsurTech 解决方案的初创公司建立更加紧密的合作伙伴关系。通过建立独立渠道、专业对口的资金授权和 API 平台，Munich Re 确保了这些企业能够迅速灵活地整合外部资源，以应对持续的机遇与挑战。因此，自推出一年以来，Munich Re 已经公开披露了九家与初创公司的合作伙伴关系，创建了定制的财产和意外伤害保险以及健康保险。其合作伙伴包括 Jetty、Simplesurance 和 Trov。

由于这些合作伙伴关系网正在迅速发展，预计在未来会有更多的现有企业复制 Munich Re 的数字化方法。

三、协同研发

名词解释

研发：旨在从根本上改进现有或开发新产品和业务实践的一系列探索性举措。

一些老牌企业承认新兴商业模式和技术需要多个行业参与者之间的合

作，以产生可持续和可行的研发结果。

Blue Marble Microinsurance 于 2015 年 6 月由八家领先的保险和再保险公司协同推出，旨在探索商业上可行的小额保险模式以推动金融包容性。联盟成员分担成本、人才和各种执行风险，以支持新企业的构思、孵化、加速、试点和扩展。Blue Marble 目前在新兴市场的不同加速阶段有六家企业。最有名的是 2016 年 11 月启动的试点项目，其为津巴布韦的 335 名玉米种植农民提供了抗旱保险。

B3i 是 2016 年 10 月由 Aegon、Allianz、Munich Re、Swiss Re 和 Zurich 推出的保险业区块链计划，旨在探索区块链技术提高再保险和保险公司之间数据交换效率的能力。截至 2017 年底，区块链保险行业计划宣布增加了 23 家新的签约企业，这将有助于 B3i 即将推出的市场测试项目。

自 2016 年以来，Gen. Life 一直致力于创建软件服务（SAAS）平台，使保险公司能够在整个保险价值链中创建智能数字功能。Gen. Life 旨在成为其保险合作研发伙伴，以换取研发许可费。作为回报，保险公司可以获得 Gen. Life 的 AI、区块链以及其合作伙伴初创公司的专业知识；同时，它们还可以获得 Gen. Life 的高度可扩展、自适应和智能堆栈技术。观察所有这些举措的成功实践以及其将如何影响未来的企业研发工作将会很有趣。

四、协作孵化

名词解释

孵化：通过提供长达 36 个月的大量商业设施、资源和服务，将创业初期的想法进化成商业上可行的主张。

由于对知识产权所有权、数据安全性、通用标准开发等问题的关注，许多组织推迟了对协作孵化模型的应用。但是，由于建立孵化器需要大量资源（例如 AXA 的 Kamet），这种自主孵化方法的可持续性受到质疑。

因此，我们开始看到孵化器研究专员和现有企业之间的合作，努力将早期阶段的想法独立地推进到商业主张中。自 2016 年 11 月起，Fintech Circle Innovate 与 Cape Innovation and Technology Initiative 合作，根据全球行业最佳实践，为非洲金融服务提供商提供量身定制的孵化服务。此外，2017 年 2 月，Worry + Peace 与 Mohara 合作推出了一个孵化器，为英国的保险分销初创公司提供业务开发、产品设计、监管技术支持以及领域专业知识指导。最近，Exponential Ventures（MMI Holdings 的创新部门）与 Anthemis Group 合作推出了一个金融健康孵化器，致力于识别商机、改进商业模式、寻找人才和扩大创业公司规模。

预计未来将出现更多这种性质的联盟，以支持开发更具成本效益和更有效的孵化方法。

五、协作加速

名词解释

加速：通过精心组建的专家、导师和投资者网络支持，通过结构化的为期三个月的课程，将早期创业公司快速推进成为商业企业。

在 InsurTech 创业公司的合作加速中，我们观察到了一个成功的合作案例。全球保险加速器（GIA）总部位于艾奥瓦州得梅因市，于 2015 年 2 月成立。GIA 的团队包括 180 名导师和 10 名投资者（它们都是以美国为中心的保险公司），它们共同帮助 18 家初创公司创业，这些公司在 2017 年 4 月共集资约 200 万美元。

2015 年 6 月，Startupbootcamp InsurTech 紧随其后，主要由 15 家知名企业合作伙伴（主要是保险公司和再保险公司）提供支持，它们利用其综合资源为加速器的运营提供资金，指导创业公司，并探索各种商业机会。此外，该加速器还可以访问 Startupbootcamp 全球广泛的网络，该网络由 2 000 多名导师、1 000 多名投资者以及另外 130 个项目合作伙伴（金融机构、零售商、数据提供商、政府机构等）组成，共同开展了 20 个国际项目。目前为止，已有 20 家创业公司成为该计划的受益者。截至 2017 年 4 月底，其中一些创业公司共同筹集了超过 2 000 万美元的后续资金。

即插即用保险（PPI）是来自硅谷的加速器，于 2016 年 4 月成立。PPI 汇集了 38 家领先的再保险公司、保险公司、经纪公司和汽车制造商，以支持早期和成长阶段创业公司快速发展保险技术解决方案。迄今为止，PPI 在其投资组合中拥有 48 家初创公司，第一批组合已共同筹集了至少 3 900 万美元。尽管处于早期阶段，但这些加速器正在为所有关键利益相关者增加可观的价值。

六、协同投资

名词解释

企业风险投资（CVC）：风险投资的一个子集。已建立的组织对初创公司进行战术性股权投资。这些初创公司正在研发解决现有业务挑战或利用新兴增长机会的解决方案。

自2015年以来，CVC的合作方法一直在发展。到目前为止，已经出现了四种不同的模型。第一种模式涉及现有企业对以行业为重点的第三方管理基金的投资，以获取市场洞察力和各种商业机会。Old Mutual和Intesa San Paolo对Apis Growth Fund I和Transamerica Ventures在FinTech Collective和Lerer Hippeau Ventures的投资可能标志着这种方法的应用。

第二种模式需要CVC和专业早期投资者合作，最好的证明是Exponential Ventures与Anthemis Group，4Di Capital和Startupbootcamp InsurTech的投资合作伙伴关系。在推出后的一年内，Exponential Ventures已经投资了六家金融健康创业公司，并对Startupbootcamp InsurTech的加速创业公司有兴趣。

单独投资于InsurTech创业公司的风险投资基金的迅速崛起囊括了第三种模式。它们的建议为投资者提供了丰富的经验与经过试验的早期投资专业知识。大多数公司将保险公司作为有限合伙人，例如Eos Venture Partners、InsurTech Venture Partners、MTech Capital、ManchesterStory Group等。而其他公司，如Annexus Ventures和InsurTech VC，将CVC作为封闭式基金运营联合投资。

第四个模型由Touchdown Ventures（Touchdown）的CVC提供。它们利用其声誉良好的CVC业绩记录，采用行之有效的行业技术来运行定制的CVC基金，使其客户能够完全控制投资流程，并根据每个客户的独特目标制订精确的计划。所有这些投资模型都有可能使现有企业从早期投资中获得切实的战略和财务成果。

七、结论

上述案例研究成功表明，尽管存在各种限制因素，比如可能存在漫长的谈判周期、高执行风险和错位优先级，但协作总体上能够利用合作伙伴关系中每个成员的专业知识、经验和资源，创造多种将尖端产品和服务等快速、廉价、灵活地推向市场的机会。

第十三讲

陈道富：对金融科技的本质、风险和监管的初步思考

主讲人：陈道富

陈道富，国务院发展研究中心金融研究所副所长、研究员。毕业于中国人民银行研究生部，主要研究方向：货币政策、金融改革。曾参加中财办、全国政协、全国人大、国务院政策研究室、国务院发展研究中心等组织的多项课题，出版专著多部、发表论文多篇。著有《我国外汇市场改革过程中应注意的若干问题》《我国资本市场的风险现状与产生原因》《正确看待中美贸易差额》等。

内容摘要

- 介绍金融科技四个主要的技术模块
- 剖析金融科技发展带来的挑战
- 剖析金融科技对传统金融体系的可能冲击
- 介绍监管科技以及剖析金融科技的监管

精彩提示

陈道富先生介绍了包含底层上的风险、金融管理模式的风险、货币调控风险和金融业务的问题在内的多种金融科技风险，并就金融科技的发展与挑战展开深度分析，最后还讲解了监管科技与金融科技的监管，探讨了金融科技引发的深层次问题的思考以及风险和监管的思路。

一、对金融科技本质的初步思考

首先介绍一下金融科技四个主要的技术模块。

第一个是大数据。金融科技里面的大数据与一般的大数据有什么区别？

图 1 显示了大数据的特征，其中最显著的特征是容量大，数据量非常大，这是形式上的特征。第二个特征是更新速度快。陈道富先生认为，对于金融科技来说，它不是一个速度的问题，而是一个动态回应的问题。数据产生以

后能与人发生互动，人的回应会快速反馈回来。这个数据是有反馈的，如果没有反馈，很难形成数据抓取之后的一些行为逻辑。数据不只是被动反应，数据还是现实世界的映射，这个数据的表达需要充分显示人的行为模式。人最大的特征是反应，一个刺激过来有反应，然后另外一个刺激过来又有反应，通过反应不断地记录一些结构，呈现反应主体的行为特征。第三个特征是数据多样性。结构化、半结构化或者是非结构化的数据，什么样的数据都可以，不只是一般我们看到的表格表达的数据，图像、声音都可以。第四个特征是价值。这些数据都有价值，但是每一个数据点的价值量很低，把每一个数据点整合起来才会展现出其内在的大价值。虽然大数据只是一种技术，但是它给我们提供了一个看世界的方法。我们不再用人眼看世界了，也不再用感官情绪化地来看世界了，所有的东西全部被转化为电子数据。这是一个非常重要的基础，这一基础会在我们进一步深入研究的时候起到很大的作用。

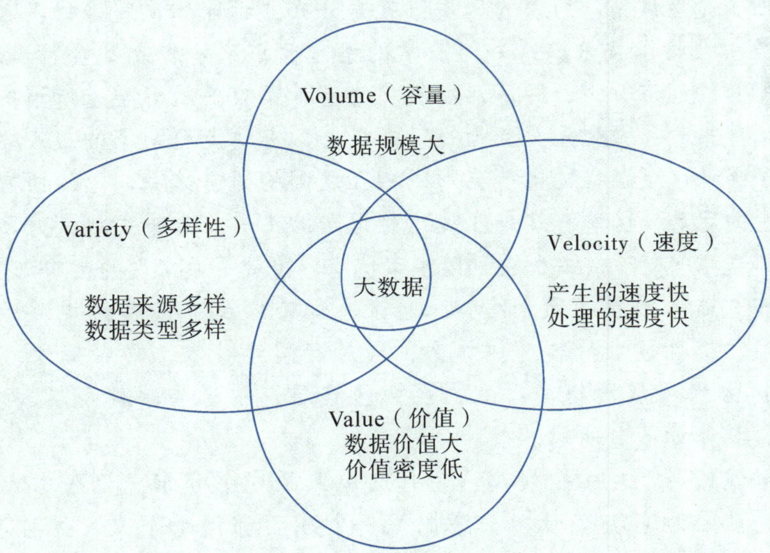

图 1　大数据的特征

第二个是金融科技的技术基础——云计算。由于数据量很大，运算量也会很大，这就需要有技术上的支撑。云计算主要是数据存储、数据管理和信息安全等技术，实际上就是金融科技的一个支撑。

第三个是人工智能。人工智能本身不是一个非常新的概念。人工智能是对人的意识、思维方式的模拟，是对人脑的模拟，从而实现像人类一样思考，甚至可以超越人类的智能。人类社会的发展，特别是工业社会的发展，实际上都是对人的一种替代。首先是汽车、各种交通工具替代了脚，各种工程机械替代了手，然后各种各样的骨骼、血液方面如货币的替代。但是目前为止，人脑还没有被替代。所以工业社会的发展实际上也是延伸了人的各种各样的能力，通过手脚、肌体、血液开始到了现在人脑的替代。到人脑替代以后会引发很多思考：人是什么？在社会中的作用是什么？哲学和伦理层面的问题都来了。

人工智能是金融科技最核心的东西，包含三个方面：首先是技术支撑，其次是感知支撑，最后是方案集成。怎么去运用，就是人脑怎么发挥作用。要通过五官感知现有的世界，然后把信息传递到大脑中，在大脑中进行识别、运算以形成判断，然后回应，它通过这三个方面来进行。人工智能会给未来的社会和金融体系的构建带来巨大的变化。更根本的问题是，我们所处世界的组织，应该是基于逻辑和知识的理性建构（更加中心化），还是基于自组织和演化的呈现（更加分布式）。

第四个是区块链。所谓的区块链就是分布式记账本，就是许多人同时记录，它是一种共识技术。这一经济学的语言简单来解释就是会计，即记账。大家把所有的经济行为、经济活动转化为会计语言。经济学家所谓的分析就是分析这些报表：微观上面企业的三张报表，宏观上面国家的报表。经济语言变成了会计，金融科技也需要形成相互之间的语言体系，它的语言体系就取决于它的记账，区块链就是实现这种记账的工具。分布式就是好多点同时来记录，这意味着没有一个人可以主宰信息，也就是通常说的去中心。

分布式账本由网络节点维护、验证、加密以及审核后的共识记录等组成。三项关键性技术：非对称加密、点对点网络技术、哈希算法。区块链基础架构由六个层次组成：数据层、网络层、共识层、激励层、合约层、应用层。具体如图 2 所示。

这时我们会产生一个疑惑：为什么引入了这个分布式记账本大家就都相信了呢？因为它会按时间顺序把每一个东西都记录下来，并且不可逆、不可篡改，用各种各样的技术保证我的记账是可靠的、真实的。用时间顺序的方法、用哈希算法、用不可逆的加密的办法保证记的就是真的，记的就是这些东西，改变不了。你要是去更改，那么所有人都看得到。通过透明化、加密和分布的方法来实现这个过程的记账是可信的，即达成了共识。这就解决了经济学中最大的问题：会计报表的统一可信问题。

图2　分布式账本的组成层次

金融科技实际上是金融与新一代信息技术的再结合。金融在本质上也是一种从物理世界到金融世界的映射，投资被映射为可投资资产，储蓄被映射为可投资资金，而后在金融空间通过金融技术如交易所、金融机构、结构性产品等实现两者的匹配。新一代信息技术实际上也是一种从物理世界到数字世界的映射，映射的环节更多，更加动态和互动，处理和匹配技术更加智能化。这样，金融是否可以完全被数字技术取代，成为其中的一个分支？还是在数字空间，金融关系将会呈现新的形态？

二、金融科技的风险

金融科技的风险问题首先当然是底层风险，其中最大的风险就是金融科技本身。金融科技的发展，已经触碰到金融的一些根本性理念，可能会带来金融业的再组织，机遇和挑战并存，刚开始可能是竞争，然后是融合，最后是超越。

其次是金融管理模式的风险。如今的金融管理其实是通过特许实现的，所有的金融都需要持牌经营，背后是俱乐部模式。曾经有很多数据公司提出给客户提供免费服务为什么不可以？因为金融具有外部性，特别是其中涉及不特定公众部分，并不是所有人都可以提供金融服务的。只有证明你有资本和能力，可以承担相应的结果，获得许可后，才可以从事金融业务。

再次则涉及货币调控的风险。其中比较明显的就是余额宝和M2。余额宝问世之后，M2结构出现了变化。此外还有之前已被禁止的ICO和比特币。在数字时代，由于接近零边际成本，价格信号可能不再能够有效地发挥作用。未来货币的作用如何发挥？加上区块链等技术，信任内生，基于数据和算法的信任会不会对主权信用的信任基础带来一定的替代？金融行为越来越场景化，内生于生活生产过程，货币也可以更加内生化，长远看货币调控是否还有必要？长期中要重新思考这些问题。

再其次是金融业务的问题。我们可以把金融业务的管理逻辑分为两类，一类通过审慎监管，一类通过行为监管。对于金融机构介入金融链条并承担风险的，需要保证金融机构拥有足够的资本金以承担最终的风险，防止风险外溢给其他利益相关方甚至是公共资金造成损失。如果金融机构不介入金融链条，主要提供中介服务，则重点监管行为，保证公开公平公正。此外，还通过保护中小投资者或消费者等相对弱势群体，以平衡市场力量发挥内在约束力。考察金融科技这几年的发展，可以发现科技公司并不是从头到尾都介入金融业务，而是只介入金融业务的某些环节，细化了金融业务的环节和分工，加强了不同机构之间的合作。科技公司的业务大量集中在获客、导流、风控辅助和技术支撑等方面。

最后是金融科技对传统金融体系可能的冲击，即所谓的“转型”风险。金融科技对金融体系的冲击包括对货币概念、货币运行和形态等的冲击，也包括对金融业态的组织和运行的冲击。在金融科技冲击下，金融体系有一个重构的过程，有一个破坏性创造的过程，需要平衡“破”和“立”的关系，两者的度和节奏需要在宏观上和微观主体上有很好的把握。当然还涉及基础设施的建设和使用的问题。金融科技跟我们传统金融机构不一样的地方是它仍在探索和发展之中。这里的探索和发展是什么概念？就是存在很多基础设施还没做，还没完成建设。为什么我们原有的传统金融体系很有效率？因为我们有交易所，有债券登记结算公司，有各种各样的金融基础设施。共同的东西都有非常完善的基础设施、各种平台帮你做了，交易很容易进行，可以节约很多时间，提高效率。但是当前金融科技发展所要求的基础设施和平台不是传统的这些，需要创设新的平台。所以在发展的过程中，在构建基础设施的过程中，个别产品和公共产品融为一体。一个公司卖一个产品，我们定性为个别产品。但是为了提供这个个别产品，需要有相应的基础设施或公共服务，但市场还没有现成的，因而你不得不顺便也把必要的公共服务设施也建设出来。但是公共产品弄出来有巨大的外部效应，这时候或者带来公共产品供给不足的问题，或者带来公共产品被“专用”的问题，既是裁判员又是运动员，就会出现数据的治理问题等。

另外一个问题是金融体系的监管和法律管理的区别。法律管理是既针对意愿层面，也针对事实层面。金融体系监管主要针对的是能力层面。或者说，主要防止的可能是好心办坏事，纠正基于市场利益带来的行为偏差。我本来想为大家服务，但是由于我的专业水平不够，由于各种意外的情况，最后没办好，给大家带来损失了。所以金融体系的监管要确保“好心能办成好事”。“好心”要跟你的能力匹配，通过行为呈现出来，跟你承担风险的这种资本相匹配。

三、监管科技与金融科技的监管

监管科技和金融科技的监管有两点没变：

第一点是金融的本质没变。金融的本质仍是人和人之间的信任，调整的是人和人之间基于信任关系的行为。

第二点是风险管理的逻辑没有变。监管调整的仍是人与人之间基于信任的关系，因此监管的基本逻辑没有发生变化，如资本、行为、对投资者适当性管理等。但由于金融科技改变了金融的呈现方式和技术实现方法，原有的监管逻辑从传统的金融世界转到数字世界里，找到对应物，用对应的方法监管，就可以进行相同的管理。如自然人、法人转变为“人工智能人”，行为监管转化为对模型、程序的管理，与客户、合作伙伴的触达从物理网点转为网页、APP和API等，基础设施等转为物联网、数据等。

但也有几点发生了变化。一是金融科技介入后金融链条更加细分，各种组织合作参与链条，金融的闭环被打破了，以金融机构作为监管节点受到一定的挑战。是重新整合起来作为一个整体，推行功能监管还是对每个节点分别监管，需要回到本源来重新研究。二是服务了新客户群，形成了新的业务模式和业务组织方式。这些客户群体的风险特征，以及不同的业务组织和合作模式需要重新平衡双方力量。三是数据价值如何体现、隐私保护和垄断问题。特别是在数据价值没有很好体现的情况下，内部转移定价不清带来的交叉补贴和市场力量的滥用，需要研究。

监管科技包含两个概念，一个是合规的概念，另一个是监管的概念。金融机构希望利用监管科技更好地满足合规的要求，从而不会因为不合规而受到不该有的监管。另外是监管本身的诉求，由于当前所有的行为数字化、网络化并且都高频了，对一件件事情进行人工审核是不可能的，所有的事情都在数字世界通过程序来进行。如果监管部门还在现实世界用人来盯紧它，这就像飞机、大炮和土枪之间是没有可比性的。因此，只有从大数据的角度，监管才能把金融世界的风险点管住。

➔知识拓展

监管科技的英文为RegTech，由监管（Regulatory）和科技（Technology）组成。它就像一个混血儿，是科技与金融监管全方位融合的产物，同时也是金融科技（FinTech）的一个分支。

监管科技诞生在英国。英国政府在受到金融危机带来的系统性冲击后，下决心调整金融监管体系，专门设置了监管金融行为的金融行为监管局（Financial Conduct Authority，FCA）。FCA在监管科技方面积极开展了系列探索，推动英国成为全球监管科技创新的源头。

目前，由于全球监管科技仍处于初期发展阶段，各国发展情况差异显著，对于监管科技这一概念的内涵尚无统一规范的定义。FCA认为，监管科技指金融科技公司为金融机构提供的自动化解决方案，利用新技术更有效地解决监管合规问题，减少不断上升的合规费用。国际金融协会（Institute of International Finance，IIF）则认为，监管科技是为更加有效和高效地解决监管与合规要求而使用的新技术。

现在金融监管应用沙盒比较多，英国最早推出监管沙盒机制，后来新加坡、澳大利亚、日本、中国香港等陆续引入。所谓沙盒就是以实验的方式，创造一个“安全区域”，适当放松参与实验的创新产品和服务的监管约束，激发创新活力，有更多的节点双方可见可控并保证一旦实验失败可还原。在这个创造的区域内可以适当地违规，或者是出现一些灰色的地带，实验者不会为这个行为带来的后果承担违法责任。通过观察可能产生的结果，相互之间更紧密沟通合作，可能会推动规则的生成。可是对这样的沙盒为什么会存在争议呢？最后的问题是究竟要不要用监管沙盒。不用监管沙盒的一个逻辑是中国向来就应用监管沙盒，中国的监管从来都是先试点，之后由监管部门来判断是否推广。如果试点效果好就推广，试点效果不好就直接关停。

监管沙盒是对之前中国“先试点再推广”这套逻辑的演进，是从中国这里学来的。既然这样，中国为什么还要学习监管沙盒呢？应该可以直接用原来的先试点，找几个机构或者是区域试点，试点以后有成功经验，也有失败案例，最后进行总结修改。监管部门处在比较超然的位置，一直在幕后看着，错了就停下来纠正，还没有看清楚就保持沉默，对了就推广上升为规则等。但是这个过程对不对？唯一的问题是对监管和非监管没有一个明确的心理预期。

➜延伸阅读

2021 年 4 月，陈道富先生在公开活动中分享了关于金融科技和金融行业发展的两点看法，他认为不只是科技在赋能金融，双方都在相互赋能。在新技术时代，我们要保留对各种市场探索的可能性，让各类主体都置身于数字经济时代的潮流当中，从而推动中国数字经济的进一步发展。

延伸阅读：数字化助力金融科技，实现产业良性循环

一、科技如何赋能金融

陈道富认为，我们可以看到通过数字经济的发展或者是金融的发展，这个世界形成了三个平行的世界，一个是现实世界，一个是金融世界，还有一个是未来展开的数字世界。

“三个世界里面，它们的主要节点是不一样的。在现实世界里，我们更多的是个体跟个体之间的交易活动；在金融世界里，从交易活动上升为模式的一种交易，成为对资产本身的交易，资产背后是模式的交易；数字经济成为一种生态的考验。在这个变化里面，金融机构和企业之间的关系发生了巨大的变化，它们的边界在弱化、模糊化，但环节在细化，正在形成网格化的连接。在这个过程当中，实现相互之间的赋能，就是要重新来看

待和组织这个世界。”

陈道富表示，我们可以通过不同的维度来看同一件事情。比如，关于金融跟科技的合作，从金融的角度来看是金融业务环节的细节，把贷款业务划分为获客、风控、授信、贷后等环节，让各类公司在不同的环节以不同的方式来进入这个链条中，实现在不同链条上面的合作和分工。但是从数据公司和科技公司的视角看，又是另外的理解，它们看到的是数据的收紧、加工处理和使用。

另外，他认为，在上述环节里面，金融场景成为数据搜集和最终价值变现的环节，中间的业务对象有小微企业、个人业务、各种供应链金融，甚至还有政府的服务。这些边界生态开始打开，形成相互交织的过程。所以，在这个过程当中，不只是科技在赋能金融，其实双方都在相互赋能。

二、如何形成数据共享的合理机制

在数字经济展开的过程中，关键是数据，数据的关键是共享，共享的关键是形成数据共享的合理机制。要形成数据共享的合理机制，需要在合理保护用户隐私的前提下发展数字产业，共享并且挖掘数据价值。

陈道富表示：“这个时候的核心竞争力就是一套激励约束相容的机制，这种相容的机制使得数据的搜集、加工处理、共享使用产生社会化的分工。也就是说，不需要把数据从头到尾内化到一个点上面，可以把这个产业链进行分工，从而推动产业链更细化分工和社会合作，而这个过程就意味着数字经济时代已经展开。”

陈道富介绍，在这个过程当中想要实现数据共享，需要合理平衡隐私保护和数据价值挖掘。而实现隐私保护需要从三个维度来实现：

“第一个是维度是法律的维度。法律需要规定个人的数据的权属包括人格层面以及财产层面的权属，这是最基础最根本的保护。第二个是技术实现的保护。通过技术把这些权属的认定和认知固化到系统和数据里面去，来实现隐私保护。第三个是市场化的利益平衡机制，通过承担一定程度的信息泄漏风险来获得更好的服务和获取更高的利益。通过去标识化，不是完全匿名化的数据，尽可能保留数据当中的价值。当然这个保留数据价值的过程，的确存在一定的隐私泄漏的风险。这种平衡可以通过市场的方式寻找最好的平衡，来平衡数据挖掘、个人隐私保护和整个数据产业的发展。”陈道富说。

陈道富认为，从这个角度来看，需要多种维度的方法来保护个人隐私，实现数据的共享。从各个国家来看，如何合理地保护个人隐私以促进数据产业发展成为国际性的趋势。美国是一个趋势，欧盟是一个趋势，新加坡是一个趋势。

最后，陈道富强调了两点。第一点是对于中国来说，到了需要保护个人隐私信息安全的阶段，但是这种保护需要动态化和适度，也就是说需要适度动态调整来保护个人信息。第二点，数据时代的个人数据同时具有个人属性和公共属性。也就是说，这个信息不只是个人的，同时也具有行业基础设施的属性，即公共部门的特征。

他表示，数据共享并不是一个简单的集中，应该是在数据保护的基础上，实现数据价值的深层次挖掘，成为共享数据。同时，在推动数据的集中开放之外，也要增强传统优势单位数据挖掘和价值开发能力，提高企业数字化转型的积极性。当前企业 to B 端的数字化转型面临的最大问题是企业本身的积极性。这个积极性不是数字化本身，而是数字化产生的规范给企业带来的压力。

陈道富认为，要根据数据的不同类型和应用场景，适用不同的数据共享模式。既要推动政府主导的政府数据，需要政府主导数据的集中分级使用；同时也要推动和征信数据一样的俱乐部式的数据共享使用。但是在推动分布式的个体和个体之间的数据共享和合作时，应该多种模式共存，探索各自使用的范围。

当前除了替代数据之外，大量的结构数据和有价值的数据可通过相关机构的主动努力来提高对这些数据的价值挖掘。所以，需要让这些机构把它的数据聚集起来、用起来、活起来，对它们进行赋能，从而真正把这些数据的价值挖掘出来。

此外，还应该进一步推动基于市场价值开发为主的社会数据共享。市场是最有活力的地方，是富有价值挖掘最大动力的主体，应该充分利用这些动力和主体来寻找现有共享技术下适合的利益分配机制，即适合的数据主体、数据价值开发和数据使用三者之间利益平衡的分配机制。这种分配机制目前市场上面并没有形成可借鉴的成熟模式，需要通过市场的探索来形成适合我们当下数字经济发展的可行模式。

他说："我认为这是中国未来最具有核心利益、最能够提升国家竞争力的探索，只要设计出三者兼容的数据共享的利益合作机制，数字经济的时代也该展开了。在数据合作技术成熟的基础上，只要把数据合作的利益机制特别是适合数据特征的后验式价值开发的共享利益和模式通过市场的方式探索出来，对中国数字经济的发展将是一个巨大的贡献。”

最后，陈道富总结说：“数据是科技和金融的赋能，是我们用新的视野和新的模式来重新把我们所看到的要素整合起来的一个过程。所以在新技术时代，我们要保留对各种市场探索的可能性，让各类主体都置身于数字经济时代的展开潮流当中，从而推动中国数字经济的进一步发展，让科技更好地赋能经济，真正实现科技金融产业的良性循环。”

来源：陈道富. 数字化助力金融科技，实现产业良性循环［EB/OL］.（2021－4－30）［2021－11－15］. https://www.qqcjw.com/gncj/20210430/36212.html.

第十四讲

黄震：不完备法律框架下金融科技风险防控机制

主讲人：黄震

黄震，中央财经大学教授，金融法研究所所长，中国互联网金融创新研究院院长，国际金融论坛互联网金融中心主任。兼任国家互联网金融安全技术委员会专家委员、中国人民大学重阳金融研究院高级研究员、北京市互联网金融法学研究会副会长、北京市区块链技术应用协会副会长。

黄震教授长期从事金融法、互联网金融、金融科技、公益慈善、法律文化史等领域研究。曾承担中国人民银行支付行业自律课题、中央网信办金融信息服务行业摸底调研等重要课题。在《人民日报》《中国金融》等报纸、杂志发表论文200多篇，出版《论道互联网金融》《互联网金融法律与风险控制》《做让用户尖叫的产品》《民间借贷法律知识读本》《新时代农商银行网点转型研究》《重新定义未来》《中国互联网金融安全发展报告》《黄金崛起》《与领导干部谈区块链》等十多部著作。先后获评“中国互联网金融领军人物”“中国互联网金融年度人物”“新金融研究贡献奖”。

内容摘要

- 介绍法律的不完备性及其原因
- 分析金融风险的特征并提出防范措施
- 不完备法律框架下的对策

精彩提示

黄震教授首先分析了法律不完备性的特点。由于社会对法律有稳定性的要求，所以会导致法律具有滞后性的特点，这是法律天然的不完备性。在法律不完备的框架下，需要考虑剩余执法权和剩余立法权的分配问题。可利用激励相容的原理，保证各个主体能够自觉遵守法律，以防控金融科技风险。

一、从不完备法律视角反思

2019 年是防控金融风险的重要年份。但是防控风险遇到了很多的法律问题，特别是在当前金融科技的挑战下，法律不健全、监管有空白的问题更加突出。2019 年的“315”晚会曝光了一个“714 高炮”事件。在互联网金融风险已经整治了三年的情况下，颁布了许多政策，但是违法甚至犯罪的事件依然严重，制定的法律没有完全发挥作用。如果说法律存在空白、监管有缺失是问题所在，但是现在法律已经规范，监管力量已经形成，违法现象依然发生，就需要进行更加深层次的思考了。

知识拓展

“714 高炮”是一种新型网络“套路贷”犯罪。“714”是指贷款周期为 7 天或 14 天，“高炮”则是指其高额的“砍头息”及“逾期费用”。“714 高炮”网贷平台借贷周期极短，为 7 天或 14 天，部分平台的借款期间甚至包括首末日以至于实际借款期限仅 6 天或 13 天。与此同时，此类网贷平台一开始以“高额度、低利息、下款快”吸引借款人借款，借款流程完成后却突然提出“砍头息”、手续费、会员费、逾期费等“隐藏条款”，并以各种理由告知借款人只能借到额度较低的金额。借款人深陷“套路”，逾期后，此类公司将通过线下暴力或“软暴力”催收，严重影响借款人的工作和生活。

事实上法律存在自身不可克服的内在缺陷，所以法律并不是万能的，并不总是有效的。孟子说过，“徒善不足以为政，徒法不能以自行”，以法治国加上以德治国，以德治弥补法治的不足。

西方国家也意识到了这个问题，法律的执行不能光靠政府，还需要依靠很多社会力量发挥中间主体的作用。只有当法律从统治者的工具变成维护人们权利的武器后，人们才会自觉有效地去执行。

随着金融科技革命的出现，人们发现原来以为完备的法律却是千疮百孔的，并且严重地滞后。这个问题的出现在成文法国家中是无法避免的，因为成文法的文字有限，所以无法包含无限的变化。

社会发展对法律有稳定性的要求，必然会导致滞后性的特点，这是法律天然的不完备性。类似哥德尔不完备性定理，即使在数学领域，将数学理性系统化的一切尝试中也都藏有不可弥合的裂痕。

知识拓展

奥地利裔美国著名数学家哥德尔于1931年提出的不完备性定理证明了任何一个形式系统，只要包括了简单的初等数论描述，而且是自洽的，它必定包含某些系统内所允许的方法既不能证明真也不能证明伪的命题。具体来说，不完备性定理包含两个定理：

第一定理：任意一个包含一阶谓词逻辑与初等数论的形式系统，都存在一个命题，它在这个系统中既不能被证明为真，也不能被证明为否。这一定理可以解释为“我们永远不能发现一个万能的公理系统能够证明一切数学真理，而不能证明任何谬误”。

第二定理：如果系统S含有初等数论，当S无矛盾时，它的无矛盾性不可能在S内证明。对第二定理的解释是“如果一个强度足以证明基本算术公理的公理系统可以用来证明它自身的相容性，那么它是不相容的”。

哥德尔不完备性定理告诉我们，真与可证是两个概念。这一定理使数学、逻辑学发生了革命性的变化，引发了许多富有挑战性的问题，其影响还涉及哲学、语言学和计算机科学，甚至宇宙学。1961年，牛津大学的哲学家卢卡斯提出，根据哥德尔不完全性定理，机器不可能具有人的心智，这一观点激起了很多人的反对。

不完备法律理论由英国伦敦经济学院许成钢教授与美国哥伦比亚大学法学院皮斯托教授在2001年提出，在欧美引起了越来越多的关注和重视，也不断被引入更多研究领域。不完备法律理论从提出至今历经十多年时间，其初始研究对象是欧美证券市场监管问题。但经过适当修正调整，可借用作为观察、分析互联网金融监管以及金融消费者权益保护与教育等问题的一个新视角。不完备法律理论中最重要的部分是剩余立法权和剩余执法权的分配问题。由于预设法律完备，但现实是不完备的，两者之间的距离便是剩余的权力，即剩余立法权与剩余执法权。

在成文法的背景下，预设完备的法律就存在以下几个特征：

第一，高度崇拜立法者，因为立法必须高度完备，才能让执法者、司法者按照法律推断解决遇到的实际案件。

第二，不信任法院和法官，要求严格地限制和控制法官的自由裁量权，更不允许法官造法。

第三，法官没有办法依靠自身力量来承担剩余立法权，所以剩余立法权往往被行政执法方获取。

而事实上，绝大多数时候成文法国家不认为有剩余立法权，比如法律存在争议时往往需要全国人大来进行解释。法律的解释权本质上就是一种剩余立法权。

对于不完备法律的情形，存在三种不同的不完备形式：

第一类不完备法律，即法律没有对特定行为进行界定或仅列举了少数行为，使得对行为结果的限定过于宽泛；法律对于执法人员的执法手段和执法权限规定不明确，导致执法人员面对违法行为无法采取法定手段予以制止和处罚（法律漏洞）。

第二类不完备法律，即法律虽明确了应予制止的行为，但是随着社会的不断发展，原有法律规定已不能涵盖所有相关行为（法律滞后）。

第三类不完备法律，即不同法律对于某一行为给出了互相矛盾的规定，导致发生法律纠纷时，当事各方均引用有利于己方的法律规定，使执法者难以确定纠纷应适用法律的情形（法律冲突）。

同时法律的不完备也体现在全球范围内法律规定的不一样，比如比特币，有些国家认可比特币的支付地位，有些国家禁止使用比特币。

在不完备法律背景下真正要解决的问题是剩余立法权和执法权如何分配的问题。在中国的分配状况是，全国人大制定的法律以及全国人大常务委员会制定的法律，再推广到国务院制定的行政法规，进而是地方性法规、部门规章和地方性规章，一步一步对剩余立法权进行分割，另外在法律的文本解释权的归属上，也是剩余立法权的分配。在剩余执法权方面，以金融监管为例，中央的金融监管权和地方的金融监管权相互分离，中央集中享有权力，地方承担责任。

在法律不完备的前提下，为保证有效执法，对处理未来可能情况的权力即剩余立法权和执法权必须加以分配。虽然这样做并不会产生充分的阻吓效果，执法效果仍将得到增强。而选择性执法暴露了法律供给不足，符合法律不完备假说得以成立的约束条件。剩余执法权和选择性执法是获得法律灵活性的最优选择，却可能隐藏“寻租”空间。因而剩余立法权、执法权的分配成为维系法律秩序至关重要的因素。

二、金融科技创新及风险机理

风险的传统分类主要是依据风险的属性，如新《巴塞尔协议》将金融风险分为三大类，即信用风险、市场风险和操作风险。学者们在上述分类基础上进行适当调整，如增加操作风险、流动性风险、技术风险、信用风险、信誉道德风险等。随着金融科技的迅猛发展，部分学者基于金融科技的复合性，对金融科技风险与传统金融风险进行了差异性对比研究，将金融科技风险划分为非金融风险和金融风险两大类。刘志洋、汤珂（2014）、郑联盛（2014）将金融科技风险分为技术层面风险和金融层面的风险。进一步还可以分为硬件设施风险、软件风险、数据安全风险、网络传输风险等。所以金融科技面临的是技术带来的新风险，以及由此产生的叠加共振的风险（图 1），我们更应该积极解决而不是简单地把原来的信用风险理论拿来套用。

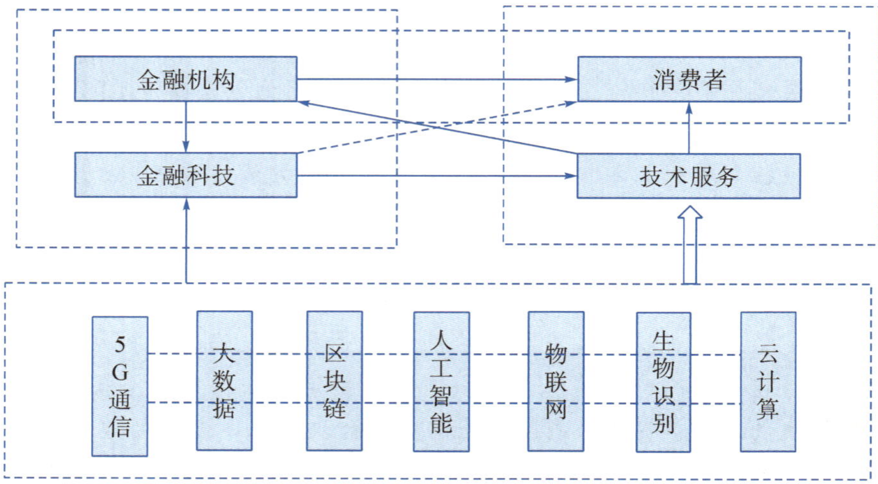

图 1　金融科技技术风险与市场风险的叠加

除此之外，还应研究法律的不完备框架下种种风险中间产生的影响。过去对于法律的关注主要是法律风险，而事实上法律不完备造成的风险会影响其他种种风险。金融科技的风险主要是技术风险与市场风险的叠加共振，以及所形成的放大效应和传导效应。但是增加了区块链、大数据等之后，情况变得更加复杂。

三、建立与完善风险防控机制

建立与完善风险防控机制，对金融科技领域来说尤为复杂，因为基于当前对金融科技的风险分类不是很清晰，需要一段时间的尝试。

在 2016 年《互联网金融风险专项整治工作实施方案》出台后，有研究以上海为例，分析了整治工作的主要成效。互联网金融领域专项整治工作，是基于前阶段互联网金融爆发式增长、风险事件频发以及监管不力的一个补救措施，但并非“治本之策”。互联网金融风险专项整治行动是我国典型的一种“运动式”监管手段，主要表现为“专项行动”“专项检查”等具体的执法形式，要求在特定的时间内针对特定的执法对象完成特定的执法内容。2015—2018年共发布了300多个政策法规，其中跟金融科技密切相关的有68个。可以发现，由于法律缺失出台的有47部，由于法律滞后出台的有15部，由于法律冲突出台的有6部。

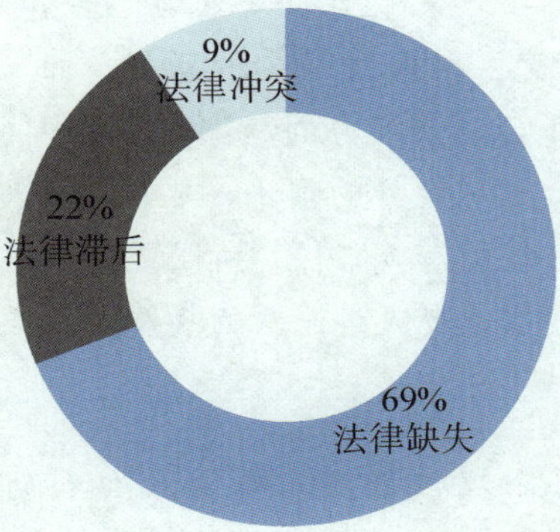

图2　不完备法律视角下的中国互联网金融风险防控政策法规分布图

数据来源：黄震. 中国互联网金融安全发展报告2018［M］. 北京：中国金融出版社，2018.

西方国家也遇到了类似问题，即如何应对金融科技风险高发。西方采取的是沙盒监管的模式。这种方法，改革开放以来中国也一直在尝试。但是中国的沙盒和西方的沙盒存在一些不同的地方。

第一，中国是行业试点，或者是地方试点，基本上是行政主导的。而沙盒监管，关键在于要进行数字画像，要求行为可观测、数据可量化。

第二，把风险进行隔离，在试点阶段，只允许在试点区域内进行。但是中国一旦有试点，就会“一窝蜂”而上，各地都希望试点，形成了恶性竞争，导致试点没有产生相对独立的观察期和检验期。

第三，沙盒监管重视全流程的分析评估，而中国的一些试点，对于有关的数据观测评估不是非常精准和科学。

四、不完备法律框架下的对策

以往对于金融科技风险的研究视角，主要是从技术和金融出发的，从法律视角进行的研究也大多只关注法律风险。

从不完备法律理论出发，重新系统地审视金融科技风险，不仅要思考法律不完备带来的风险，也要重点考察并探索金融科技风险防控中的法律不完备问题，以及补救其不足的解决对策。

金融科技领域是新兴领域，对风险防范是当务之急，可以做尝试性的分析和观察。重点发现法律缺失、法律滞后、法律冲突三种情形下对金融风险的影响与作用方式，这三种情形会加剧和放大流动性风险、道德风险等。从不完备法律视角，分析科技革命驱动下金融科技风险的新类型、新机理，总结金融与科技交互融合过程中的新规律。

在不完备法律框架下，剩余权力的分配需要基于机制设计理论中最核心的激励相容理论。根据这个机制设计的理论，要最大限度地调动各个主体的积极性，构建金融科技风险防控的有效路径。所以要清楚风险防控中间的各个主体，要考虑到各个主体守法的收益要大过违法的收益，这样的防控才有积极性。

知识拓展

在市场经济中，每个理性经济人都会按自利的规则行动。在哈维茨（Hurwiez）创立的机制设计理论中，“激励相容”这种制度安排，能够使理性经济人追求个人利益的行为正好与企业实现集体价值最大化的目标相吻合，从而使私利和公利达到统一。

现代经济学理论与实践表明，贯彻“激励相容”原则，能够有效地解决个人利益与集体利益之间的矛盾，让每个员工在为企业多做贡献中成就自己的事业，即个人价值与集体价值的两个目标函数实现一致化。

如果由一个中央计划者进行机制设计，会遇到非常大的信息不完备问题。中央计划者不可能收集到所有的信息，只能基于他自己的经验。中央计划者没有机制保证参与各方能够实现自己的利益。所以马斯金提出不需要中央计划者设计完美的机制和目标，只需要各方主体为自己利益做事，用博弈的方法引导大家在博弈中优化。

第一是在中央层面建立一个金融科技风险防控数据共享机制，加强监测。基于这样的平台来进行风险的识别、预判以及预警等。但是还需要考虑平台的权力如何分配，比如征信数据，中央银行一直没有把其他部委的数据有效打通共享起来，形成一个一个部委的数据孤岛。数据共享意味着权力分配，每种权力背后意味着利益，有的部委不愿意放弃或让渡自己的利益，最后形成数据孤岛，难以形成共享机制。

第二是完善中央和地方分层协调监管机制。核心机制是要调动地方尤其是县一级的地方政府、金融监管办公室或者是金融监管局的积极性，赋予它们权力。可以限制地方的剩余立法权，但是对剩余执法权部分应该进行适度的配置。

第三是金融科技风险防控机制效度评估与制度完善。中国法律是以问题为导向的，这样的情况就说明对机制本身要进行一个效度测评。如果没有评估，以及进一步对它优化的机制的话，那么很多的政策、法律就不会得到有效执行。

第四是加强金融司法建设，合理分配剩余司法权。司法是社会公正的最后一道防线，是金融防控最后的表现形式。如果不能在司法层面来解决问题，上访和上街的事件就会发生。所以中国金融领域的权力分配，从最开始重视金融立法，到最近这几年重视金融执法，到最后是金融司法，金融司法能从根本上解决问题。金融立法有规可循，让法律有覆盖，不留空白，而金融司法则是让法律执行有效。上海金融法院的出现，意味着中国已经启动了金融司法建设。同时需要加强金融审判的工作，对行使准司法权、剩余司法权的安排要慎重，有约束。最后要加强当事人之间的协商解决机制，大力培育契约精神。

➡延伸阅读

2021 年金融监管如何开好局，为“十四五”规划乃至“2035 年远景目标”的实现奠定基础，加强金融治理现代化，保证金融监管框架有效发挥作用，是一个重大的现实课题。黄震的文章《2021 年我国金融监管八大趋势》，根据“十三五”期间金融监管取得的成果和“十四五”规划的建议，分析我国金融监管当局的工作部署，以及 2021 年我国金融监管工作已呈现出的八大趋势。

延伸阅读：2021 年我国金融监管八大趋势

“十三五”期间，面对复杂多变的国内国际形势和突如其来的新冠肺炎疫情冲击，我国成功加强了金融风险防控和整治工作，进一步完善了金融监管的体系和机制，提升了金融监管的效能与水平。

2021 年是我国“十四五”规划开局之年，我国的金融监管也迎来了一个新阶段。“十四五”规划期间，中国金融将面临对外开放加速、金融科技创新的冲击，金融监管理念也从“包容审慎”到“审慎监管”，全面进入严监管阶段。维护金融经济安全和社会大局稳定一直以来都是金融监管的重要目标，我国需要探索与新时代中国国情和战略目标相适应的金融监管模式。

进入 2021 年以来，有关各方对“十四五”期间我国经济金融形势和金融监管趋势加强了研判，根据中共中央关于“十四五”规划的建议和中央经济工作会议有关精神，国务院金融稳定发展委员会、中国人民银行、银保监会、证监会和国家外汇管理局召开了一系列专题工作会议，落实有关金融监管的工作要求，各地也在积极筹划和准备地方金融监管有关工作，从中可以判断我国金融监管的大致思路和主要内容。

2021 年金融监管如何开好局，为“十四五”规划乃至“2035 年远景目标”的实现奠定基础，加强金融治理现代化，保证金融监管框架有效发挥作用，是一个重大的现实课题。根据“十三五”期间金融监管取得的成果和“十四五”规划的建议，分析我国金融监管当局的工作部署，2021 年我国金融监管工作已呈现出八大趋势。

一、进一步加强金融监管法治建设

2021 年我国将加快落实相关金融立法和金融司法工作，为我国金融监管法治化提供有力保障。

在金融立法方面，“十三五”期间我国已完成《中华人民共和国证券法》的修订，“十四五”期间正在进行《中华人民共和国中国人民银行法》以及《中华人民共和国商业银行法》等法律的修订，征求意见工作已经结束，有望在年内审议通过。其他如《防范和处置非法集资条例》等有关金融法规也在陆续颁布。在金融司法方面，2018 年成立的上海金融法院已初步取得成效，2021 年伊始中央又部署成立北京金融法院。通过建设专门的金融法院，加强金融司法工作，使得金融法治化监管有了更全面、更有力的保障。

二、进一步完善我国金融监管框架

“十三五”期间我国金融监管框架进行了重大调整。根据“完善现代金融监管体系”的要求，中央与地方目前正在贯彻落实双层监管的有关目标和责任。

在中央金融监管层面，国务院金融稳定发展委员会召开专题会议，积极落实金融监管新框架的建设；“一行两会”在进一步完善中央监管层面的监管逻辑和框架。在地方金融监管层面，各地完成了地方金融监督管理局的挂牌和组建工作。北京、上海等地正积极推动落实《地方金融监督管理条例》的制定工作。我国的地方金融监管既有组织也有法律保障，从而使我国真正建立起中央、地方双层监管的框架结构，这一金融监管架构将在2021年发挥更加积极和切实的作用。

三、常态化全面防控金融风险

防控金融风险依然是我国金融监管的重要目标。“十三五”期间，我国以防控金融风险为防控风险工作的重中之重，取得了一系列成果。根据“十四五”规划建议“维护金融重要基础设施安全，维护金融安全，守住不发生系统性风险底线”，2021年在完成互联网金融风险整治专项工作之后，我国金融风险防控工作将进入常态化。持牌金融机构的金融风险防控的各项工作正在积极推进。我国监管层面防范和化解金融风险，也在更多地应用技术手段，通过监管科技等推进有关工作。同时，积极加强制度建设，健全金融风险预防、预警、处置、问责等制度体系。

四、积极加强金融机构公司治理

落实对公司股东和“董监高”的有关责任和要求，加强穿透式监管。当前我国金融治理的乱象主要表现在金融机构的公司治理方面，因此，要有针对性地加强金融机构的公司治理，防止公司实际控制人侵蚀公司及中小股东利益，防止独立董事责任空心化等问题。

对于公司治理的要求，除金融监管机构外，公司法也可以提供进一步的法律保障和支持。我国已发布诸多关于金融机构公司治理有关要求的文件，2021年将会进入全面落实阶段。

最近，银保监会表示将继续贯彻落实党中央、国务院决策部署，以深化公司治理改革作为打好防范化解金融风险攻坚战的重要抓手，把党的领导融入公司治理的各环节，加快完善公司治理体系，抓紧出台银行保险机构公司治理准则、大股东行为监管、关联交易管理、薪酬扣回、董事监事履职评价等监管规制。

五、进一步加强金融创新的审慎监管

2020年监管层的一系列动作表明，其对金融领域的反垄断下定了决心，将加强反垄断工作。对于资本的无序扩张，监管层也提出了严厉批评，中央经济工作会议也一改此前“包容审慎”的监管理念措辞，明确要求“金融创新必须在审慎监管的前提下进行”。

2021年，审慎监管的力度或将进一步加大，科技和资本结合可能形成的新型垄断或将成为重中之重，进行从严监管。2021年，我国金融监管相关部门已发布近20个规范性文件，涉及规范银行互联网存款、强化支付机构反垄断、推动化解村镇银行风险等，政策密度及力度均超往年，审慎监管的风格将进一步凸显。

六、发展供应链金融和绿色金融

构建金融有效支持实体经济的体制机制，是党中央、国务院反复强调的目标。“十四五”期间，要“坚持创新驱动发展，全面塑造发展新优势”，强调坚持创新在我国现代化建设全局中的核心地位，把科技自立自强作为国家发展的战略支撑。需要完善金融支持创新体系，大力发展供应链金融等形式，促进新技术产业化规模化应用。此外，我国还将通过金融科技的创新，进一步推动我国“十四五”期间经济发展的数字化转型。特别是在新冠肺炎疫情防控的背景下，大力加强金融支持，推动复工复产和经济的转型升级。碳中和目标下，绿色金融发展驶入“快车道”。

七、依法规范发展金融科技水平

“十四五”规划建议中提出“提升金融科技水平，增强金融普惠性”。当前，全球的金融科技创新势不可挡，我国站到了世界潮流的前列。金融科技对于增强金融普惠性发挥了不可低估的作用，但又不能放任其野蛮生长，必须依法规范，才能安全发展。对于金融科技的监管也应该与时俱进，特别是要加强功能性监管和穿透式监管，根据金融科技的实质进行监管，如此才能有序控制金融科技的潜在风险。中央银行表示，2021年要全面提升金融科技应用和管理水平，健全金融科技监管基本规则和标准，强化金融科技创新活动的审慎监管。

八、严厉打击非法金融活动

2021年1月26日，国务院总理李克强签署第737号国务院令，公布《防范和处置非法集资条例》，为打击非法集资等非法金融活动提供了法律依据，夯实了我国金融监管的最后一道亦是最根本的底线。不仅中央金融监管部门要将“非法集资的治理工作”作为一个重要目标，地方金融监管部门更要落实属地风险处置的责任，严厉打击非法金融活动，对各类违法违规行为保持高压态势，确保所有金融活动必须纳入监管的要求进一步得到贯彻和落实。

2021 年，我国金融监管工作如能按照已有部署和要求，坚定不移地推进这八个趋势，我国金融监管就能够有序推动金融支持实体产业的发展，规范引导金融科技的创新应用和金融机构的数字化转型，实现创新、协调、绿色、开放、共享的新发展理念，从而为中国经济乃至世界经济的发展和人类命运共同体的建设，贡献中国智慧与中国方案。

来源：黄震. 2021 年金融监管保持高压态势［J］. 经济，2021（3）：84—86.

第十五讲

曹锐：金融科技银行业应用案例

主讲人：曹锐

曹锐，复旦大学MBA，经济师，高级程序员，曾任康旗股份数据聚合超算中心总经理。20年金融行业工作经验，主持编写全国股份制商业银行大数据发展“十三五”规划，组织完成100余项数据挖掘课题研究与应用实践，部分成果获得中国人民银行科技进步二等奖。

内容摘要

- 金融科技的定义
- 金融科技在银行业中的应用案例

精彩提示

曹锐先生详细解释了金融科技的定义，之后通过对客户流失预测、激动型客户流失分析、ATM机加钞优化、商圈识别、社会网络分析和实时营销这六个应用案例的讲解，进一步展示金融科技在银行业务中的作用。

一、金融科技的定义

不同机构和不同学者对于金融科技的解读不尽相同。维基百科的定义是“一群通过科技让金融服务更高效的企业构成的一个经济产业”，高盛给出的定义是“以技术为基础，并专注于金融产品与服务价值链上的一部分或者大部分，主要包括支付、科技支持型借贷、保险科技、市场结构、资产管理科技和资金筹集”，全球金融稳定委员会的定义则是“金融与科技的相互融合，并创造新的业务模式、新的应用、新的流程和新的产品，从而对金融市场、金融机构、金融服务的提供方式形成非常大的影响”。

知识拓展

理解金融科技需要从广义和狭义两个维度区分科技与技术两个概念。

广义的金融科技是指以金融行业应用需求为导向，利用一切科学技术（包括但不限于信息通信科技）为金融行业发展提供科技能力支撑，进而提升金融服务能力，降低金融服务成本。

而在目前阶段，业界广泛讨论和重点关注的金融科技应该是相对狭义的维度，主要聚焦于互联网、物联网、云计算、大数据、人工智能和区块链等一系列新型信息通信技术在金融领域的创新应用。其中，云计算、大数据、人工智能和区块链等属于当前金融科技应用的关键技术领域，而技术供给与行业需求的结合则形成了金融科技产业。

虽然对于金融科技的定义存在差异，但也存在共同之处。例如都会强调通过科技手段提高金融科技运作效率以及对金融业产生的影响。其中科技手段主要包括 ABCD，即 AI（人工智能）、Block－Chain（区块链）、Cloud－Computing（云计算）、Big－Data（大数据）。

知识拓展

人工智能综合了计算机科学、生物学、心理学、语言学、数学、哲学等学科知识，使用机器替代人类实现认知、识别、分析、决策等功能，其本质是对人的意识与思维的信息处理过程的模拟。

人工智能在金融领域的应用主要包括五个关键技术：机器学习、生物识别、自然语言处理、语音技术以及知识图谱。

区块链的本质是将非对称加密算法、共识机制、分布式存储等相关技术进行融合而形成的一种分布式数据库解决方案。区块链架构带来更加安全、可信、高效、低成本的交易网络和更加灵活的交易工具，将催生更加复杂、多样化的金融业务模式。利用区块链构建金融行业的底层基础设施，将为金融业带来颠覆性的突破。

云计算是一种 IT 资源的交付和使用模式，是指通过互联网以按需、易扩展的方式提供硬件、平台、软件及动态易扩展的虚拟化服务等资源。云计算基础设施由数据中心基础设施、物理资源和虚拟资源组成。云计算操作系统由资源管理系统和任务调度系统构成。“互联网＋金融”时代对金融行业的技术架构提出了新的要求。

大数据能够提供数据集成、数据存储、数据计算、数据管理和数据分析等功能，具备随着数据规模扩大进行横向扩展的能力。从功能角度看，大数据技术主要分为数据接入、数据存储、数据计算、数据分析四层，以及资源管理功能。

二、应用案例一：流失客户预测

1. 定义客户流失

客户流失是社会各行各业都存在的问题，金融行业也不例外。信用卡客户销户是我们常见的客户流失。但客户流失的定义非常复杂，不同的实践案例中对于客户流失的定义存在较大差异。

以某全国性股份制商业银行深圳分行为例，通过比较两个月内客户在两家银行的金融资产情况来定义其高价值银证客户的流失。

图 1 中横坐标为资产百分比，纵坐标为不同百分比的客户的数量，图的右半部分为资产增加的客户，左半部分是需要关注的资产下降的客户。图中蓝色的两列是两个月后资产流失超过 80%的客户群（约 450 个客户，占比 14%），下降幅度在 90%以上的客户群客户数量也较为突出。

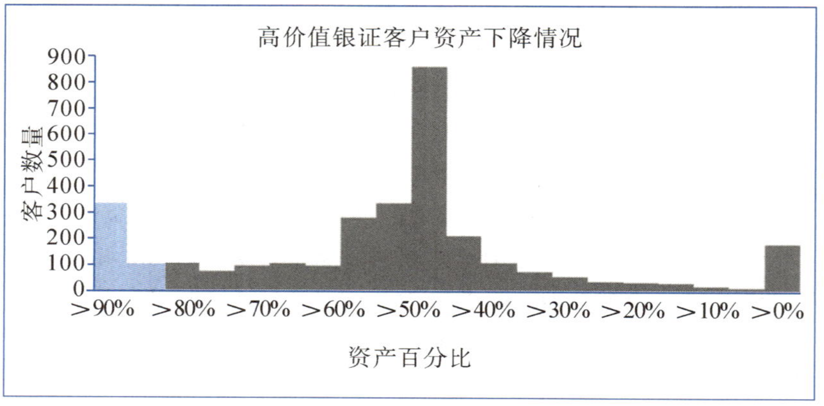

图 1　两个月内客户在两家银行的金融资产情况

通过结合业务的分析将客户金融资产大额异动的门槛定为 80%，即如果客户两个月之后金融资产下降幅度为 80%，就把它定义为一个客户的大幅度异动，此时银行就需要采取行动。

在分析私人银行客户流失的案例中，客户群的门槛是非常高的。而这家银行定义的门槛是 800 万元，即金融资产在 800 万元以上的为私人银行客户，其中800万元包括客户在银行的存款、理财、基金余额等。在一家全国性的股份制商业银行中，这种私人银行客户数量一般是几万至十几万名，这些客户的流失对于银行的影响是非常大的。

对于这样的私人银行客户流失，不能简单地用销户来定义，案例中银行定义的标准是如果客户的金融资产低于800万元即为流失。例如预测客户两个月后金融资产将低于800万元，虽然客户依然还是银行客户，但就私人银行的业务领域来说，这个客户已经流失。因此在不同情况下，客户流失的定义显然是不同的。

2. 预测时间窗口

实践中通常将预测的时间窗口界定为两个月左右。因为如果预测时间太长，准确率一般会下降，而如果预测时间太短，则存在以下几个问题：第一，预测清单下发至挽留可能流失客户的客户经理需要时间；第二，制定挽留客户的策略需要花费时间，这些时间包括制定具体方案、调动包括营销资源、系统性资源等的时间；第三，当资源到位后，开展客户挽留的工作同样需要时间。如果把预测时间点限定太短，虽然能够确保预测的准确性，但是留给后续挽留工作的时间窗口太短。

总结实践经验，预测时间窗口为两个月是比较合适的。预测分为建模和按照模型进行预测打分的过程，通常包含三个步骤。第一个步骤是从M—3到M—4这三个月的数据来预测M＋1时间点，通过这4个时间点的数据去建模，通过模型预测M＋2得到的预测结果可以与M＋2的时间点做交叉验证，这样就能知道这个模型准确度如何。如果看这个模型效果可以，那么就会真正使用模型，接着会用M＋2到M＋1的时间点去验证，并预测M＋3时间点，实际上这个时间点客户的流失还没有发生，这一步是真正预测的环节。如图2所示。

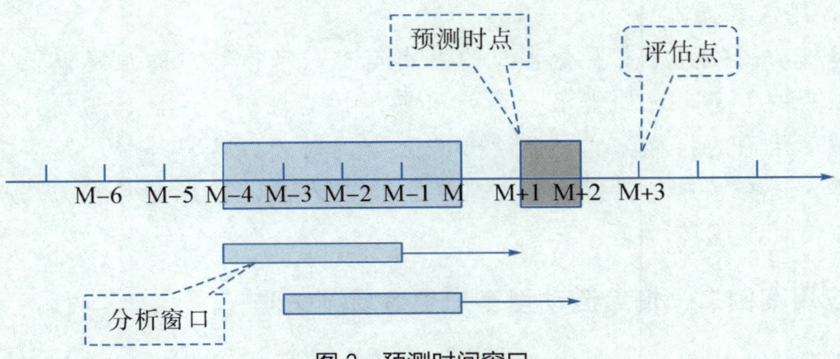

图2　预测时间窗口

3. 选择模型算法

客户挽回是个性化的、有针对性的。例如私人银行业务中某个客户两个月后金融资产大幅度下降的原因是理财产品到期，如果理财产品到期后没有新的理财产品跟上，客户就会把资金转向购买一些投资回报率更高的理财产品等。因此当我们制定营销策略时，我们需要知道客户流失的原因，这就带来模型可读性的要求。很多算法都能做预测模型，包括神经网络、决策树、机器学习等，不过有些模型虽然效果好，但是可读性很差，比如神经网络。神经网络模型是一个黑箱子，基本上是不可读的。比如神经网络预测出来某个客户的流失概率比较高，但是我们并不能知道流失的原因，也就很难找到针对性的客户挽留策略。客户挽留场景下，我们一般会选用一些效果未必最优但可读性比较好的算法建模。

4. 建立预测模型的意义

进行预测的假设前提是营销资源永远是宝贵的，它无法覆盖到全部的营销对象。如果营销资源足够多，比如客户经理足够多，对客户可以做到全覆盖，就不需要预测。资源有限的情况下，如何使资源效果最大化，是预测的根本出发点。

以私人银行客户流失案例为例，客户的平均流失率为10%，8 000个私人银行客户每个月流失800个。如果没有预测，而营销资源只支持挽留10%客户，最简单的方法是随机抽样。当拥有预测模型之后，模型对每个客户的流失概率进行打分，选择模型预测的前5%最有可能流失的客户并让他们自然发展，结果发现约50%的人两个月之后流失，因此模型预测的流失率为50%左右，意味着如果使用模型，工作效率会提升5倍。

另外根据模型分析客户流失的原因，有针对性地实施营销挽回的工作，原来会流失的客户就会被挽回。

5. 建模数据

建模会用的数据主要是客户的基本信息，包括客户的信息以及与银行业务往来的信息，比如借记卡客户需要统计的性别、年龄、地区，体现客户忠诚度层面的指标：客户首次开户至今的时长、客户等级、是否有销户行为等，还有客户与银行的签约业务、持有产品、客户交易行为情况以及资产负债情况等。

三、应用案例二：情绪激动型客户更容易流失吗

选取投诉的客户中情绪激动的，探究这样的客户会不会更容易流失。

首先面临的问题是如何将情绪激动型的客户挑出。从技术上有很多方法可以完成，比如基于客户录音的大数据的分析，通过语速、语调以及音量等的变化去分析客户情绪。因为当一个人情绪激动时，语速会越来越快、声音会越来越大、语调会越来越高。这是从声音文件的非结构化数据中进行情绪识别，但实际中所有录音都已经转成文字，因此可以用自然语言处理的方法处理，使用中文分词、词频统计、文本分类等方法就可以将情绪激动的投诉客户挑选出来。具体如图 3 所示。

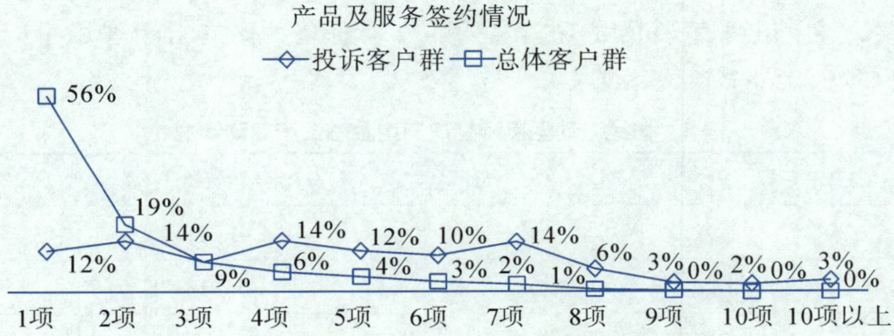

图 3　投诉客户与总体客户产品及服务签约情况

通过对产品及服务签约情况的统计发现，情绪激动型投诉客户群的人均签约产品及服务数为 4 项，高于全行总体客户群人均 2 项的签约水平。从签约情况看，情绪激动型投诉客户群对银行的黏度更高。

通过交易笔数、交易金额分析客户的活跃程度发现，不管从资金流出还是资金流入的笔数，情绪激动型投诉客户群的活跃程度更高。而交易金额方面，我们发现情绪激动型投诉客户群中月均交易金额在 5 000 元以上的客户占比远高于总体客户群。观察客户等级分布情况会发现，情绪激动型投诉客户群中，优质及以上的客户占比为 43%，高于整体客户群 9% 的比例。

由上我们可以得到一些出乎意料的结果。与整体客户群对比，情绪激动型投诉客群呈现出以下特征：①从客户等级分布情况比较，优质及以上的客户占比更高。②从签约情况看，对银行的黏度更高。③从交易情况看，活跃度更高。

通过分析其中的原因，我们发现，真正要流失的客户很多情况下是不会来投诉的，而来投诉的客户实际上对于银行的服务还存在期待，他认为自身的客户等级这么高，又购买这么多产品，银行服务应该好一点。因此当这种客户来投诉的时候，因为他们期望值较高，情绪往往是比较激动的。在这种情况下，如果我们可以安抚好这些客户，实际上客户对于银行服务的接受度会更高。

通过在上海、北京、哈尔滨实验，我们发现如果跟进情绪激动型投诉客户，将他们安抚好，客户户均金融资产都会增加。上海的户均金融资产增加了21万元，北京的户均金融资产增加了12万元，而在哈尔滨选取的客户等级不是太高，资产增加了1万元左右。如表1所示。实验说明，如果银行能够做好投诉客户的安抚工作，就能够进一步提升客户对于银行服务的忠诚度。这个出乎意料的发现其实是非常有价值的，它对于客服中心、客户经营部门是非常有意义的。

表1　情绪激动型投诉客户户均金融资产变动情况

分行	户均金融资产变动/元
上海	214 751.47
北京	125 013.78
哈尔滨	11 617.41

【其他出乎意料的发现】

第一个案例是碎屏险和紧身牛仔裤的案例。阿里巴巴发现在淘宝网上女孩子购买紧身牛仔裤与购买碎屏险的相关度非常高。通过分析之后发现，因为穿紧身牛仔裤后，手机掉地上屏幕碎掉的概率更大，因此再购买碎屏险的概率就会很高。这是一个出人意料的发现，也是非常有价值的发现。

第二个案例来自美国，关于ATM机的取款时间。通常ATM机的取款时间会在白天非工作时间，然而一家公司（迪宝）发现有一台ATM机的取款时间集中在半夜11点到凌晨2点。后来发现这台ATM机周边环境与其他的ATM机不一样，距这台ATM机1千米外有一家脱衣舞俱乐部，美国人基本上也没有随身带现金的习惯，当他去脱衣舞俱乐部看表演由于面子问题又不喜欢刷信用卡，因此就会去附近的这台ATM机取款。由于俱乐部开业的时间主要是晚上至凌晨，因此这台ATM机的取款时间集中在了半夜11点到凌晨2点。通过这个分析，银行可以掌握一个隐蔽的客户偏好：凡是在这台ATM机半夜取款的客户大概率会喜欢看脱衣舞表演。

四、应用案例三：ATM机加钞优化

通过介绍出人意料的发现，我们会想到专家经验是不是过时了，事实上并非如此。下面就是一个实际的作证案例。

银行 ATM 机的运作存在互相制衡的指标。第一，ATM 机对外是否正常服务。银行希望 ATM 机钞箱中现金充足，否则就无法对外提供正常服务，因此银行希望 ATM 机停止服务的天数尽可能少。但同时 ATM 机的钞票也不是越多越好，原因是放在 ATM 机中的现金并不能生息，而且频繁加钞也会产生成本。一般银行有规定，例如加钞后 7 天必须要卸一次钞，即把所有的钱取出换上新的钞箱。如果现金非常多，那么用于清点的人工成本会非常高。因此 ATM 机中现金太多了不好，太少了也不好，频繁加钞不好，不频繁加钞又会违反规定，这几个互相制约的指标使得 ATM 机以什么频率、什么金额加钞成了一个非常值得研究的问题。

与康旗股份展开合作的这家银行在上海有 600 台不到的 ATM 机，它的一种管理模式是集中式管理，分行的专门管理团队对每台 ATM 机加钞量、加钞频率都非常有经验，但该行想知道是否存在进一步优化的空间。银行的第二个问题是能否将好的管理经验复制到另外分散管理的 400 多台 ATM 机上去。

从流程图（图 4）中可以看出，判断 ATM 机是否需要加钞首先需判断这台 ATM 机未加钞天数是否达 7 天，如果是的话就需要卸钞。如果否的话，就要判断这台 ATM 机的余额是否低于规定的 3 万元红线，低于红线就要安排加钞。另外，即使余额未低于 3 万元红线，也需要判断这台 ATM 机余额是否低于预警值，因为在一些取钞量非常大的地方，余额低于 10 万元就需要安排加钞了。

在这个流程中，未加钞天数和 3 万元红线值都是确定参数，不存在优化空间。关键是如何设置预警值，如果预警值较高则需要频繁加钞，而如果较低就会导致无法满足客户需求。另外一个关键指标是加钞金额，一台 ATM 机中一般有 4 个钞箱，每个钞箱可以容纳 20 万元，意味着一共可以容纳 80 万元。但根据需求有时放一个钞箱，银行再加 10 万元就足够了，确定这个加钞金额也就十分重要。

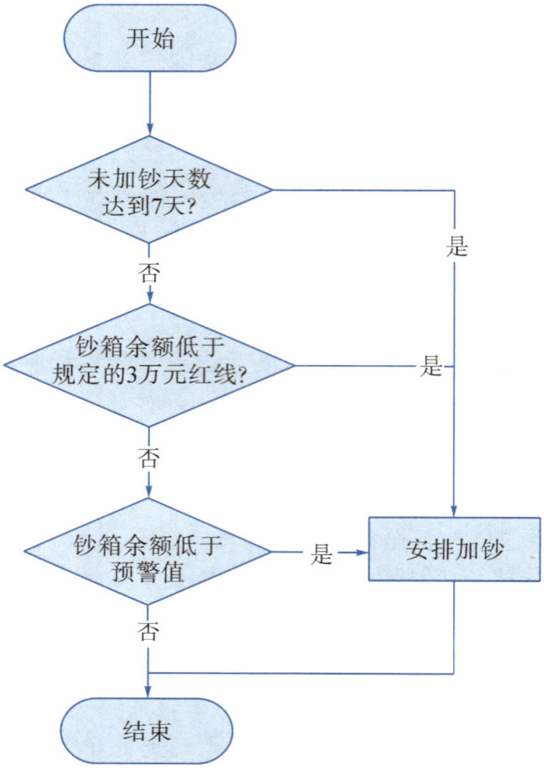

图 4　安排加钞流程

由此可以发现，选择合适的加钞预警值、加钞金额是整个优化工作中的关键环节。起初我们想通过预测 ATM 机明天的取钞量来确定这些指标，比如明天要被取出 5 万元，但今天只有余额 4 万元，那么就要加钞。但我们发现这个预测基本无法实现，影响第二台 ATM 机的加钞量的因素非常多，包括人流因素：这个 ATM 机在购物中心还是在地铁中是不一样的，而如果地铁出故障，人流量发生变化，取钞量又会变化。天气因素：晴天人流量大，从 ATM 机取款的量也大。突发的大额消费：若 ATM 机处于医院中，而这家医院当天手术台数增加，这就有可能造成 ATM 机取款量增大。还有一些其他因素，例如人们更愿意去出新钞的 ATM 机中取款。因此预测 ATM 机的取款量是非常困难的。

最后的解决思路是：以每台 ATM 机为一个单位，把预警值、加钞值两个值做排列组合，通过程序模拟不同组合下最后加钞、卸钞的表现，然后寻求最优解。

在这个例子中，首先预设所有的预警值、加钞值的排列组合，然后运行模拟程序，将各种组合的总库存、加钞、卸钞次数计算出来，找出最优解。事实上，这个最优解和专家团队的经验值是非常接近的。

通过这个实验，我们发现在ATM机加钞上，团队是十分专业的。后来银行便将整个团队的专家经验复制到分散管理的ATM机上，达到了非常好的效果。

五、应用案例四：商圈识别

上面的案例说明了专家经验在很多场景中是可以运用的，但是专家的培养是困难的，其数量相当有限，我们并没有足够多的专家去覆盖应用场景。在这个案例中，我们介绍如何通过商圈识别来解决专家经验无法全覆盖的问题。

银行的信用卡中心以及零售客户的经营往往会通过市场活动来提高客户忠诚度、用卡率，这会面临选择与哪些商户合作来开展市场活动的问题。一般银行会按照不同客群选择商户。以上海市场为例，第一食品在40后中人气很高，来伊份在50后中人气很高，而60后/70后/80后/90后经常去的是星巴克。如果银行开展市场活动，针对50后客户群就可以与来伊份合作向其发放优惠券等。

通过对餐饮、旅游、美容美发等的排名，找到最有人气的商户后，接下来就会进行商圈识别，例如在家乐福、万达广场中就可以开展市场活动。商圈识别需要依靠专家经验，但是这样往往也会遗漏很多商圈，这个时候会先通过技术手段识别。识别的结果有时是出乎意料的，比如我们发现徐家汇商圈里主要是食品有限公司和医院。通过分析知道看病的过程往往伴随着吃饭，这两者的消费关联性是非常高的。一些综合性商圈中有百货公司、美容美发公司、酒店等，另外还会识别一些境外的商圈。

商圈分析并不是业务专家而是模型师在做，他们通过技术对交易进行持续分析来找到商圈。这个分析基于交易的时序性，例如可以假定半个小时内的前后两笔交易具备较强的时序性，然后通过算法找到一些提升度和置信度高的规则，并用改良算法进行分析。分析会发现类似的规则存在地域差异。以轨道交通和超市便利店的关联性为例，上海轨道交通和全家便利店之间有强关联性，原因是几乎上海每个地铁站里都有一个全家便利店。而北京则不一样，北京的7－11便利店与轨道交通关联非常大，大概率原因是北京的地铁站不远处都有7－11便利店。

商圈分析的意义在于，当银行与单个商户合作开展市场活动时只能把握单个商户的交易量，而从商圈角度来看，其他相关商户非常大的交易量就被遗漏掉了。

例如一个交易量大的单个商户每月平均发生176万笔交易，但比起这个商圈中的其余22个商户，每个商户平均一个月超过10万笔，总计交易就超过227万笔，这大于单个大商户的交易量了，因此这个商圈也值得银行去开展市场活动。如表2所示。

表2 商圈分析

交易量分布情况	单户平均笔数/月	商户数量	总计交易笔数/月
交易量大的单个商户	1 765 421	1	1 765 421
单户交易量不大，但是总交易量大的商圈	103 363	22	2 273 986

六、应用案例五：社会网络分析

发现商圈的过程会用到一个方法——社会网络分析，即通过点和边的组合发现网络图谱。这种方法的发展是有一个阶段的，它最早从人类社会学发展起来。1922年，一个英国的学者拉德克利夫·布朗写了一本书《安达曼岛人》，其中讲到了人类关系网络，后来这个理论不断被学者发展壮大。进入2000年后，随着社交软件的蓬勃发展，基于互联网和社交网站的行为研究也就越来越广泛。

携程有一个非常经典的案例。携程作为OTA（Online Travel Agency，线上旅行社）希望提高购票、订酒店人群的黏性。针对经常买机票的人，携程认为他肯定是高端商旅人群，那就针对高端商旅人群制定一些符合人群特点的优惠方案，以此来提升客户黏性。分析关系网络图谱发现，经常买机票的人不仅给自己买也会给别人买，通过这个联系可以生成在携程上买机票的人群关系图谱。结果发现有一类年纪不大的女性经常给别人买机票而不给自己买机票，这类人要么是公司前台，要么是老板的秘书或者助理。之前的营销策略对这类人完全不适用，因为如果把她们当成高端商旅人群而给她们高尔夫俱乐部九折的优惠对她们是没有太大吸引力的。重新针对这类人群制定营销方案，提升这一批客户的黏性，是携程非常经典的案例。

同样的方法也可以被运用于银行业。比如我们在分析中发现西安有一个人人乐超市，超市有很多上游供应商，这些上游供应商形成了非常复杂的交易关系网络。而银行就可以根据这个交易关系网络开展供应链金融业务，例如银行可以开展应收账款的融资性业务。

再举一个例子。图5有某个银行分行的3个客户（1，2，3），虽然这3个客户之间没有任何资金交易，但观察这些客户和行外客户的交易关系发现，行内客户通过深圳的一家公司形成了一个交易关系网络。从网络中看到很多江西的招投标公司，事实上这是上饶市的一个幼教机构采购一批电子教具而进行的投招标，最后深圳的一家公司中标了，这个公司身后又有一些投资公司对其进行投资支持。当银行通过网络了解业务背后的逻辑关系时，就能发现潜在资金需求。例如中标的这个公司进行生产时就有贷款需求，通过招标公司的订单，银行就能清楚地掌握其经营活动。

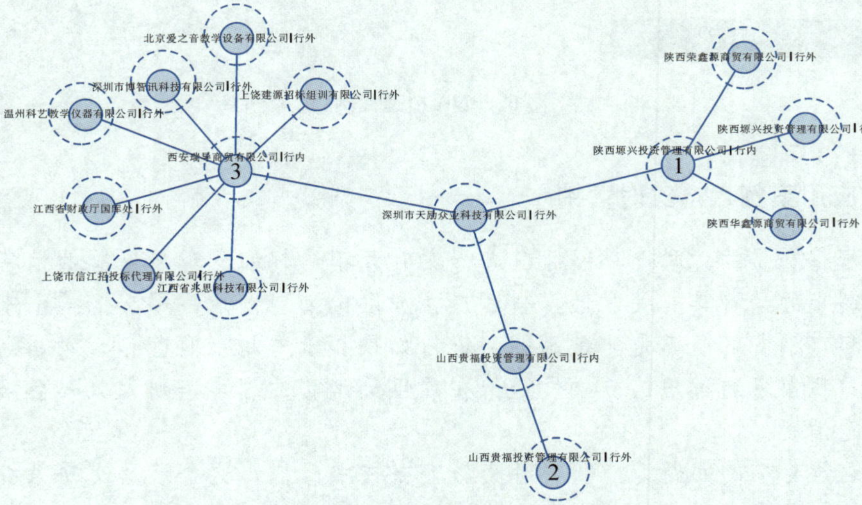

图5　分析银行客户的“朋友圈”

除了对营销环节的利用，还有对风控环节的利用。图6是通过SNA梳理的关于天津海泰的整个担保的图谱，银行发现一些客户在银行还有其他贷款的业务，并且数量不小。银行就可以有针对性地对客户加强贷款管理监控以控制风险。

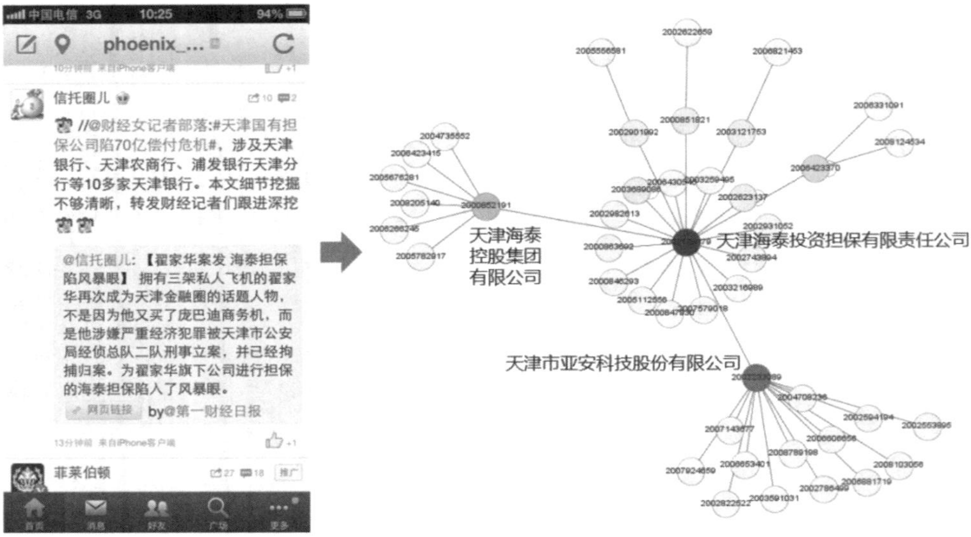

图 6　SNA 梳理案例

七、应用案例六：实时营销

根据交易的关联性，还可以进行实时营销。例如发现屈臣氏的消费和永辉超市的消费具有关联性，当客户在屈臣氏消费以后，那么他接下来在永辉超市消费的概率是非常高的。银行如果和永辉超市有营销活动，则可以把打折信息通过短信方式发送给在屈臣氏消费的客户，则大概率会触发下一笔消费。

这里存在的问题是捕获实时交易存在技术门槛，这个涉及交易系统的改造。一般来讲，银行会非常谨慎地捕捉实时交易，因为这容易影响系统运行的稳定性，而一个可替代的方法就是采用网络抓包等方法捕获实时数据来实现实时营销。

八、总结

通过以上银行案例的分享，我们需要关注包括技术与业务、相关性与因果性、机器学习与专家经验在内的三组关系。

第一，技术与业务的关系。技术和业务并非对立的，它们之间有非常密切的配合度。以预测客户流失案例为例，技术用来发现流失的客户，而业务则挽留可能流失的客户。

第二，重视相关性和因果性。在大数据时代，我们只需要关注信息的相关性而不用过度关注因果性，这个观点是不对的。案例中一些出人意料的发现非常有价值，但这些发现都有很强的解释性。我们既需要知道相关性，也需要了解因果性。

第三，机器学习和专家经验的关系。很多情况下机器学习和专家经验是相辅相成的，专家经验在提高机器学习效率方面有着非常重要的作用。

九、现场问答

Q：这些案例是基于哪些类型的银行？案例表现和模型训练是否存在区别？

A：这些案例涉及的银行包括了工（工商银行）、农（农业银行）、中（中国银行）、建（建设银行）和全国性股份制商业银行。从大行的实际案例商圈在模型中的表现来看，不会有特别大的差异。大部分人都会同时持有多张银行卡，因此银行业的客群大都是重叠的。不管是四大行、全国性的商业银行还是城商行，2C 的案例在 2C 模型表现上一般不会有太大差异。不过还有一类类似于农信社的金融机构，它们的客群会有不同，不排除会有一些差异。

Q：基于某个商圈的经验是可以复制的，对吗？

A：是的，有的模型稍做调整就可以运用，建模的参数主要还是那几个，变化不是太大。

➜延伸阅读

在延伸阅读部分，我们摘选相关研究报告，概括介绍了关于金融人工智能、区块链、大数据和云计算的相关应用场景，以飨读者。

延伸阅读：人工智能、区块链、大数据与云计算的应用场景

一、金融人工智能

1. 金融人工智能的发展概述

人工智能综合了计算机科学、生物学、心理学、语言学、数学、哲学等学科知识，使用机器替代人类实现认知、识别、分析、决策等功能，其

本质是对人的意识与思维的信息处理过程的模拟。人工智能在金融领域的应用主要包括五个关键技术：机器学习、生物识别、自然语言处理、语音技术以及知识图谱。金融行业的不断发展，沉淀了大量的金融数据，主要涉及金融交易、个人信息、市场行情、风险控制、投资顾问等多个方面。金融行业的海量数据能够有效地支撑机器学习，不断完善机器的认知能力，甚至可达到与人类媲美的水平，尤其是在金融交易与风险管理这类复杂数据的处理方面，人工智能的应用将大幅降低人力成本，通过对大数据进行筛选分析，帮助人们更高效率地决策，提升金融风控及业务处理能力。同时，受人力资源和数据处理能力的影响，金融行业只面向少数高净值客户提供定制化服务，而对绝大多数普通客户仅提供一般化服务。

2. 金融人工智能的应用场景

人工智能技术在金融领域的各个环节都可发挥其应有的价值和作用。目前，人工智能技术在金融领域应用的范围主要集中在智能客服、智能投顾、智能风控、智能投研、智能营销等方面。

• 智能客服

智能客服主要以语音技术、自然语言理解、知识图谱等为技术基础，掌握客户需求，通过自动获取客户特征和知识库等内容，帮助客服快速解决客户问题。智能客服系统采用自然语言处理技术，提取客户意图，并通过知识图谱构建客服机器人的理解和答复体系。同时，智能客服以文本或语音等方式与用户进行多渠道交互，为广大客户提供了更为便捷和个性化的服务，在降低人工服务压力和运营成本的同时进一步增强了用户体验。

• 智能投顾

智能投顾又称机器人投顾，主要是根据投资者的风险偏好、财务状况与理财目标，运用智能算法及投资组合理论，为用户提供智能化的投资管理服务。智能投顾基于机器学习算法以及现代资产组合优化理论，来构建标准化的数据模型，并利用网络平台和人工智能技术为客户提供个性化的理财顾问服务。传统投资顾问需要站在投资者的角度，帮助投资者进行符合其风险偏好特征、适应某一特定时期市场表现的投资组合管理。智能投顾的应用价值在于可替代或部分替代昂贵的财务顾问人工服务，将投资顾问服务标准化、批量化，降低服务成本，降低财富管理的费率和投资门槛，实现更加普遍的投顾服务。

• 智能风控

将知识图谱、深度学习等技术应用于征信反欺诈领域，其模式是将不同来源的结构化和非结构化大数据整合在一起，分析诸如企业上下游、合作对手、竞争对手、母子公司、投资等关系数据，使用知识图谱等技术大规模监测其中存在的不一致性，发现可能存在的欺诈疑点。在信用风险管理方面，关联知识图谱可以利用“大数据+人工智能技术”建立的信用评估模型，刻画精准的用户画像，对用户进行综合评定，提高风险管控能力。

• 智能投研

传统投研业务需要收集大量的资料，进行数据分析和报告撰写，投研人员每天需要耗费大量时间进行数据的收集与处理。智能投研基于大数据、机器学习和知识图谱技术，将数据、信息、决策进行智能整合，并实现数据之间的智能化关联，形成文档供分析师、投资者使用，辅助决策，甚至自动生成投研报告。

• 智能营销

人工智能可以通过用户画像和大数据模型精准定位用户需求，实现精准营销。智能营销在可量化的数据基础上，基于大数据、机器学习计算框架等技术，分析消费者个体的消费模式和特点，以此来划分客户群体，从而精确地找到目标客户，进行精准营销和个性化推荐。相较于传统营销模式，智能营销具有时效性强、精准性高、关联性大、性价比高、个性化强的特点。

二、金融区块链

1. 金融区块链的发展概述

区块链的本质是将非对称加密算法、共识机制、分布式存储等相关技术进行融合而形成的一种分布式数据库解决方案。区块链架构带来更加安全、可信、高效、低成本的交易网络和更加灵活的交易工具，将催生更加复杂、多样化的金融业务模式。利用区块链构建金融行业的底层基础设施，将为金融业带来颠覆性的突破。

区块链技术在金融领域的应用带来了以下几个方面的影响：一是金融业务成本和效率方面，金融机构利用区块链技术可以构建大规模、低成本、安全可信的交易网络。与现有的业务运行模式相比，大量需要人力操作的金融服务在区块链交易网络下可自动化完成，从而大幅缩短交易时间、降低交易成本。二是面对同业竞争与互联网的跨界竞争压力，金融机构渴求新技术带来新的竞争优势，区块链技术可以为金融机构带来技术优势和成本优势。特别是金融科技企业的快速发展，给传统金融机构带来了较大的压力。三是区块链技术建立的网络是分布式的信用体系，对于原有的中心化信用的金融业体系具有颠覆性的影响。四是区块链技术能促进数据的流通共享，在构建金融业务安全联防体系，打击金融反欺诈方面起到了积极作用。

2. 金融区块链的应用场景

• 数字票据

基于区块链构建的数字票据体系呈现去中心化特点，票据业务的个体将参与票据出票、保证、承兑、背书、贴现、转贴现、质押、付款等业务流程。数字票据各参与方通过区块链的共识机制达成信任。区块链的分布式结构使得数据票据系统具有强大的容错性，有效缓释系统的中心化风险。基于区块链的时间戳机制，数据票据保证信息完整且整体交易流程透明，能够有效避免伪造或变造票据、一票多卖等问题。此外，智能合约能有效控制、约束数字票据的用途、交易条件、交易时间等要素，保证打款背书同步，并满足更为灵活、丰富的业务场景，适应票据业务的创新需求。

• 征信管理

传统征信模式下，由于征信数据流通方、加工方、使用方分离，征信数据二次交易没有手段稽核及管控，无法实时校验授权真实性，征信数据交易授权长期停留在纸质协议的手段上，而区块链技术的应用能有效改善这些问题。通过搭建私有链或联盟链的形式，由数据供方对征信数据需方授权。在数据采集与加工的过程中，可以对授权文件进行同步流通与校验，从而实现实时校验授权真实性、二次交易稽核及管控的目的。在这种方法搭建的体系中，无须使用方改变现有业务流程，并且授权记录可实时更新。

• 跨境支付结算

大规模跨境贸易一方面促进了各国经济的快速发展与协作，使资源在全球范围得到优化配置；另一方面随着跨境支付结算效率的不断提升，大量出口企业也出现了大量的境外应收账款、坏账等问题。如何在跨境支付过程中有效降低结算风险，节省支付成本，已成为国际贸易中的一个重要问题。区块链是分布式数据存储、点对点传输、信任共识算法、加密算法等技术的集成创新，具有泛中心化（去中心化）、信任共识、信息不可篡改、开放性等特征，适合应用于交易双方需要高度互信的业务情形中。构建基于区块链的跨境支付模式，能够大大降低跨境支付的风险，提高跨境支付的效率，节省跨境支付的成本。

• 供应链金融

多级供应商在传统供应链金融模式下面临融资难的问题，其原因主要在于：①信息不对称；②信用无法传递；③支付结算不能自动化按约定完成；④商票不能拆分支付，使得整张背书转让的场景缺乏等。对于多方参与的供应链金融，区块链为解决以上问题提供了很好的方案。区块链将分类账上的货物转移登记为交易，以确定与生产链管理相关的各参与方以及产品产地、日期、价格、质量和其他相关信息。任何一方都不会拥有分类账的所有权，也不能为牟取私利而操控数据，加上交易进行过加密，并具有难以篡改的特点，所以分类账几乎不会受到损害。此外，基于区块链技术的供应链金融业务将能大幅减少人工的介入，将目前通过纸质作业的程序数字化。所有参与方都能使用一个去中心化的账本分享文件并在达到预定的时间和结果时自动进行支付，极大地提高效率并减少人工交易可能造成的失误。

• 数字货币

区块链技术给数字货币带来了机遇与挑战。以目前发展和应用最为成熟的加密数字货币比特币为例，一方面，区块链的不对称加密技术保障了交易信息的安全；在区块链中交易造假难度很大，创造了数字货币交易的信任基础；区块链点对点的交易流通，降低了交易过程中的成本。另一方面，挖矿的机制导致了大量的能耗；完全去中心化可能不符合我国货币监管机制和要求；为了适应高频交易场景，相关共识机制算法还需进一步优化；随着大量数字货币被盗窃、交易所被攻击等事件的发生，可以看出区块链技术和相关机制在安全方面存在隐患；同时由于账户匿名、交易匿名等特点，会导致利用数字货币从事洗钱等违法犯罪行为，给监管带来了挑战。

• 证券发行与交易

对于证券的发行来说，公募的发行过程历时较长，私募存在大量手工作业、纸质化办公以及可能发生的人为错误，区块链的应用将有效降低成本，同时相关信息需要链上多方共同参与确认，有利于监管部门的全流程参与。对于证券的交易来说，点对点的直接交易，简化了流程，降低了成本。此外区块链的引入也将实现交易即结算，可做到真正实时交易。利用区块链智能合约还可实现证券交易的自动化、个性化。但也必须看到，流程的简化也可能会带来风险的直接扩散，智能合约编写过程中的代码漏洞也可能引发交易风险，智能合约本身内容是否得到法律和司法的正式认可也有待商榷。

• 保险服务

在保险销售方面，区块链将有助于提升保险公司公信力，降低部分销售成本；在结算方面，区块链交易即结算的特点，将大幅度缩短保险业务结算审核的周期；在保险理赔方面，利用智能合约技术将理赔条件通过代码写入程序中，同时将医院的相关诊断信息以及事故发生的相关记录及时上传至区块链系统，一旦满足理赔条件，系统将自动将赔款发送到被保险人账户中，直接提升了理赔的效率。区块链还将有助于打击骗保等欺诈行为。一方面，各保险公司可通过区块链技术构建信息共享平台，及时将各公司的黑名单用户在行业间共享，有助于行业重塑征信体系；另一方面，通过将其他行业数据上链，例如将汽车行驶记录数据和健康诊疗数据上链，可以有效地打击骗保等欺诈行为，构建生态联防体系。

三、金融云计算

1. 金融云计算的发展概述

云计算是一种 IT 资源的交付和使用模式，是指通过互联网以按需、易扩展的方式提供硬件、平台、软件及动态易扩展的虚拟化服务等资源。云计算基础设施由数据中心基础设施、物理资源和虚拟资源组成。云计算操作系统由资源管理系统和任务调度系统构成。“互联网＋金融”时代对金融行业的技术架构提出了新的要求。金融企业普遍面临产品创新层出不穷、产品迭代越来越快、交易量峰值无法预测的挑战。云计算技术作为实现 IT 资源按需供给的技术手段，具有高弹性、高扩展性的特征，可以实现让金融企业像使用水、电、煤一样使用 IT 资源。

金融行业的特性对云计算的业务连续性有严格的要求。金融机构对 IT 系统的稳定性、可用性、网络时延性以及数据安全性的要求非常高。银行和证券企业关键业务系统停机属于极度严重的金融事故，将会造成巨大的经济损失。为满足业务连续性要求，金融企业需要建立完善的灾难备份和灾难恢复体系。

2. 金融云计算的应用场景

• 金融行业上云首先着眼于互联网金融和辅助性业务系统

金融行业 IT 系统建设的历史较长，系统复杂性强，实现云化集中迁移仍需逐步进行。金融机构使用云计算技术通常采取从外围系统开始逐步迁移的实施路径。在部署顺序上，优先部署开发测试环境，其次部署生产环境。互联网金融、辅助性业务优先使用云计算架构，强一致性核心业务最后考虑上云。

金融机构一般会选择从渠道类系统、客户营销类系统和经营管理类系统等辅助性系统开始尝试使用云计算服务，因为这些非金融的辅助性业务系统安全等级较低，不涉及核心业务管控风险，进而提升系统管理的灵活性，降低运营成本，同时也大幅提升了相关的用户体验。此外，互联网金融系统优先应用云计算架构，包括网络支付、网络小贷、消费金融等业务。这些系统基本全部需要重新建设，历史包袱相对较轻。

• 运行维护管理系统的云化建设也逐步被金融机构采用

运行维护管理是银行 IT 系统稳定运行的根本保障，业务系统的集中使得企业 IT 运行维护管理压力集聚。因此，金融机构需要从整体调整其运行维护体系，通过云计算构建统一的自动化运行维护平台。运行维护对象由运行维护物理硬件的稳定性和可靠性演变为能够自动化部署应用、快速创建和复制资源模板、动态扩（缩）容系统部署、实时监控程序状态，以保证业务持续稳定运行的敏捷运行维护。同时，开发、测试、运行维护等部门的工作方式由传统瀑布模式向 DevOps（研发运营一体化）模式转变。DevOps 拉通了运行维护管理体系，海量数据计算、存储、应用和安全等多种需求出现，运行维护需借助先进的自动化运行维护管理模式来实现大体量下的系统管理。

• 混合云是中大型金融机构上云的首选方案

不同类型的金融机构对云计算的应用路径也存在较大差异，技术实力和经济基础比较强的大型金融机构由于传统信息化基础设施投入大、有专职技术部门、安全要求更加谨慎等原因，比较偏向于混合云的部署方式。混合云兼有私有云和公有云双重特性。私有云的部署具有一些核心业务系统，存储重要敏感数据，一般采用购买硬件产品、虚拟化管理解决方案、容器解决方案、数据库软件、运行维护管理系统等方式搭建，在生产过程中实施外包驻场运行维护、自主运行维护或自动运行维护方式。

• 小型金融机构更普遍使用公有云

小型金融机构技术能力和综合实力相对较弱，所以通常采取公有云的方式，通过金融机构间的基础设施领域的合作，通过资源等方面的共享，在金融行业内形成公共基础设施、公共接口、公共应用等一批技术公共服务。小型金融机构一般购买云主机、云存储、云数据库、容器 PaaS 服务、金融 SaaS 应用等服务。

四、金融大数据

1. 金融大数据的发展概述

大数据能够提供数据集成、数据存储、数据计算、数据管理和数据分析等功能，具备随着数据规模扩大进行横向扩展的能力。从功能角度看，大数据技术主要分为数据接入、数据存储、数据计算、数据分析四层，以及资源管理功能。

金融机构的业务要求大数据平台具有实时计算的能力。目前，金融机构最常使用的大数据应用场景如精准营销、实时风控、交易预警和反欺诈等业务都需要实时计算的支撑。大数据分析平台可以对金融企业已有客户和部分优质潜在客户进行覆盖，对客户进行画像和实时动态监控，以构建主动、高效、智能的营销。

为切实做到数据驱动，金融企业需要定制化的技术平台。首先，金融企业要进行顶层设计，把技术和业务结合起来，将技术应用在企业价值链的每个场景上。其次，金融企业需要大规模的系统改造。为实现数据的汇聚，需要将原来存储在上百个信息系统的数据整合，重新设计并搭建数据采集、存储、传输的架构。最后，金融大数据具有极高的重要性，需要更加完善的安全保障措施。金融数据的泄露、篡改可能造成系统性金融风险，甚至危及社会稳定。部分数据如用于金融交易的用户鉴别与支付授权信息需要全流程加密。

2. 金融大数据的应用场景

大数据技术的应用提升了金融行业的资源配置效率，有效促进了金融业务的创新发展。金融大数据在客服、风控、反欺诈、营销等业务方面都得到了广泛的应用。

• 大数据客服

中国客服行业发展主要经历了三个阶段：传统呼叫中心、PC 网页在线客服以及现阶段的智能客服。传统的呼叫中心依靠人工进行一对一服务，效率低，无法同时覆盖多个用户。PC 网页在线客服虽然能够实现一对多服务，效率略有提升，但是随着金融机构产品和服务的多样化，客服部门的业务范围迅速扩大，再加上人口红利逐渐消失，人工成本高昂。智能客服系统有效解决了效率低和人工成本高两大问题。利用大数据技术建立丰富的知识库，智能客服能够在一定程度上替代人工客服应对多样化的客户需求。大数据技术以金融机构各业务系统的数据为来源，使用传统 ETL 工具和分布式数据采集组件将海量信息抓取至大数据平台，按照不同业务需求将数据分类，利用大数据模型和算法进行数据挖掘和分析，并创建可视化应用。另外，智能客服系统提供 24 小时不间断的在线服务，业务处理效率高，帮助提高用户黏性，解决因人工客服回应不及时导致的客户流失问题。

• 大数据风控

借助大数据技术的风控手段与传统风控手段相比，风险数据来源和维度更广，除了结构化的金融数据，还包括用户行为、社会属性、金融产品评价等半结构化或非结构化数据。另外，在数据应用逻辑方面，大数据风控侧重挖掘数据间的相关关系，比传统强调因果关系的分析方式在关联逻辑、定义交叉风险因素方面的能力更强。

我国大数据风控的应用主要在借贷领域。以贷前风控为例，大数据风控的一般流程包括四个方面：数据收集、行为建模、构建画像、风险定价。通过系统日志采集、网络数据采集和数据库接入等方式收集风控对象的各类信息。接着进行数据建模，建立数据假设，确定建模目标。然后利用大数据技术进行用户画像，将对象分类。最后开展风险定价，以银行贷款业务为例，银行对高信用风险的用户收取相应高水平的贷款利率。

同时，大数据风控还具有实时监测和预警的功能，能够及时发现客户的异常行为或金融产品的异常表现，并做出止损反应。

• 大数据反欺诈

随着互联网金融、移动支付技术等的发展，金融欺诈手段也随之升级并侵入金融行业的各个领域中，如保险行业的骗保欺诈、个人金融领域的网络黑产、供应链金融中的虚假交易等，呈现出专业化、产业化、隐蔽化和场景化的特征。传统反欺诈技术维度单一、效率低下、范围受限，难以满足日益发展的反欺诈需求。大数据技术借助数据采集和分析进行身份验证，定义欺诈行为特点。以黑产防范为例，大数据能够帮助企业掌握互联网金融黑产的行为特点，如从业人员规模、团伙地域化分布以及专业化工具等情况，并制定有针对性的策略，识别黑色产业链和减少损失。

• 大数据营销

近年来，媒介、品牌、大众消费和生活方式呈现碎片化的发展趋势，个人消费者更加追求自我和个性。用户需求和兴趣的多样化以及网络应用的发展带来用户数据体量和规模的迅猛增长，以市场为导向的传统粗放式营销模式不再适用。借助大数据技术，将收集到的各类用户信息，包括职业、家庭状况、网络应用浏览记录、交易信息等，进行分类聚合关联，结合大数据分析模型，实现用户画像。在用户画像的基础上，金融机构能够对客户展开对应的营销策略，如实时营销、交叉营销、个性化推荐、客户生命周期管理等。

来源：中国信息通信研究院．中国金融科技生态白皮书（2019）［R/OL］．（2019－07－10）［2021－11－15］．http://www.caict.ac.cn/kxyj/qwfb/bps/201907/t20190710_202782.htm.

第十六讲

曾刚：金融科技与银行业转型

主讲人：曾刚

曾刚，现任国家金融与发展实验室副主任、上海金融与发展实验室主任。毕业于中国人民大学财政金融学院，获金融学博士学位，并获得长江证券股份有限公司博士后。

内容摘要

- 解析“金融科技”一词的含义
- 介绍当代金融科技演进过程
- 剖析金融科技背景下银行业的变化
- 剖析商业银行金融科技创新层次和路径

精彩提示

曾刚教授首先介绍了金融科技背景下银行业的变化，其中包括渠道的变化即银行业平台的离柜率上升以及传统金融和客户之间的关系改变两方面；其次介绍了金融科技背景下商业银行创新的三个层面，即渠道层面的更新、产品创新和生态创新。

一、金融科技的发展

1. 金融科技名词解释

互联网金融与金融科技快速兴起，不仅侵蚀了银行传统的业务领地，更对传统银行的业务模式和经营理念形成了极大的冲击，银行被颠覆的预言不绝于耳。近年来，金融科技迅速为人们所熟知，并得到了资本市场的追捧，但无论是在理论研究还是在实践层面，金融科技的内涵和外延都还不算清晰。结合中国实践来看，“金融科技”更多的是指科技在金融领域的应用，旨在创新金融产品和服务模式，改善客户体验、降低交易成本、提高服务效率，更好地满足人们的金融需求。金融科技强调的是科技对金融业务模式的改变，而不拘泥于开展业务的主体。在此意义上，我们所讨论的金融科技，不仅包括基于互联网的金融模式创新，也包括传统金融机构（如商业银行）的数字化转型，以及创新技术（如大数据、区块链等）在金融行业中的应用。具体如图 1 所示。

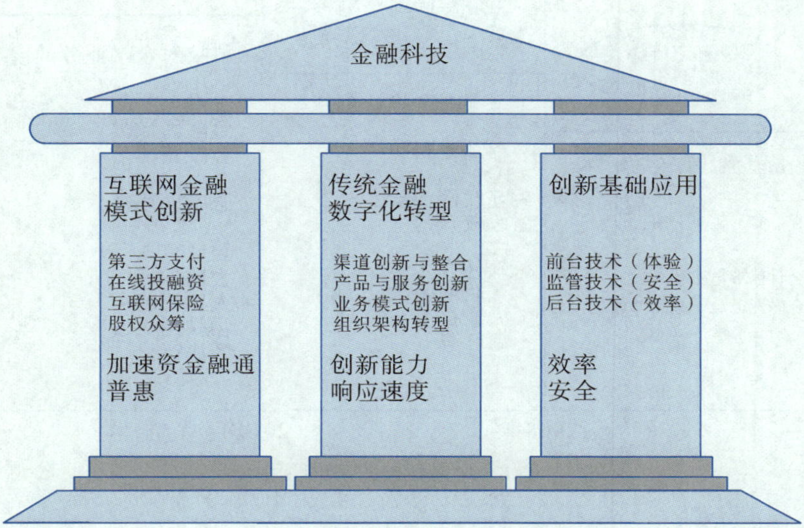

图 1　金融科技的内涵与模式

2. 金融科技的演进阶段

从 IT 技术对金融行业的推动和变革角度来看，至今为止，金融科技经历了三个发展演进阶段（图 2）：

一是金融 IT 阶段。它主要是指金融行业通过传统的 IT 软硬件来实现办公和业务的电子化，提高金融行业的业务效率。IT 公司并不参与金融公司的业务环节，IT 系统在金融公司体系内属于成本部门。其代表性产品包括 ATM 机、POS 机、银行的核心交易系统、信贷系统、清算系统等。

二是互联网金融阶段。金融业搭建在线业务平台，通过互联网或者移动终端渠道汇集海量用户，实现金融业务中资产端、交易端、支付端、资金端等任意组合的互联互通，达到信息共享和业务撮合，本质上是对传统金融渠道的变革。其代表性业务包括互联网基金销售、互联网保险、移动支付等。

三是金融科技阶段。金融业通过大数据、云计算、人工智能、区块链等最新 IT 技术，改变传统金融的信息采集来源、风险定价模型、投资决策过程、信用中介角色等，大幅提升传统金融的效率，解决传统金融的痛点。其代表技术如大数据征信、智能投顾、供应链金融等。

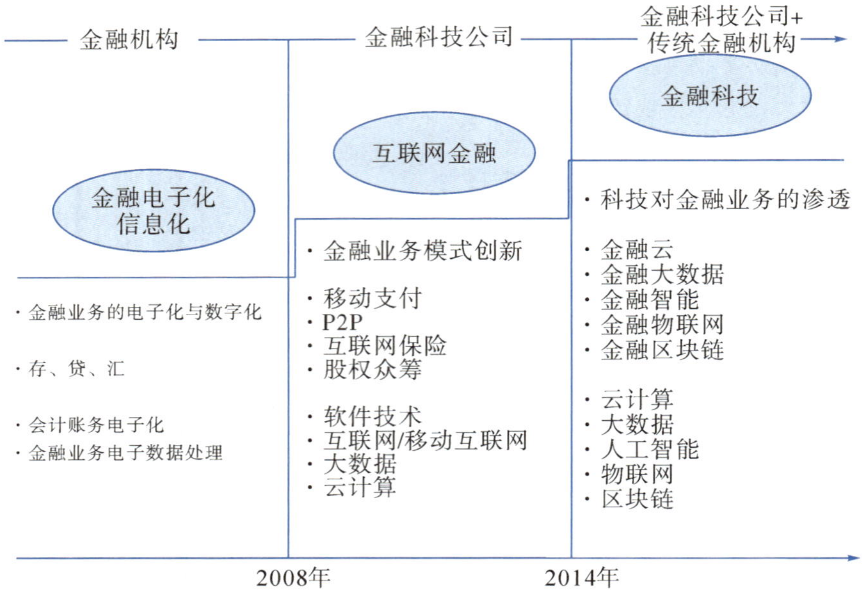

图 2　金融科技的演进阶段

知识拓展

1. 大数据征信

大数据征信是利用大数据分析和模型进行风险评估，依据评估分数，预测还款人的还款能力、还款意愿以及欺诈风险。在金融风控领域，大数据指的是全量数据和用户行为数据。目前使用的是围绕客户周围的与客户信用情况高度相关的数据，利用数据实施科学风控。

以专注于提供信用评估服务的 ZestFinance 为例，其利用强大的数据挖掘能力和模型开发能力，用大数据技术重塑了审贷过程，降低了借贷成本。ZestFinance 主要按照以下三个步骤进行信用风险评估：第一步，定义评分者对“信用”的定义，并指定表示评分者希望预测的结果的目标变量；第二步，收集数据并将其转化为可用的形式；第三步，通过分析训练数据和特征选择来开发和细化模型，其中会运用回归模型、随机森林模型等多种模型。

2. 智能投顾

智能投顾（Robot—Advisor）是一类在线财富管理服务，人工智能依托大数据，使用现代资产组合理论等投资分析方法和机器学习，结合通过问卷调查获得的个人投资者的具体风险偏好与理财目标，进行计算并提供投资组合配置建议，利用互联网对用户的资产配置方案进行实时跟踪调整。目前，智能投顾主要通过四种模式开展，分别为机器人投顾、人机结合投顾、纯咨询建议投顾和顾问平台。

与传统的财富管理手段相比，智能投顾在线上为客户提供服务，形成透明化、操作便捷的人机交互界面，一方面，降低了人工成本，服务可惠及更多人群；另一方面，由于智能投顾往往基于大数据等技术手段开展，也实现了渠道、数据、信息的整合，使得客户画像更加精确，并让客户操作更加方便快捷、省心省力。

从2008年开始，以美国与欧洲为中心，一些提供在线资产管理服务并收取相关手续费的智能投顾公司相继成立，在线专业投资咨询服务迅速兴起。2015年，智能投顾概念首次被引入国内，并得到快速发展。2016年，G20中国杭州峰会提出了数字普惠金融的八项高级原则，智能投顾即属于证券类的数字普惠金融服务业务，在国内也越来越多地受到关注。

3. 供应链金融

狭义的供应链金融是基于供应链金融运营面向特定环节中的特定中小企业而开展的借贷关系，广义的供应链金融则是指盘活上下游的现金流，优化整个产业供应链的资金流动。当前，供应链金融日趋复杂，多级供应链网络需要采取更有效的手段多维度地刻画中小企业的信用。因此，目前供应链金融大多由金融科技赋能。

具体而言，一方面，金融科技作为信号中介，帮助解决信贷双方的信息不对称问题；另一方面，银行或金融公司通过金融科技多维度地了解供应链网络中中小企业的信用状态，有效降低中小企业借贷的违约风险，中小企业或者产业企业通过金融科技和金融科技手段，能够更好地介入金融的资金端。

以苏宁云商为例，其突破传统的供应链运作模式，利用掌握着大量上链下方供应商的相关历史交易数据的优势，运用大数据技术评估企业相关的信用状况和等级；加之有与苏宁交易的应收账款作为抵押，风险进一步缩小。如此，融合了苏宁零售电商集团本身的优势，形成了苏宁的云商模式的供应链金融，不仅扩大了投资渠道，而且增加了资金使用的收益，同时由于自身平台优势，掌握大量上链下方供应商的交易数据，更好地防范和控制了风险。

3. 金融科技企业分类

从金融业态的视角，目前金融科技的企业可大致分为五类（图 3）。

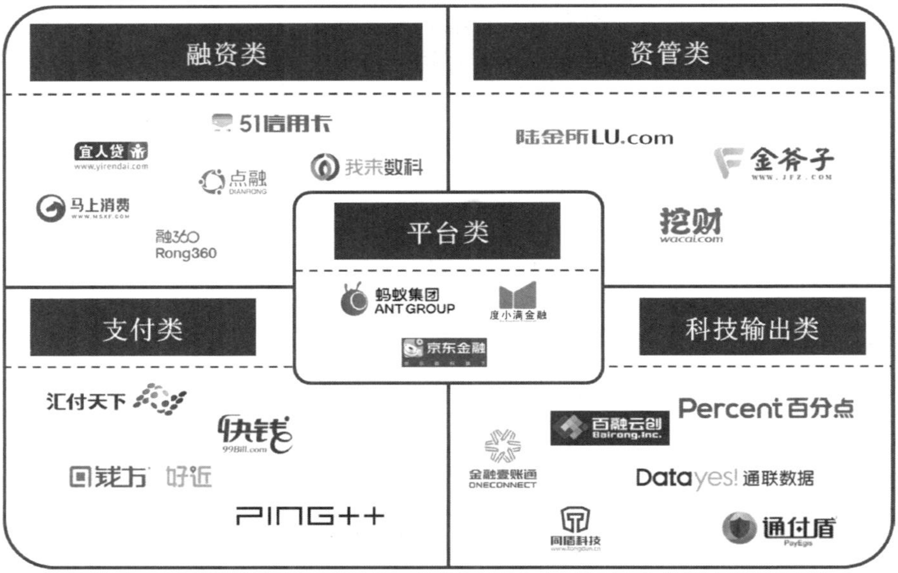

图 3　金融科技企业分类

第一类是支付类。我国这方面的牌照最多，在中国有很多支付端的创新，而且这些创新有很大的影响力。现在微信支付已经流行，这与其他国家形成鲜明对比，很多发达国家在支付端创新方面比中国差很远。

第二类是融资类，专门提供贷款，像银行一样。

第三类是资管类。实际上就是资产投资的理财产品。

第四类是科技输出类。

第五类是平台类，综合了上述几类的优点。国内名列前茅的有蚂蚁集团和京东金融。这些平台类企业金融服务的生态，已经涵盖金融科技的各个领域，比如支付，不仅可以做，而且做得最好，支付的速度和瞬间抗压的能力，在全世界都遥遥领先。

二、对未来发展的思考

1. 金融科技背景下银行业的变化

过去一段时间支付习惯变化非常大，这对银行和传统的金融机构带来了非常大的影响。

首先是渠道的变化，即银行业平台的离柜率上升。银行不在柜台办理的业务占所有业务的比重，在 2017 年达到了 87.58%（图 4），然而这个数据远远低于当前的水平，离柜率最高的民生银行在 2018 年已经达到了 99.8%。这一变化对银行造成了非常大的挑战。造成这个趋势的最主要原因是银行业务更趋向于在手机端办理，整个商业都在移动化，APP 已经变成更重要的业务端口。

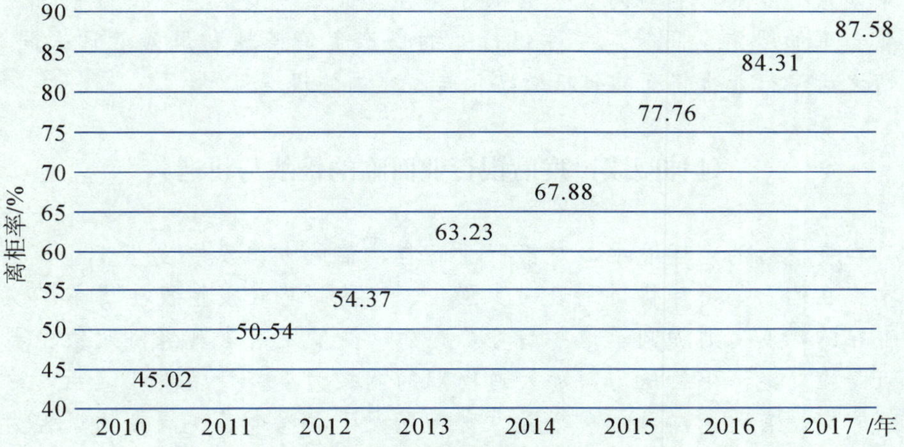

图 4　银行业平均离柜率

其次是传统金融和客户之间的关系改变。变化体现在银行和客户之间的黏性变低了，尤其是个人客户。在日常消费时，更多使用的是手机支付（图 5）。虽然微信或是支付宝背后是关联的银行卡，但是对于客户来讲，背后挂的是一张工行的卡还是招行的卡，甚至是农村信用社的卡，都没有什么区别。虽然不同银行服务之间存在差异，但支付服务之间却没有任何差异。

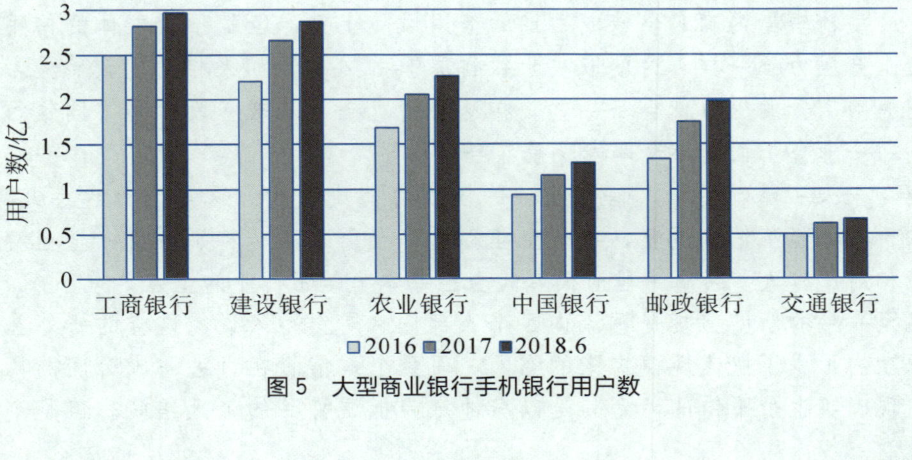

图 5　大型商业银行手机银行用户数

延伸阅读

2020年初新冠肺炎疫情暴发，对全球经济造成了猛烈冲击。在延伸阅读部分，我们节选了2020年中国资本市场50人论坛上曾刚教授关于“疫情对中国银行业的影响与对策”的部分发言。曾刚教授认为，疫后银行业的分化会更加严重，同时应关注银行业的资产负债管理和风险管理。同时，疫情之后银行业也将面临包括数字化转型在内的机遇。

延伸阅读：疫后银行业面临的挑战与机遇

在疫情后的大环境中，对银行业而言，整体方向没有发生变化，但是原本存在的一些趋势将得到进一步强化。这些趋势在疫情发生之前其实也是存在的，疫情则加剧了这些趋势。比如，疫情之前宏观经济政策主要着力点是应对经济下行压力，加大逆周期的调控力度。疫情发生之后，这一政策方向没有改变，只是下行压力变得更大了，意味着逆周期的调控力度会进一步强化，而且这种政策的范围会更加广。

一、行业分化更加严重

行业分化体现在哪些方面呢?

首先，银行业的风险分化会比较严重，这取决于不同的客户主体。各个银行客户准入标准不同、管控标准不同，疫情之下的风险暴露程度是不同的。

疫情短期内确实会造成一定的信用风险上升，但是不同群体的信用风险上升压力不一样。这就取决于银行原来的风控，如果相对比较稳健，信用风险上升的压力就会小一些。在这种情况下，未来一段时间不同银行在同一个业务上面的不良率表现差异会很明显。

未来一段时间个人信贷业务的压力可能比较大。这是因为过去几年，由于实体经济结构调整，银行企业端的资金需求不是特别旺盛，企业端风险相对比较大。过去一段时间零售金融基本上是银行业的重点，差不多1/3甚至一半的新增信贷资源流向了个人部门。对银行来说，这样的好处在于短期内形成了快速规模扩张的空间，而且个人信贷在过去一段时间的风险表现确实也是不错的，尤其是以房地产为抵质押品的个人信贷。但是个人信贷和企业信贷不一样，发展过程中，个人信贷还没有遭受过真正意义上的经济周期考验，而企业已经经历过好几轮了。2011 年之后，企业部门信贷就一直在调整当中，但是个人部门的信贷，无论风险还是规模，都没有发生过调整，一直在上升区间，而且风险表现一直非常平稳。

这次疫情可能对个人部门的信贷是一个考验。随着实体经济下行压力加大，个人债务负担在过去一段时间快速增长，本身就面临一定风险上升的可能性，疫情的冲击会让可能性更大。而不同银行当年扩展客户的标准不一样，有的银行可能行动得早，把所有好客户都拉走了；有的银行行动得晚，为了扩张业务可能不得不放低门槛。如此，个人信贷内含的风险有可能在疫情冲击后有显性的分化。

举例来说，在小微企业选择，在其他类型企业选择、行业选择方面，都会出现分化，因为不同的行业、不同的主体，在疫情下面受到的冲击大小是不同的。至于未来一段时间，银行的风险分化会进一步显著。有的银行可能会进一步双降，有的银行可能会面临着不良率上升的压力，强和弱会分化得很明显。

其次，盈利能力的分化也会进一步强化。盈利能力和风险有一定关系，风险管控得好，成本自然就低。2019 年有几家银行风险管控得好，加上盈利能力强，拨备率已经超过了财政部要求的标准。但是很多银行可能没办法达到这样的水平，说明风险本身决定着银行的盈利能力差异。不同银行平台不同，业务能力不同，它的盈利来源空间差异也越来越大。招商银行前段时间发布年报，如此环境之下依然保持了 15%的增速。另外一些银行可能压力会比较大。

长远的发展能力也会出现分化。现在看到的风险和盈利能力反映的都是过去的能力，如果看未来的能力，差异就更大了。疫情期间，人们会发现线上交易比线下方便得多。为了更好地服务支持实体经济，监管部门也开始逐步允许银行在线上操作一些以前必须在线下完成的环节，包括电子印章。所有这些都在启动着新一轮银行加快数字化的发展趋势和方向。

这意味着现有银行数字化的能力、金融科技的能力，决定着未来的发展空间。如果跟不上这个时代的话，这个银行未来的市场空间会越来越小。

这一趋势非常明显。目前银行内部差异非常大。做得好的银行敢自称金融科技公司，落后的银行恐怕连基本的线上服务功能都不见得齐全，更不要说它能够跟上时代。整个行业的分化，在疫情之后会越发明显，这意味着好的银行会更好。从市场选择的角度来讲，真正好的银行，会获得更大的市场空间和更大的机会。所以，疫情会进一步加快分化的进程，加剧分化现象。

二、资产负债管理变化巨大

很长一段时间里银行都是以存款为主的，将资金端视为非常重要的立行基本。2015年、2016年之后有一段时间各家银行都开始开展同业业务，因为那个时候成本低，整个市场利率也比较低，银行基本上不拉存款，只专心做资产端的业务。2017年金融工作会议之后，开始强监管、去杠杆，中央银行有意收紧资金链。市场利率拉高之后，很多银行原有的同业资金资源匹配资产的模式，突然受到了巨大打击。因为流动性紧张，短期资金成本有可能超过了资产收益。这个时候怎么办呢？要不要以更高的利率在同业市场上继续发同业存单？因此，2018年有段时间同业存单的利率非常高，甚至已经高过资产端收益，是倒挂的，赔钱了。此时，很多银行觉得存款非常重要，大家又提出了“存款立行”的观念。

后来我们发现，这实际上是不对的。存款当然重要，但是“存款立行”的思路恐怕在当下环境中并不完全适合。原因非常简单，我们会发现全球的资金链相对宽松，欧洲是负利率，美国现在已经到了零利率，欧洲已经维持负利率很长时间了，日本甚至维持了负利率更长时间。中国未来的利率趋势也是一样的，增长中枢收益率在下降，经济增长速度在下降，可以维持的收益率水平实际也在下降。

这意味着整个资金端的来源，相对来讲是比较充裕的，更重要的还是资产。2017年整顿完同业之后，整个金融市场的资金一直相对比较宽裕，尤其现在中央银行以保持流动性合理充裕作为重要政策目标，金融市场资金利率流动性应该是相对平稳、充裕的，而且它的利率水平在一段时间内可能也将维持相对比较低的水平。

在这种情况下，如果再靠“存款立行”，一是存款增长速度恐怕有限，从实践当中去看也是如此；二是不划算，因为存款成本相对比较高，要设立网点，要去拉存款，还需要支付各种隐性直接成本，以及使用很多的高薪揽储手段。

除此之外，到底需不需要这些钱也很重要。银行把存款拉进来之后，在资产端能否找得到合适的，能够提供好回报而又风险可控的一些主体呢？这实际上是比较难的。过去一段时间，很多银行存款增长还不错，非常苦恼的是资产端贷款需求不足，企业端有限，个人端也是空间有限。

如此，资产端投向就变成一个非常核心的制约因素。长远来看，在资产负债管理上面，随着利率市场化的推进，银行的资产负债管理策略会更加灵活。但是从核心资源来讲，资产端还是最大的制约，谁能拿到资产，谁就强。这对银行而言是比较痛苦的。现在很多银行建设开放银行，就是因为传统的资产、企业不好找了，要找到新的客户来源，那就只能结合一些新场景。

放眼看去，很多互联网商业兴起的场景是银行业以前没有涉猎过的。银行把服务结合到这些场景当中去，就可以成为一个新的资产来源，包括和其他互联网巨头的合作等，实际上都是在通过转换、探索一些新的模式，提高获取资产、获取客户的能力。那么多新提出的概念，核心就是要实现这个能力。如果实现不了资产端能力的提升，所有的创新都是没有意义的，因为只有资产端才能带来收益。负债端是纯粹的成本，不管是拉存款，还是发债券，都是要付利息的。付利息就有赖于资产端靠什么去获得收益，这才是真正重要的。未来这方面就考验着银行的核心能力，意味着银行的客户结构和去拓展新客户的能力决定着银行的好坏，以及最核心的差异。

三、风险管理

未来一段时间信用风险压力是客观存在的，受疫情影响，不同地区差异很大，不同主体差异也很大。目前还很难知道信用风险压力客观的量到底是多少，只能去观察，保持必要的关注。

未来，银行自身的风险抵御能力仍较强。因为资本准备是充足的，还有大量的拨备。从理论上来讲，监管要求是拨备覆盖率不能低于150%，如果不良估计是准确的，拨备覆盖率100%就足够，超过的部分是超额拨备。未来一段时间，如果实际不良压力比较大，可以考虑通过逆周期的政策调控，适度降低拨备覆盖率的要求。

目前银行的拨备覆盖率普遍在150%以上，可以适度调低监管对拨备覆盖率的要求，使它可以释放出一部分拨备，来应对可能的风险损失。极端条件下，还可以考虑调整资本充足率。从某种意义上来说，应对信用风险，潜在的政策空间还是非常大的。

四、银行业的机遇

在第二季度之后，随着实体经济逐步恢复，刺激需求端的政策会逐步出台，这时候会给银行业带来新的机遇。

第一，小微企业和消费值得关注。消费确实是受疫情期间冲击比较大的领域，但是反过来讲，消费又是需求端中最有保障的。一旦疫情过去，消费需求恢复是最快的，它比制造业尤其是外需的制造业恢复起来可能更快。尤其服务行业资产很轻，要恢复生产也比较容易。

在疫情期间，对服务业小微企业的冲击可能比较大。但是在疫情之后，“野火烧不尽，春风吹又生”，只要需求还在，它很快会填补这个空缺。后疫情时代消费的恢复还有很大的空间，它会构成我们新的投放需要。

第二，2020 年后续恐怕除了保民生就业的财政支出以外，基建等领域都会成为发展的重点。因为它有资金需求，就会给银行或者整个金融提供一些机会。这可能是一个重要的可以探索的方向。

第三，区域发展中的机会。疫情之前，我国已经做了宏大的区域发展经济格局战略规划，有几大经济带，未来都是我们经济发展的重心。疫情过后，这种经济发展的重心将进一步发展，包括海南等很多概念，之前已经提出来一些重大战略性方向，今后会有逐步落地的过程。这些区域形成的重要机会，也是需要去探讨的。

第四，数字银行或者说数字化银行。无论是数字化，还是开放银行，抑或是无接触贷款，都是从不同的角度在讨论同一件事情。疫情可能进一步加剧人们线上交易的行为趋势。以前很多人觉得金融不见面不放心，一定要到网点去，现在发现不去也能办，而且慢慢也被教会了一些功能，发现线上实际比线下功能更强大。在家用手机，7×24 小时，风雨无阻，没有任何间隔，只要有网络就能够得到想要的服务。一旦人们形成这种习惯，它就会进一步强化我们银行数字化的趋势。

2019 年底整个中国的银行包括农村商业银行这类机构在内，离柜率都已经接近 90%，即线上完成的业务达到 90%，上市银行可能在 99%甚至 99.5%以上。主流的渠道已经开始转向网上，意味着银行未来外在形态以及内在组织架构都会发生非常大的变化。未来银行网点数量可能会大幅减少，服务的内容和方式也会发生变化，更多的业务可能会在线上完成。线上的入口可能在银行自己的 APP 上，也有可能在其他的平台上，比如说支付宝、微信上等。银行的形态开始变成线上化的、虚拟化的，嵌入到互联网经济当中，是在数字经济中的一种数字金融服务方式。

银行的钢筋水泥形态发生了变化。原来银行最重的资产在网点，人最多、成本最高，同时也是它以前最大的优势，因为网点才是吸收客户最主要的来源和渠道。未来如果越来越多的业务转到线上，线下的价值会越来越低，很多网点可能难以支撑，收支不平衡，就可能逐步减少这些网点。

对于银行来讲，痛苦的一点是原来最大的优势，现在慢慢开始变成一个包袱。但是也有好的一面。既然它是原来最大的成本，意味着在这样的调整过程中，只要业务量不减少，银行效率可以进一步提高，因为成本进一步下降了，给客户提供的服务成本收费也可以更低。所以，一方面实体经济融资成本进一步下行，另一方面银行利润水平反而有可能还会继续上升。这就取决于银行在转换过程中效率提升的幅度，去寻找相对有利的发展空间，这就是数字化的机会。

从长远来看，数字化的能力决定着银行的核心竞争能力。不管从服务客户、拓展客户的角度来讲，还是从成本节约的角度、效率的角度来讲，这都是更加理想、更加适合长远发展趋势的。要分析银行的好坏，要从长远来看一个银行的投资价值，其数字化程度的高低，是最核心的因素。两家银行短期收益率可能差不多，但是数字化能力高低决定了它们未来发展空间的不同。

数字化对于银行既是一个挑战，也是一个趋势，更是一个机遇。而这次的疫情会极大地推进这一点，对银行网点的冲击、对原有形态的冲击，也会形成长远的影响。

第十七讲

叶茂：金融大数据与机器学习

主讲人：叶茂

叶茂，现任美国伊利诺伊大学香槟分校商学院金融系副教授。研究领域为市场微观结构和金融大数据，在专业顶级期刊 *Journal of Finance*、*Journal of Financial Economics* 和 *Review of Financial Studies* 等发表了数篇有影响力的论文。他的研究被美国参议院证词誉为“开创性的科研”并深刻影响了美国的金融政策。曾受邀在美国国家经济研究局（NBER）年会发表题为《金融大数据》的主旨演讲，是第一位获此殊荣的中国籍学者。

内容摘要

- 金融大数据的定义
- 大数据量
- 高维度
- 复杂结构
- 大数据催生新的经济理论

精彩提示

叶茂教授首先从三个维度对大数据进行定义：①大数据量；②高维度；③复杂结构。大数据不只是实证现象的集合，它还可以促进新经济理论的产生。大数据的研究策略如下：首先对大数据进行分析，然后构建新的理论，新的理论帮助我们对未被挖掘和研究的领域进行分析，再进一步产生新的实证预测、政策启示，甚至激发我们发现新的实证研究工具。

一、金融大数据的定义

怎样在经济学和金融学上定义大数据？有以下三个维度：

（1）大数据量。大数据具有大的数据量，这是大数据最基本的特征。

（2）高维度。数据量大并不能完全代表大数据的所有特征，从第二个层面对大数据进行定义，那就是高维度。大数据的高维度意味着相对于样本规模而言，数据中有非常多的变量，有时变量的数量甚至会大于观测值的数量。

(3) 复杂结构。以前大部分数据都是面板数据（行列形式的数据），而现在有很多数据是非结构化数据，比如卫星传感图像、社交媒体记录、信用卡交易数据等。

二、大数据量

定义大数据很难，但是定义小数据是比较容易的。为什么会存在小数据集？原因主要有两个，有些数据集小是因为其样本总体规模小；但有些数据集小是因为我们对数据进行了筛选，在这个过程中缩小了数据规模。例如，有时我们选择减少数据包含的样本，有时我们从很多变量中只选择一部分变量，有时我们仅从宏观整体层面对微观经济活动进行描述，有时我们只观察某一个时间段内的经济活动。这些过程都减少了数据的样本规模，目的是生成便于管理的数据。

大数据和小数据最大的差距不在于量大，而在于抽取样本的过程中是否产生了选择性偏差。

例如，纽约证券交易所的证券交易报价数据是一个小数据集，它包含了所有证券买卖中上报至监管机构的交易及报价信息（交易层面的数据），文件大小是每天 25GB。它是小数据集的原因是如果提交订单后又取消，交易没有被执行，这些信息包含在订单层面的数据集，因此订单层面比交易层面包含的数据更大更全。图 1 是一个来自纳斯达克股票交易所的订单层面的数据。

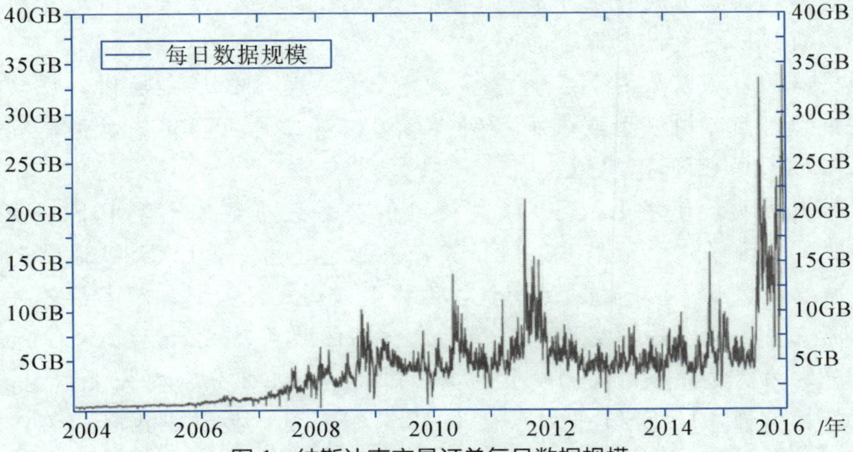

图 1　纳斯达克交易订单每日数据规模

在纽约证券交易所的证券交易报价数据中是否存在选择性偏差？通过这个研究有两个层面的思考。第一是技术层面。超级计算机可以帮助我们克服数据规模大的难题。第二是经济学层面。首先是关于现阶段的法规政策的问题，机器学习和大数据的到来已经将机器交易者带入了交易市场，我们是否应该根据机器交易者的交易行为来更新和修改一些过去为人类交易者设计的交易规则？其次是关于学术研究的问题，在其他“小的”数据集中也可能存在选择性偏差。

三、高维度

高维度，即数据里变量个数大于样本量的情况。

例如，在股票市场中，当研究以分钟为频率的交易数据时，就遇到了高维度的挑战。其他股票的前期收益率可以用来预测某只股票的下一期收益率。在我所进行的研究中，股票样本集是纽约证券交易所上市的约 2 000 只股票，每一分钟得到一个观察值。如果用最小二乘法（OLS）进行回归分析，有 2 000 个解释变量（约六个交易日的观测数据），因此不能做出有效预测，但可以用机器学习技术来解决这个问题。

机器学习和统计的不同在于，传统统计方法的第一步是通过经济学推理来选择解释变量 X；第二步用统计方法估计 X 是不是一个好的解释变量。而机器学习是将统计同时运用在 X 的选择和估计过程中，所以通过机器学习可以使用大量的 X，并且可以运用更为灵活的函数形式。

机器学习有两个基本特征：第一是交叉验证，目的在于最大化样本外预测能力，而较少关注因果推理；第二是运用正则化方法，即对复杂模型施加惩罚项以避免过度拟合的问题。

机器学习可以从两个层面进行分类：第一是函数形式层面，可以分为线性模型、回归树模型或者神经网络模型；第二是正则化的类型，可以分为 LASSO、岭回归等模型。

研究表明，使用 LASSO 模型得到的交易策略结果比使用 S&P500 更好。我们发现了 4 个结果可以解释其经济意义。第一，LASSO 通常会忽略收益率小于 2.5%每月的预测变量，而许多以周或月为交易频率的效果很好的预测变量不能在短期交易频率产生这样高的收益；第二，LASSO 所选择的以分钟为交易频率的预测变量中有 95%会在 14.2 分钟内失去预测能力；第三是稀少性，LASSO 平均只会用 12.7 个变量作为预测因子；第四，大数据可以在新闻发布前发现相关的信息。

在交易这个研究领域，有三个相关问题值得讨论。第一，是否可以将LASSO这个机器学习技术应用在其他交易频率范围的研究？第二，是否可以应用其他正则化形式的机器学习技术？第三，是否可以应用其他函数形式的机器学习技术？

高维数据研究的挑战：一是技术层面，利用机器学习技术来处理高维数据；二是经济学层面，与解决大数据问题相比，寻找经济学解释是更难的挑战。

四、复杂结构

按照数据源的不同，将复杂结构数据分为三种类型：第一类是个人生成的数据，比如社交媒体、产品使用评论、网页搜索记录等；第二类是商业贸易和政府文件产生的数据，比如超市扫描仪记录、美国证券交易委员会文件等；第三类是传感器生成的数据，比如卫星传感器、气象或污染传感器等。

当处理复杂结构数据时，有两个挑战。第一个挑战是技术层面，如何从非结构化数据中提取信息。有两种方法，一是找个数据提供商，二是寻求跨学科的合作。第二个挑战是经济学研究层面，是否可以为经济活动提供独特的描述变量，是否能够帮助检验经济学理论。比如用推特粉丝人数作为代理变量，构建一个信息扩散速度的模型。在通过社交媒体预测市场情绪从而进行交易的研究中，我们提出两个问题：一是机器是否反向地与人们的行为偏差进行交易？二是机器交易的发展是否让市场变得更加有效了？

五、大数据催生新的经济理论

大数据不只是实证现象的集合，它还可以促进新经济理论的产生。

例如，高频交易者的交易速度非常快，交易频率甚至可以达到百万分之一秒乃至十亿分之一秒。导致交易者在交易速度上的竞争有两个原因，第一个原因是交易价格的非连续性，第二是监管规则。

提出假设：高频交易者会为低价格的股票提供更多的流动性，因为1分钱的报价最小变动单位对于低价格的股票影响更大。我们通过交易型开放式指数基金（ETF）的一些特点来识别因果关系。需要分析的数据总共大约有十万亿字节，因此面临大数据问题。研究发现，在非高频交易者比高频交易者具有价格优势的情况下，非高频交易者报价能够给出一个更优的价格。

作为经济学家，需要用理论对上述结果进行解释，我们提出了一个模型。以前的研究认为市场上只有两种交易者：一类是计算机交易者，一类是人类交易者。但我认为还存在第三类交易者：半人半计算机交易者，我们将这种交易者称为 BATs（Buy－side Algorithmic Traders，买方算法交易者），指人来做投资决策，机器算法执行决策，交易速度要比人类交易者快，但又比高频交易者慢。

机器和机器相互作用为研究经济学理论提供了新的机遇。如果能发现机器行为背后的经济学机理，就可以进行很好的预测，因为机器不会受到情绪等未被编码的因素的影响。

研究结果也产生了政策上的启示。例如将最小报价变动单位从 1 分钱提高到 5 分钱，我们预测高频交易者的数量会增加。

上述研究对未来学术研究的方向有很大的启发。在金融生态系统的一端，是交易频率小于 4 个月的短期交易者，另一端是交易频率在百万分之一秒到十亿分之一秒的高频交易者。对于这两者中间的交易者的研究目前相对缺乏，例如，一是半人半机器交易者，以毫秒或秒为频率进行交易；二是使用机器学习技术的交易员，交易频率从几分钟到几个月不等。

总结大数据的研究策略如下：首先对大数据进行分析，然后构建新的理论。新的理论帮助我们对未被挖掘和研究的领域进行分析，再进一步产生新的实证预测、政策启示，甚至启发我们发现新的实证研究工具。

六、总结与展望

总而言之，大数据在给我们带来挑战的同时，同时也提供了开发新技术和解决问题的前所未有的机遇。

对技术层面的总结：超级计算机可以帮助我们克服大数据量带来的挑战；机器学习技术可以解决高维度的问题；在解决大数据复杂结构的问题上，有时我们可以通过数据供应商获得（从复杂结构转化为行列结构的）独特的数据，有时可以尝试与其他学科专家合作（比如当数据供应者不能提供我们需要的信息时）。

而相对于解决技术难题更重要的是，大数据为我们发现和解决新问题敞开了一扇新的大门。使用超级计算机对大数据进行分析后，我们可以发现新的实证规律；我们也可能改变前人基于小数据样本得出的结论；大数据还启发我们为新的数据寻找经济学解释；大数据创造出的独特变量既可以被用于检验已有的理论，也可以帮助我们创造新的理论。

最后，我们知道，行为金融学是建立在心理学基础上的学科，其很多理论来源于心理学。那么，基于现阶段大约85%的交易量来源于机器这一现实，大数据和机器学习很可能将成为下一个时代金融学理论的基础，我把它称为算法行为金融学。

➜延伸阅读

我们节选了摩根大通量化投资和金融衍生品战略团队的 Marko Kolanovic 和 Rajesh T. Krishnamachari 发布的一份金融服务领域机器学习和大数据报告——《大数据和 AI 战略》中的一部分，希望能帮助读者更加清晰地理解大数据与机器学习在金融领域的应用。

延伸阅读：大数据和 AI 战略

一、另类数据的可用以及分析这些数据的新定量技术——机器学习，正在成为竞争优势的新来源

大数据和机器学习革命：目前，联网设备以电子方式获得了大多数的记录和观察数据。这原则上允许投资者实时访问广泛的市场相关数据。例如，可用于评估通货膨胀数百万项目的在线价格，可以实时估计销售量的商店访问和交易的客户数量，可以评估石油钻井平台或农业活动产量的卫星图像。历史上，类似的数据只能以低频率（例如每月 CPI、每周钻机数量、美国农业部作物报告、零售报告和季度收入等）提供。鉴于可用的数据量有限，有经验的量化投资者在理论上可以接近获得实时的某公司特定的数据，而这些数据不能从传统的数据源获得。在实践中，有用的数据不容易获得，大多需要购买，需要组织和分析另类数据集以提取可交易信号。大型或非结构化数据集的分析通常使用机器学习来完成。在设计定量策略方面，要想成功应用机器学习技术，需要一定的理论知识和很多实践经验。

在苦苦追寻 Alpha（非金融领域的读者，可以简单地将 Alpha 理解为超额回报）的过程中，基金经理越来越多地采用量化策略。另类数据的可用以及分析这些数据的新定量技术——机器学习，正在成为竞争优势的新来源。这种“数据的工业革命”旨在通过信息优势和发现新的不相关信号的能力来提供 Alpha。大数据信息优势来自手机、卫星、社交媒体等新技术创造的数据。大数据的信息优势与专家、行业网络甚至企业管理能力并不直

接相关，更多地体现的是收集大量数据并实时分析数据的能力。在这方面，大数据有能力深刻改变投资环境，进一步将投资行业趋势从自由决定性转变为量化投资风格。

有三个趋势使大数据革命成为可能：

（1）可用数据量的指数级增加；

（2）提高计算能力和数据存储容量的成本降低；

（3）分析复杂数据集的机器学习方法取得了进展。

有许多经常被使用的概念可以被用于描述大数据。这里我们给出最简明的用来描述大数据的维度。

大数据有三个重要的特征维度：

（1）体量：通过记录、公报、图表、文件等收集并存储的数据的规模，大数据的“大”的下限正在持续升高。

（2）速度：数据的发送和接收速度经常被视为大数据的显著特征。大数据能够批量传送；大数据的获取是实时的，或是接近实时的。

（3）多样性：大数据经常具有多样性的形式——结构化的（如 SQL 表格或 CSV 文件）、半结构化的（如 JSON 或 HTML）、非结构化的（如博客或视频信息）。

二、另类数据集的分类

在投资管理中，大数据革命的核心在于能够提供具有信息优势的数据资源。另类数据带来的优势可能是在于发现传统的信息源中没有包含的新信息，或者发现的是相同的信息，但是速度更快、时间更早。例如，矿井或者土地的卫星图片能够在媒体或者官方报告前，揭示供应短缺。

我们旨在提供大数据的框架或分类。首先，我们根据数据的生成方式对数据进行分类。然后，我们考虑的是数据集的属性，也就是与投资专业直接相关的，例如将数据集映射到资产类别或投资风格、alpha 内容、数据质量、技术规格等。

我们首先在高水平上对数据来源进行分类，指出它们到底是由个人（如社交媒体帖子）生成的，还是通过业务流程（如电子商务或信用卡交易数据）生成的，或者是由传感器（比如卫星图片、雷达等）生成的。

这种方法扩展了 Kitchin（2015 年）和联合国报告（2015 年）早期在非财务文本中的尝试。虽然这种分类法在某种程度上只是理论上的，但是，在分析这三个类型的数据时，确实存在共同特征、分析方法和共同的挑战。

例如，个人生成的数据通常是非结构化的文本格式，需要使用自然语言进行处理。传感器生成的数据往往是非结构化的，并且可能需要分析技术，例如计数对象，或消除天气/云对卫星图像的影响。许多商业上生成的数据集，如信用卡交易和公司的“废弃”数据都面临着共同的法律和隐私问题。

在根据数据来源对数据进行分类之后，我们还要提供另一个投资人士可能更为感兴趣的分类方法。一个零售版块的投资组合经理可能更关心的是特定的销售数据，而无所谓它们是卫星生成的还是消费者自愿填写的。高频交易者关心每天产生的数据，比如推特、最新发布等，但不太关心有明显延迟的信息，比如信用卡数据。

三、机器学习技术的分类：怎样才算是人工智能

大型和较少结构化的数据集通常不能用简单的电子表格工作和散点图进行分析，我们需要新的方法来解决新数据集的复杂性和规模。例如，使用金融分析师的标准工具不可能对非结构化数据（如图像、社交媒体和新闻稿）进行自动分析。在大型传统数据集上，使用简单的线性回归往往会导致过度拟合或不一致的结果。机器学习方法可被用于分析大数据，以及更有效地分析传统数据集。

毫无疑问，机器学习技术在被应用于图像识别、模式识别、自然语言处理以及自动驾驶汽车等复杂任务时，产生了一些惊人的成果。那么，机器学习在金融中的应用是什么，这些方法相互之间有何不同？

首先需要强调，任务的自动化并不是机器学习。我们可以指示计算机根据固定的规则执行某些操作。例如，如果资产价格下降了一定量（止损），我们可以指示电脑出售资产。即使给机器（也称为“符号人工智能”）大量复杂的规则，也并不意味着就是机器学习，这只能说是任务的自动化。使用这个“符号人工智能”，机器在遇到与此前预编程的规则不匹配的情况时，只会选择自我“冻结”。

在机器学习中，给予计算机一个输入（一组变量和数据集），输出则是输入变量的结果。然后该机器会发现或“学习”在输入和输出之间起到链接作用的规则。

最终，这个学习任务的成功会被进行“样本外测试”，也就是，在未知的情景下，测试它所获得的这种连接变量和可能的预测结果之间的关系的能力。

机器学习可以是有监督的或无监督的。在有监督学习中，我们试图找

到一个规则，一个可以用来预测变量的“方程式”。例如，我们可能想要寻找一种能够预测未来市场表现的能力（趋势跟踪）信号。这可以通过运行先进的回归模型来评估哪一个具有较高的预测能力，并且对于 regime 变化最为稳定。

在无监督学习中，我们发现了数据的结构。例如，我们可能获得了市场回报，现在尝试确定回报的主要驱动力。例如，一个成功的模式可能会揭示，在某个时间点，市场受动量因素、能源价格、美元水平以及与流动性有关的新因素的驱动。深度学习是一种机器学习方法，可以在多个层级上学习数据（因此才有“深度”）。我们经常说的自动化的目标是执行易于定义但执行起来乏味的任务，而深度学习 AI 系统的目标是执行难以定义但易于执行的任务。深度学习本质上与人们学习的方式更相似，因此是人类人为重建人类智慧的真正尝试。

深度学习被用于非结构化大数据集的预处理（例如，它被用于计算卫星图像中的汽车、识别新闻稿中的情绪等）。在假设的财务时间序列示例中，深度学习预测（或估计）了市场修正的概率。我们可以将大量的数据集输入深度学习模型中。该模型可能会首先确定一些对市场产生负面影响的简单特征，例如动量崩溃、波动性增加、流动性下降等。这些因素单独提出来时可能不会导致市场纠正（market correction）。此外，算法可以识别这些简单特征之间的模式和它们之间的非线性关系。通过这些模型，它可以构建更复杂的特征，如 EM 驱动灾难（EM driven crises）、财务压力，这些最终可能导致更为显著的市场纠正甚至衰退。

四、在另类数据中实施机器学习的主要步骤

鉴于风险和不确定的回报，许多投资者都在思考何时应该采用更具量化性的、数据驱动型的投资方法。在此我们简要概述实施过程中的主要步骤（例如有多少需要外包、内部构建大数据/机器学习所需的人才、典型的技术设置等）。

首先需要识别和获取数据。数据采集团队可以直接通过数据所有者/供应商或聚合第三方数据的专业公司（并与供应商和最终用户相匹配）来获取新数据源的使用权。一旦许可协议到位，数据需要存储和预处理。大数据很少呈现出干净的形式，一般都无法直接提供给机器学习算法使用。这时需要专门的团队预处理数据（例如检测异常值、缺失值等）。数据科学团队由量化研究人员组成，借助机器学习、反向测试策略和可视化技术分析

数据，根据数据推导出可交易信号或见解。最后，信号由投资组合经理实施，或者在某些情况下以自动化方式执行（这将涉及系统的另一层和将信号链接到执行系统的软件专家）。

我们认为，大数据与机器学习革命将深刻改变投资环境。随着越来越多的投资者采用大数据，市场的反应将更快，并将越来越多地期待传统或“旧”数据源。这将为量化经理和愿意采用、了解新数据集及其分析方法的人们提供优势。那些不学习、拒绝进化的人将面临过时的风险。不管这些变化的时间表如何，我们认为，分析师、投资组合经理、交易者和首席信息官最终将不得不熟悉大数据和机器学习的发展与相关的交易策略。

第十八讲

孙中东：开放银行实战
——未来银行模式

➔主讲人：孙中东

孙中东，波士顿咨询集团（Boston Consulting Group）资深顾问。曾任中国银行总行副总工程师、中国银行总行网络金融部副总经理。

➔内容摘要

■ 开放银行综述
■ 国内外开放银行现状
■ 开放银行的核心
■ 开放银行面临的挑战
■ 开放银行的未来

➔精彩提示

孙中东先生根据自己多年的从业经验给开放银行做了定义，他认为开放银行模式可以帮助银行实现更完善的客户触达并且极大地增强银行的自营能力。银行必须接受开放银行这种模式才能继续生存下去，因此银行要在未来培养三大能力：金融服务的基本能力、互联网场景服务延伸能力和互联网生态支撑能力。

一、开放银行综述

随着近年来互联网经济和金融科技产业的迅猛发展，银行业受到了较大冲击，传统银行业在受到冲击的同时也在积极适应互联网带来的变革，开放银行的思路应运而生。有研究表明：65%的银行认为开放银行是银行未来发展的重大机遇，实际上有99%的银行在2020年前都对开放银行项目有投资计划。那么如何定义开放银行呢？从本质上来说，银行通过开放

API/SDK，将金融产品和金融服务嵌入合作的第三方平台内，在客户使用第三方平台的服务时，无缝地为其提供配套的金融服务就是开放银行的模式。这里对“开放”需要额外解释一下。这里的“开放”并不是意味着银行要将自己的数据开放，事实上开放银行不会改变银行的本质。这里的“开放”指的是银行通过API接口将自己的金融服务直接推广到其他平台中。

知识拓展

API是一种编程技术，它使得程序开发者无须了解程序源代码就可以调用其他程序的一些功能。SDK全称是“软件开发工具包”，里面包含了开发框架、特定的软件包等组件。

开放银行的目的主要是解决银行的触达问题。传统银行的业务非常依赖于网点，绝大部分的业务需要顾客亲自去网点办理。然而在互联网金融的时代，大部分互联网金融产品如微信支付、花呗等可以完全在线上完成。这一个差距就造成了传统银行很难有效触达目标客户。除此之外，传统银行在触达之后的监控也非常困难，在此可以用一个具体的例子来说明：比如银行以非标的方式投资了一个旅游平台，之后这个旅游平台拿这笔钱做什么？会不会使用这笔资金再加杠杆？对这些问题银行都难以进行有效监控。开放平台可以有效地解决上面的问题。开放平台可以利用自身的API接口直接植入旅游平台中，银行的资金直接触达需要资金的客户，这样就实现了开放平台直接为实体经济提供服务的效果。

了解到开放银行的必要性后，一个关键的问题是：开放平台的搭建应该怎样进行呢？一般认为，开放银行的“开放”大致可以分为三个阶段：第一阶段是根据业务需求开发对应的API；第二阶段是形成API市场和成套的API运行维护体系；第三阶段是根据需要将一系列的API进行封装、打包，形成一套成熟的开放平台SDK。根据不同的业务需求可以衍生出各种各样的开放平台SDK，比如只封装了基本业务API的标准型SDK，有复杂场景切入能力的复合型SDK，也有将API高度抽象再封装的颠覆创新型SDK。

二、国内外开放银行的现状

虽然开放银行这个概念近几年才出现，但是开放银行在全球范围的发展异常迅速。具体来说，美国的花旗银行在2016年成立了Citi开发者中心来开发8个业务条线所需要的API。目前API的开发已经包括了账户管理、点对点支付、机构汇款等业务。在英国财政部牵头下，欧洲在2015年8月成立了OBWG，之后又发布了《开放银行标准框架》。这个框架协议包括了对数据API使用、治理模式的详细规定。法国农业信贷银行也早在2011年就提供了开放平台SDK，是全球最早提供开放SDK的银行之一。在同一时期，西班牙对外银行在2018年开放了八大核心业务的API来为之后的开放平台开发做准备。在东南亚的新加坡也紧随其后，在2018年推出了Playbook，提出了数据标准、安全标准和API标准。星辰银行也在其指导下开放了155个跨越20个业务条线的API。

国内的开放平台的发展速度略微领先于世界。中国银行在2013年就推出了中银开放平台，微众银行在2016年也推出了自己的开放平台理财SDK，南京银行在2017年推出了“鑫云”开放平台，同一年浙江商业银行也推出了自己的开放平台。2018年是中国开放平台发展出现井喷的一年，有许多从业者将2018年称为“开放银行元年”。这一年，兴业数金、浦发银行、工商银行、建设银行相继推出了自己的开放API或者开放平台。

国内开放平台现在比较成熟的业务主要是助贷。国内银行的开放平台现阶段自营能力有待提升，最好在未来可以实现自营触达客户、认识客户、留住客户这一系列过程。自营能力发展的前提是银行要发展出一套成熟的风控体系。与以往传统的风控业务不同，开放平台需要的是一套基于大数据的前置风控系统。以上就是国内外开放银行发展的主要状况。

三、开放银行的核心能力

银行的本质是信用中介、支付中介、信息中介，和互联网并没有太深的联系，所以开放平台改变的只是银行的运营模式，银行的属性并不会发生变化。但是，随着数字化技术在银行业的广泛应用，互联网的相关技术可以被银行很好地利用，这就催生了现在开放平台的主流架构模式：1＋1＋N模式。第一个“1”是银行的金融服务，第一个“＋”是ESB（企业服务总线），第二个“1”是银行业务的彻底线上化，第二个“＋”是开放平台，最后的N指的是互联网的若干模式（网贷、在线旅游、团购等）。概括来说，就是银行将自己的金融服务和产品线上化后投放到互联网生态圈中，依赖开放平台和互联网产品进行连接。这其中最关键的两个环节就是银行业务的线上化和开放平台的搭建。银行业务彻底线上化的核心是大数据模型要到位，这些层面包括支付、理财、贷款等银行综合牌照能力在不同场景中的应用。然后用开放平台跟互联网产品对接起来，而且现阶段唯一的对接方式就是开放平台，所以越来越多的银行在开放平台的开发上投入了非常多的资源。因为只有在开放平台上有足够多的投入，才能使银行真正可以跟互联网产品这个N连接起来。

银行要想完成上述的架构，必须在未来培养三大类21个能力。这三个类别包括金融基本服务能力、互联网场景延伸能力和互联网生态支撑能力。

银行的21个能力见表1。

表1　银行的21个能力

第一类能力	第二类能力	第三类能力
(1) 统一的客户及账户管理能力 (2) 集中总账的管理能力 (3) 公司及零售客户产品研发及服务能力 (4) 高效交易能力 (5) 多渠道整合能力 (6) 精准的客户关系管理及分析能力 (7) 全面的风险管理能力	(1) 基于自建、合作、植入场景模式提供银行服务和产品的能力 (2) 为产业链条不同客户提供定制化、全方位综合化服务的能力 (3) 迅速响应和满足个人和、小微企业、民生类、个性化需求的能力 (4) 提供非金融、增值的服务吸引客户，避免同质化竞争的能力 (5) 全方位融入社交化网络，了解最新需求、与客户互动的能力 (6) 基于移动技术，创新银行产品、渠道和对客服务模式的能力 (7) 与中小银行、金融同业合作共赢能力 (8) 提供客户统一视图、统一成长体系和服务、一致体验的能力	(1) 互联网模式下对公对私一体化、跨行跨境一体化支付能力 (2) 快速有效地将现有银行系统交易微服务化、组件化的能力 (3) 以开放合作的方式支持内外部机构共同创新业务和产品的能力 (4) 为各领域提供精准营销、大数据风控和反欺诈的能力 (5) 以共享云化的方式，将特色非金融服务推向客户的能力 (6) 有效隔绝互联网安全风险，提供严密的安全防护体系的能力

作为一个金融机构，银行的第一类能力也就是金融基本服务能力是最重要的，其中最重要的就是账户管理的能力。在这一点上我国是走在世界前列的。我国创新性地推出了账户等级制度，规定只有二类、三类账户可以在网上开户，这一点创新也使得我国的开放银行发展水平走在了世界前列。对于第二类能力，最好的途径就是提供开放接口的APP，有了这种APP，银行就可以继续发展APP深度场景融合的能力。现阶段银行开发APP的最大问题是以账户为中心，银行应该从互联网模式中学习以用户为中心开发APP的思路。互联网模式将为银行带来海量的用户数据，利用这些数据，传统银行将拥有构建用户画像，实现精准营销和精准客群管理的能力，而这些能力又可以极大地促进第三类能力的发展。

四、开放银行面临的挑战

开放银行面临的最大的挑战就是风险控制。根据相关报告，网络欺诈造成的损失占我国 GDP 的 0.63%，位居世界第二。开放银行的风险控制体系中最重要的就是反欺诈，这也是开放银行发展的最大威胁：开放银行面临来自公有云、社工库、境外黑客和特种设备的四重威胁。银行需要一套完整的线上反欺诈流程，这个流程应该至少包括黑名单建立、数据对比、反欺诈规则开放、异常检测和挑战问答。实现以上流程需要人脸识别、低延迟应答、双线双录、沙盒测试等技术支持。但是现阶段大部分银行不具备这样的技术开发能力，所以现在的开放银行大多采取与第三方安全公司合作开发反欺诈系统的策略。不管未来开放银行采取何种方式研发风控系统，开放银行要想获得长足发展，就必须建立一套囊括身份识别、反欺诈、运营、授信审批、贷后监控和催收的体系化风控链条。

五、开放银行的未来

开放银行未来会如何发展？开放银行的发展应该包括以下三个阶段：开放、链接、赋能。现在的开放平台还处于连接互联网的阶段，所以开放银行的下一阶段是赋能，这个“赋能”不是科技赋能银行的概念。自我赋能是被赋能，合作赋能是互相赋能，生态赋能是大家在生态圈里面，通过赋能可以激发一些新的动力。具体来说，人工智能、区块链、云计算、大数据、物联网，这些新技术都可以不断地提升银行的“能”。银行在与其他机构合作的同时，银行学习到了经验，使得前面提到的三大能力进一步提升，与此同时，合作方因为银行完善的金融服务而进一步开拓了市场，实现了银行反哺科技的双赢效果。

开放银行最大的“能”的来源就是跨界跨行业合作，有时这种合作方式也被称为跨界赋能。比如在三线城市、四线城市，很多互联网公司在开展以旧车为抵押的车贷业务。因为这些公司长期从事这项业务，所以它们积累了大量的可靠的用户信用记录，而这恰恰是银行所缺少的。如果银行可以直接加入进来，那么就一定可以产生一种双赢的局面。以此类推，跨行业之间有着很多合作的机会。如果这些合作成功实现，那么随着跨行业合作的深入，势必会给整个行业带来新的“能”。当这种能量积累到一定程度，势必会引发整个行业的进一步变革。

➔延伸阅读

为了对开放银行的概念与发展做进一步阐释，我们选取了孙中东先生的文章《开放银行的未来之路》作为延伸阅读资料，以供读者学习研究。本文为《银行数字化转型：路径与策略》一书中波士顿咨询文章缩略版。

延伸阅读：开放银行的未来之路

在过去的几十年中，中国经济飞速增长，同时也给金融供给侧的发展提出了新的挑战。其中，日益突出的矛盾之一是银行提供的金融服务无法有效满足小微企业以及居民日益增长的金融需求，需求与供给之间存在缺口，旺盛的需求与短缺的金融服务之间存在矛盾。为了让优质的金融服务能够更好地触达客户，银行正不断探索全新的展业方式，并以“开放银行”作为桥梁连接场景、连接客户，提升了金融服务与金融需求的匹配效率，对促进数字化时代的金融发展产生了重要影响。

一、开放银行发展的四大核心驱动力

开放银行发展的四大核心驱动力：

(1) 场景驱动。当前，商业活动及个人生活已经高度移动化，银行服务客户的触点正在发生深刻改变。银行经营模式已从线下网点经营逐渐转为线上场景化经营。

(2) 体验驱动。在移动互联时代，客户对金融服务提出了更高的诉求，“随时随地、自由选择、个性化、一流的体验”成为银行获取客户、留住客户的关键。

(3) 数据驱动。在数字化时代，数据是未来世界的血液，只有通过数据才能更好地洞察客户、了解客户。通过开放服务、连接生态，银行能更为广泛地获取场景与客户的标签数据，从而更加全面地了解客户。

(4) 敏捷驱动。搭建开放式、平台化的运营架构，能让银行更为敏捷地响应客户的需求。因为只有开放，通过外部生态伙伴、内部部门协同，构建开放式、平台化的运营架构、组织架构、技术架构，才能实现敏捷化。

二、发展破局：重塑开放银行场景经营能力

纵观近年来国内开放银行的飞速发展，为参与者提供了前所未有的机遇，但在向未来发展时也遇到了新的挑战。

开放银行不仅是银行服务、展业渠道的变化，更是银行经营模式的改变。未来，打造开放银行需要从三个方面着手：重塑端到端客户旅程，打开银行服务边界，重新体系化梳理和重塑银行服务流程与体系；实现核心业务数字化，依托现有数字化能力，打造符合银行未来数字化战略的中台能力；建设敏捷经营团队，解决场景合作过程中银行决策速度慢，以及银行前台、中台、后台速度不匹配的问题。

随着开放银行模式探索的逐渐深入，尤其是在场景驱动的业务模式下，银行服务客户的边界正在发生明显的变化，即从原本的网点/客户经理服务模式逐渐向线上（尤其是移动端）转变，以及从银行体系内向客户场景中转变。

在端到端的客户旅程重塑中，银行以提升客户体验为导向进行数字化旅程再造，如增加在线预授信、在线实时审批等。银行端通过客户旅程重塑来满足场景端服务客户的新需求，通过引入数字技术，结合场景方及第三方数据，提升银行在场景中的客户服务能力，让客户无须脱离场景，即可体验全流程的无缝衔接。

有别于传统的流程优化，端到端的客户旅程重塑是一项系统性工程，涉及客户体验、流程与运营、变革管理、敏捷交付、传统技术和数字化新技术相结合的整体性工程，是对银行场景经营能力的全面提升。

三、特色中台：实现核心业务数字化

在开放银行的建设过程中，内部挑战主要来自跨部门的协同、敏捷组织的保障以及数字化基础的不足。端到端客户旅程的重塑是一套行之有效的变革方法，而银行特色中台能力建设是将客户旅程转化为银行数字化能力，持续推动银行核心业务数字化转型的关键。

为什么建设中台？其本质是为了解决“稳、慢”的后台与“敏、快”的前台之间的矛盾。中台就像是在前台与后台之间添加的“变速轮”，将前台与后台的速率进行匹配，是前台与后台的桥梁（见图1）。

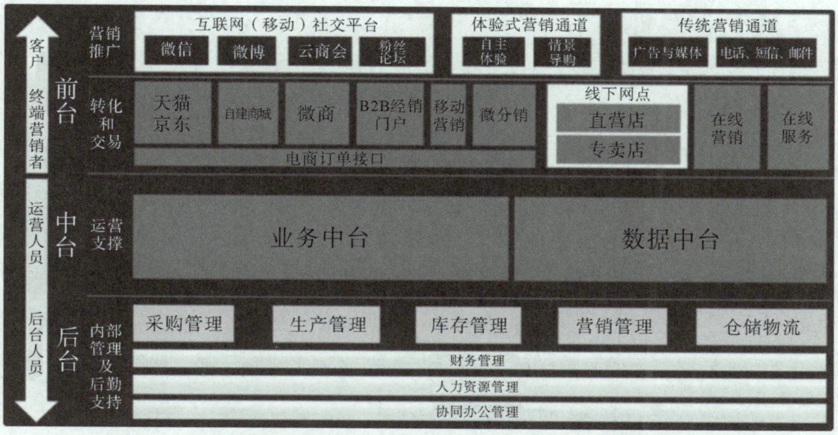

图1　互联网公司前台、中台、后台架构模式

通过打造符合银行发展特色的中台能力，将端到端客户旅程能力注入中台建设之中，同时依托业务中台和数据中台，形成持续的开放银行场景经营能力。

（1）业务中台。业务中台的建设本质上是银行数字化能力建设和整合的过程。业务中台更加强调各业务服务能力之间的协同，可以认为是银行服务内部之间的互相开放。

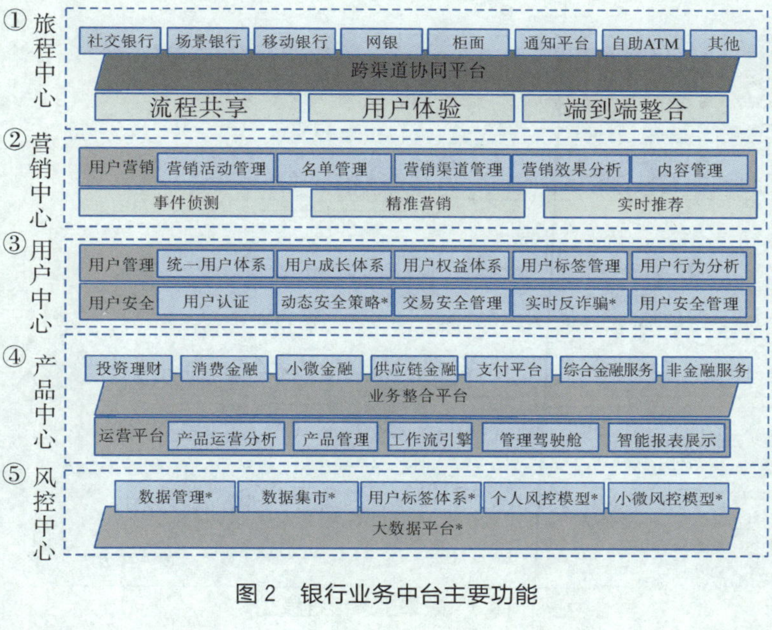

图2　银行业务中台主要功能

银行建设业务中台，应采取“自上而下”的规划与“自下而上”的沉淀相结合的模式（见图2）。①自上而下：以银行核心业务为切入点，梳理全行业务与应用架构，系统化梳理业务重点和所需的IT核心能力，打造可定制、可共享复用的核心产品能力，明确目前的差距与提升路径；②自下而上：从端到端客户旅程梳理入手，重点梳理精准营销获客和交叉销售、全流程风险管理、全流程数字化运营等流程，重塑端到端客户旅程体验。

（2）数据中台。纵观数据应用的发展历史，其实是从业务数据化再到数据业务化的发展过程。无论是营销能力、反欺诈能力还是风控能力，其背后都需要数据能力的支撑。数据中台的建设目标是建立价值图谱、规划新一代数据架构，同时以应用场景沉淀数据服务，即调即用。其步骤如下：首先，将全行内的业务数据进行汇总、整理，以数据模型的形式组织起来，除内部数据外，亦通过引入第三方数据进一步丰富数据维度；其次，发现数据应用场景，建立价值图谱；最后，为应用场景封装所需的数据服务，并以接口的形式提供调用。

四、展望未来：构建综合金融服务生态

当前开放银行在全球范围内的发展可谓是蓬蓬勃勃，方兴未艾，大部分银行已开展或准备开展开放银行业务。但我们也应清楚地认识到，开放银行仍处在发展初期，还有很长的路要走。图3是未来生态银行模式。

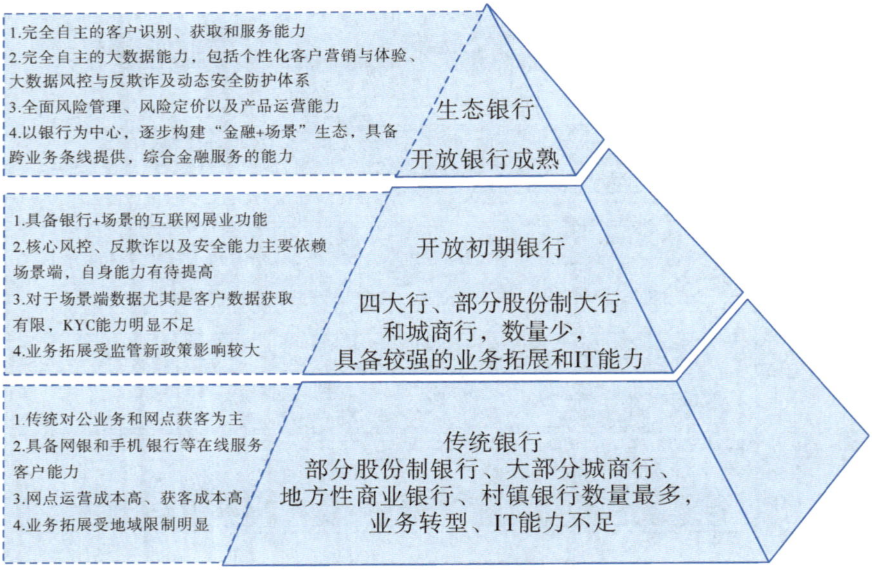

图3　未来生态银行模式

展望未来，我们将会看到更多领先银行基于自身禀赋或战略寻找生态主战场，推动多业务条线合力促成深度经营，构建综合金融服务生态，并由此逐渐形成生态制高点（图 3）。而开放银行的发展脉络也逐渐清晰：其一，重塑端到端的客户旅程，即对客户需求进行深度挖掘，全方位经营客户、最大化客户价值；其二，推动核心业务数字化，即依托银行优势业务，打造“业务中台＋数据中台”，快速提升核心业务数字化能力，提升业务拓展效率；其三，建立深度场景经营能力，即把握优势场景关键业务切入点，实现多业务条线协同经营，实现多业务联动的经营模式。

尽管面临着未知的挑战，开放银行的发展仍将势不可挡——以端到端客户旅程重塑为抓手，推动核心业务数字化，建立深度场景经营能力，这就是开放银行的未来之路。

第十九讲

宋科：金融科技与商业银行转型

主讲人：宋科

宋科，经济学博士、副教授，中国人民大学财政金融学院党委副书记、国际货币研究所副所长、金融科技研究所执行所长、中国银行业研究中心副主任，兼任中国国际金融学会理事、金融科技50人论坛学术委员、中国人民大学国家发展与战略研究院研究员、中国财政金融政策研究中心研究员等。主要从事货币金融理论与政策、金融科技等领域研究。先后在国内外核心期刊上发表学术论文数十篇，著有《黄达传略》《宏观审慎政策研究》等，主持（参与）国家社会科学基金、国家自然科学基金、中国人民银行、科技部等支持的多项省部级以上重大课题。

内容摘要

- 数字普惠金融的逻辑
- 数字普惠金融体系
- 再析数字技术与普惠金融
- 金融科技产品
- 对未来发展的思考

精彩提示

2018年，宋科先生受邀参加“2018永丰论坛”，带来了《金融科技与商业银行转型》主题演讲。宋科首先介绍了中国金融科技发展现状，之后分析了银行转型的必要性并给出了相关建议。

金融科技的飞速发展不仅使商业银行转型成为可能，而且直接充当了银行加速转型的发动机和助推器。一方面，银行积极拥抱金融科技，主动通过内部科技升级实现业务转型；另一方面，通过服务外包与业务合作，寻求与成熟金融科技企业深度合作，进而推动自身转型升级。关于金融科技与银行转型的问题，可以分为三个部分：第一个是中国金融科技发展的现状；第二个是银行转型的必要性；第三个是关于银行进行金融科技转型的建议。

一、中国金融科技发展的现状

根据百度搜索指数以及谷歌搜索指数，从2013年起“金融科技”等关键词的搜索关注度就居高不下，包括相关的区块链、大数据、人工智能以及互联网金融等。

谈到金融科技，首先必须提到的是互联网金融。很多人说中国互联网金融是从2013年开始的，因为这一年蚂蚁金服推出了余额宝。早期互联网金融主要是将金融服务进行线上化、开放化的渠道革命，比较著名的例子是互联网小贷、互联网基金、互联网保险等。其参与者主要是互联网企业和部分较早意识到金融科技重要性的中小金融机构。尽管这没有从根本上改变银行等金融机构，但是让它们认识到了改变的重要性。中国互联网金融是金融科技一个重要的时期，它基于用户规模推动，依托中国庞大的市场。这种平台类的互联网企业，其注册用户大都在五六个亿，量级非常高。

从2016年前后开始，区块链技术、AI等新型技术介入以后，特别是传统的金融机构开始布局金融科技以后，金融科技才真正进入我们的金融活动当中。早期对互联网金融的定义，主要还是利用互联网技术将传统金融在线化的一个方式。

目前对金融科技的定义，大家比较认可的就是金融稳定理事会（FSB）的版本，大概分四类，包括：支付清算、存贷款和资本筹集、资本市场设施以及投资管理。大家可以注意到，实际上这对互联网金融是有包含性的，但更突出、更强调的是科技对于传统银行业务的改造，以及新模式、新产品、新服务的出现。所以说，真正的金融科技就是科技在金融领域的创新型应用，是一个从0到1的过程。相比于传统互联网金融过于依赖渠道，这个革命是更高级的。

金融科技的历史往前回溯，有很多例子。最早就是1023年在中国北宋时期出现的交子，这实际上是我们传统造纸术、印刷术在金融领域的应用。又比如在贵金属时代冶炼技术跟货币的结合，也算是早期的金融科技。后来在13世纪左右开始出现汇票、复式记账法，然后有跟单的汇票。自20世纪50年代大量的信息技术应用兴起后，金融科技的融合加速进行。20世纪50年代比较典型的是信用卡，1967年第一台ATM机出现，那个时候主要使用银行卡，把存折变成银行卡，用ATM机延伸柜台业务。这些都是20

世纪50～60年代的创新。

科技和金融的融合历史，可以简单地划分为三个阶段。第一个阶段是20世纪80年代之前，当时最核心的技术就是电报、电话和计算机。这阶段标志性的事件，就是1967年伦敦巴克莱银行推出第一台ATM机。第二个阶段是刚才讲到的互联网特别是移动互联普及的阶段。这大概是从20世纪80年代到2010年前后。我们现在讲的金融科技实际上已经是3.0版本，即第三个阶段。特别是在中国，实际上是在2015年前后开始出现的，我们把它简单地定义为F＋ABCD：金融创新（Financial Innovation）加上几个核心技术，包括人工智能（AI）、区块链（Blockchain）、云计算（Cloud Computing）和大数据（Big Data），有时候还加一个E，AR、VR就是体验，这是基于新的数字技术所产生对传统金融的一个改造。现在中国的金融科技是处于弯道超车的阶段，在一些具体的领域确实能看得到，特别是第三方支付，在2016年，中国已经是美国的11倍，普及率已经达77%，当中很重要的原因是使用第三方支付的成本是极低的。我在我国台湾地区也看到有些地方已经有使用支付宝。其实支付宝账户之间转账是非常便宜的，包括用二维码去扫码支付，成本是远远低于银联的。这是用户驱动的，更是市场需求所推动的，所以在中国的第三方支付实现了跨越式的发展，跨越了大量信用卡和借记卡、POS机普及的这种时代。现在我们到小店里面完全是拿手机就可以扫码，非常方便和快捷。

为什么中国的金融科技能出现弯道超车的效果，发展这么快？有四个驱动原因：市场、技术、资金、监管。

第一个驱动因素是市场。

中国的市场太庞大了，但是金融服务供给较少。我们经济社会有一个金字塔形状，最上层是大型企业、高净值人群，往下是中小型企业、中产阶级，再往下是微型企业、工薪阶层，最下层是广大农户。但是这些族群应获得的传统金融服务是反金字塔形状的，造成了大量的服务真空，所以金融科技所关注的是一种长尾市场，这是金融科技的发力点。两个具体的数据包括：中国人民银行征信系统在2017年8月收录了9.3亿自然人的数据，但其中有借贷记录的只有4.6亿人，只有约50%。从这里可以看出银行金融科技未来的两个发力点之所在。

其一是银行对接融资难、融资贵的中小微企业。现在中小微企业受到完全融资约束和部分融资约束的比例已经达到41%，远高于世界平均水平，所以这就是市场所在。我们做了中小微企业融资缺口的测算，以2017年数据来看，融资缺口率大概在43%，占GDP的比例是17%，所以中小微企业未来的市场空间还是比较大的。

其二是银行面向低收入人群、小微企业的金融服务。我们对中国贷款市场做了分析：传统银行现在有3 000多家，包括五家大型国有商业银行、国有政策性银行、股份制银行、城商行、农商行、外资银行等这些持有商业银行牌照的，其贷款发放量加起来占比85%；非银行类贷款机构包括融资租赁、信托、消费信贷、小贷及典当等，发放贷款量的占比大概是10%；剩下不到5%的贷款发放量来自类金融机构，也就是前期得到快速发展的弱监管机构所提供，包括民间借贷、P2P等。所以跟刚才我们讲到的金字塔是一样的情况，就是越下层的征信记录是越缺乏的，所以导致大量的放贷机构没法放贷给他们，低收入人群、小微企业的金融服务短缺情况是比较严重的，这就是我们未来金融科技的发力点之所在。

第二个驱动因素是技术。

首先是移动支付。我们去支付宝公司调研，它们的管理者很自豪，说2017年“双11”期间，在支付的峰值能够达到每秒25.6万笔交易，市场平均水平只有它的1/5，不到5万笔。这个技术是非常先进的。现在中国大陆网民有8亿多，其中手机因为移动互联，在金融科技或者互联网金融时代是特别重要。手机网民有7.88亿，占网民比重的98.5%，所以现在我们把手机定义成金融服务的一个终端：除了电话功能，更多的是金融服务功能。

其次是区块链技术。根据PWC的一份研究报告，人工智能在银行的很多领域都开始深入，另外就是这两年比较热门的区块链。区块链技术本身是没有问题的，之所以有一段时间被滥用，跟数字货币不受规范的发展是有关系的。现在中国大陆对ICO包括数字货币的监管原则是“一刀切”，不容许有任何交易，但是区块链技术这种去中心化、分布式记账本的全新技术手段在金融领域特别是在银行领域的应用是比较多的，数字货币、跨境支付，这些都已经是比较典型的案例。另外就是融资类业务的应用，包括数据存证、数字票据、供应链金融以及贸易融资。还有一种应用就是资产确权，这一块也是发展非常快速的。区块链技术跟金融科技转型是关联显著的，是相对比较具有革命性的一种技术，但是未来能不能应用好，是一个很重要的问题。其实从2015年开始出现区块链，2016年是区块链应用的元年，这几年除了数字货币以外，在其他领域的探索还是很多的。

第三个驱动因素就是资金。

我们经常会听到互联网企业的独角兽们B轮、C轮……各种各样的融资迅速到来，特别是从2016年开始，中国大陆特别受到资金的青睐，从这一年开始，亚洲区域金融科技的资金投入量已经超过了北美，最近这两年仍然处于一个持续上升的阶段，到现在金融科技的资金涌入还是非常多。

第四个也是最后一个重要的驱动因素就是监管。

监管的包容性对金融科技的发展是非常重要的。支付宝2011年获得牌照，一直到2015年才开始有相关的监管内容出现。这两年大家在做金融科技时，已经感到了寒意。实际上在2017年中央金融工作会议以后就开始收紧，现在对金融科技的监管是非常严的。我们看到的一个具体的例子就是P2P，这是最近关注比较多的。我们看到它从2013年开始有过三次出现大规模问题，P2P公司在2017年底还在正常运营的有1 931家，但是2018年7月爆出171家出现问题。从2007年开始到现在十年的时间，监管层直到2015年才开始介入，包容性的监管政策给金融科技的发展预留了很多的空间。当然这也符合一般性的规律：创新一定是领先于监管的，监管会根据实际的进展情况进行调整。

二、银行转型的必要性

在跟很多银行家交流的时候，我们发现这几年银行的日子不是特别好过，特别是在2008年全球金融危机之后，整个中国的经济都在下行。特别是现在还有贸易保护主义的问题，有地缘政治的问题，整个经济处于一个乏力状态——全球的经济进入到一个新平衡的时代。中国的经济也一样，我们在做供给侧结构性改革，中国经济走到一个L形拐点。1978年实行改革开放后40年的平均经济增长率是9.7%，但是近几年已经到了6.5%～7%这个区间内，进入到L形的经济增长阶段。

银行是顺周期的，受到顺周期经济下行影响。我采用《巴塞尔协议》从2012年开始公布的全球系统重要性银行额外资本要求的等级变化来看银行现在到底好不好过。因为它有很多指标，跨境交易有关联性、有复杂性，而综合测算四个档次，最高要求的额外资本是要做到2.5%。从2012年开始到现在，全球系统重要性银行一共32家，有一半即16家是降档的，有9家是平的，有7家是往上走的。这7家有两家美国银行，一家加拿大银行，还有四家就是中国的工（工商银行）、农（农业银行）、中（中国银行）、建（建设银行）。我另外又做了2007—2017年的一个对比，选了工（工商银行）、农（农业银行）、中（中国银行）、建（建设银行）再加上交通银行共五家大型国有商业银行，再选了五家规模差不多的股份制银行，比较了它们的总资产、净利润、ROA（资产回报率）和ROE（净资产收益率）四个指标，得出基本的两个规律：一个就是规模都还在扩张，而且保持着比较高的速度，但在整个扩张过程中，规模的排名是相对固化的，最多有一两个名次的变化，很难有一个跨越性、突破式的进展，基本上在过去十年都是这样；第二个比较重要的就是ROA和ROE基本上都是下降的。这说明什么？就是未来银行的转型能不能借力金融科技，打破这种阶层相对固化的体系，这可能是需要思考的一个问题。在这种情况下，银行要主动拥抱金融科技，这是一个共识。

普华永道最近对传统金融机构做了一个调研，询问金融科技的变化给它们带来了什么。排前三名的答案依序是运营效率提升、客户体验提升、产品和服务的创新。那么它们以什么方式进行金融科技的研发和应用？最主要的是两种，一种是现有信息部门、传统IT部门主导金融科技，另外一种就是跟金融科技公司进行合作。从2017年开始，工（工商银行）、农（农业银行）、中（中国银行）、建（建设银行）跟B（百度）A（阿里巴巴）T（腾讯）J（京东）也就是中国的四大独角兽，分别进行了合作，未来很可能大家会在客户画像、防欺诈、加密风险控制以及外部大数据等方面进行更多的合作。这是未来的趋势。

传统银行如何发展电子银行？一种是建立金融科技子公司，另外一种是建立直销银行，最后还有一种是建立互联网银行。

第一种：建立金融科技子公司。金融科技子公司也是从2015年开始的，推进比较快的还是五大行加上股份制银行，有从IT部门独立出来的，也有一种是在自己体系或者自己银行里的技术改进以后进行金融科技的输出，另外还有一种就是以光大集团为代表，自己创造内部的技术方案。

第二种：建立直销银行。直销银行现在的规模还是比较小，依2016年的数据，规模占比也就仅0.2%，还处于发展阶段，当中比较有代表性的就是百信银行。百信银行就是百度和中信，是传统银行和互联网企业以双方优势互相合作，百度的社交、金融、软件跟中信共享流量场景、科技和数据形成，来应用在消费金融与小微财富管理等这些业务上。

第三种：民营互联网银行。互联网银行是互联网企业开始做的，比较有代表性的两个是微众银行和网商银行，一个是腾讯系的，一个是阿里系的。这两个银行有很多跟传统银行不同之处，首先它们的受众完全是个人、消费者和中小企业，也就是我们刚才讲到的长尾市场，覆盖面相对比较大。传统银行的受众则主要是大中企业，覆盖面比较小，而且风控体系是完全不一样的。

我们首先看微众银行，它的数据有一个共同模式，一定有一个海量数据来源，包括结构化、利用大数据进行提取、然后进行处理，所以微众银行主要是从微信和QQ积累这些数据，然后建立风控机制，主要是从同业来获取资金，之后针对消费者放贷，业务主要还是基于to C的。

再来看网商银行。网商银行是to B的，是阿里系的，它的数据来源是淘宝天猫和支付宝积累的核心数据，另外还有自己的风控模型，包括芝麻信用（它的一个征信体系）。所以网商银行最主要是做小微企业、年轻人创业和农村普惠金融，资产端的应用主要是满足原来淘宝店主的资金需求，所以它从企业开始，核心的产品就是"网商贷""旺农贷"，是针对企业的to B端的。微众主要针对个人消费者，网商主要针对中小微企业，产品以及风控体系都不一样。

从中我们可以看出，平台性的银行和传统银行是完全不一样的，但是它体现了传统银行的发展趋势：从早期全功能银行是重资产，完全是以规模扩张、吃利差这种方式来存活，然后是重牌照。之后功能型银行和交易型银行开始出现，投资银行的业务开始出现，交易类型逐渐丰富。平台型银行是根据业态出现的，不是一个完全迭代。发展平台性银行的一个重要因素，就是一定要有特殊的禀赋，刚才讲的那两家（微众银行及网商银行），其实是现在批准的20家民营银行里面做得比较好的两家。很多民营银行，包括定义成互联网银行或者普惠银行的，其发展实际上不是太好。一定要依托这样的资源禀赋和平台优势。阿里和腾讯是能够提供资源禀赋的，所以现在支付宝、腾讯最害怕的竞争对手不是传统银行，而可能是Google、Facebook，这是完全不一样的逻辑。平台影响是一个新东西，包括"自金融"概念，它们是之前微众银行的第一任行长曹彤提出来的，就是要利用区块链去中心化的这种特性，建立一个直接融资的模式，所以它对银行来说是一种自我否定。

但是，银行除了传统微观讲的功能外，宏观上和中央银行形成的二元体系提供的基础设施支付体系，由此产生的宏观调控、货币政策传导货币创造这一套体系，核心还是货币制度的问题。这套制度，包括之前讲区块链出现包括数字货币出现以后，大家在讲是不是去中心化？从目前来看还是不太可能的。可能在遥远的未来，金融科技会发生一个彻底的革命，真正走向一个自我否定。我们可以拭目以待。

三、银行进行金融科技转型的建议

最后来谈谈金融科技助推银行转型的未来趋势，有融合发展、理念创新、重视客户以及监管合规四个方面。

首先是融合发展。尽管金融科技与传统金融所追逐的方向是不同的，但二者是互补的。所以我们看到的、可以预见到的，更多的是一种融合的态势，是金融和科技的融合。银行一定也是这样的，所以这个时候就需要银行主动去拥抱科技。这对提高服务效率、降低成本、拓展渠道等都会有很大的帮助。

其次是理念创新。这里面涉及思维的转化。传统的金融思维，或者我们银行的价值链，是从技术设计到产品到渠道到场景，是一个很长的渠道，但是现在金融科技的思维，是用户无处不在，用户能够直接跟场景结合，直接到了产品端。

例如，中国现在出现了一个可以用三年时间完成别的电商企业20年努力才能达到的成绩的一家企业，它就是“拼多多”。抛开它的负面新闻，我们就讲它的商业逻辑。中国大陆现在的两家电商阿里和京东是1997年开始创业的。20年，两个绝对平台型的电商导致很多这类电商企业都是做垂直细分的行业，但是“拼多多”的出现才只有三年，就是2015—2018年。它其实有几个重点，一个是依托了金融科技发展所依托的中国广博市场，它60%的用户是三线城市以下的，它只需要追求价格的低廉，很多时候不需考虑质量。它抓住了这些需求，就是用户导向。另外在设置上，它打造了一个爆款，从C（用户）到M（工厂）直接到厂商。如果大量的流量都在点击这个产品，它就是薄利多销，直接到场景，中间不经过任何环节，这就是完全基于用户的一种设计。它的活跃买家的数量在2018年上半年已经达到3.4亿户，这又是一个巨无霸！它三年时间就可以做到这一点，现在离京东的活跃用户只差600～700万户，所以它这种商业逻辑，在我们银行里面是可以去借鉴的。另外IT的变化，也就是金融科技，对银行IT部门是一个证明和提升。以前IT完全是一个支撑部门，现在实际上它变成了一个战略驱动的部门。很多银行的IT角色在发生根本性的变化。

再次是重视客户。银行转型要以客户为中心，其基本逻辑、中心点就是透过大数据提供精准营销、提供个性化的产品。

最后是监管合规。目前比较重要的转型趋势是监管科技，也就是利用金融科技手段使得监管机构更好监管，银行更好做好合规。这也将是未来传统商业银行降低成本的一个重要渠道。

延伸阅读

2020年3月14日，宋科先生在人民网发表署名文章《以开放银行加快推动中国银行数字化转型》，阐述了中国开放银行在某些层面领先全球的优势地位，并指出开放是顺应时代发展的必然选择，应借助开放银行发展之势，思考中国银行业如何更好地走向开放，从而实现数字化转型。

延伸阅读：以开放银行加快推动中国银行数字化转型

一场突如其来的疫情，给数以亿计的小微企业及个体经营户带来了冲击。为帮助它们渡过难关，国家大力实施金融扶持政策，号召金融机构对小微经营群体精准放贷。近日，全国工商联会同多家行业协会，与蚂蚁金服旗下的网商银行等共同发起“无接触贷款”助微计划，通过在线申请、无须人工接触的数字贷款方式为小微企业及个体经营户提供贷款，并迅速得到各大银行和企业的响应。

金融科技企业在应对疫情冲击方面表现出的这种独特优势，归因于其数亿个人用户及近亿商户的场景能力，及在此基础上形成的大数据风控能力。金融科技企业将场景与用户开放给银行，超越了银行向第三方开放数据和服务的传统模式，令银行在开放的场景中精准触达并服务用户，这是当前银行与科技企业等联合创新的结果，是构建以用户价值最大化为宗旨的开放银行生态的一种有效尝试。

近年来，伴随着新一轮信息技术的发展，金融科技与传统金融业务快速融合，在金融科技公司和传统金融机构的协作下，我国存款贷款、支付清算、理财投资等基础金融服务的便利性和普惠性走在了世界前列，开放银行的发展在某些层面也处于领先全球的优势地位。2015年开始，获得当时中国银监会备案的四家银行，即微众银行、网商银行、新网银行、亿联银行开始推出互联网银行业务，到2018年中国的开放银行进入快速发展阶段，当年7月浦发银行推出APIBank无界开放银行，目前已有超过50家银行上线或者正在建设开放银行业务。不同于早期欧洲的开放银行计划，监管要求银行向第三方开放数据，旨在打破银行业垄断地位，方便金融科技公司等第三方机构开展业务。在相关政策指引和良好金融科技生态的推动下，中国开放银行逐步走上了独具特色的发展之路。商业银行发挥自身优势，运用科技手段开展金融业务，对外开放技术及业务能力。领先的金融科技公司也与银行积极开展合作，拓展业务边界，共同打造良好的开放生态，形成拥有开放、共享、生态等理念的金融展业新模式。尤其值得一提的是，中国面向小微企业和普通大众的金融服务还有很大提升空间，银行通过开放银行的模式进入网络消费、数字生活的场景，服务小微和大众金融消费者，成为中国特色开放银行的最佳范本。

从开放银行走向开放生态，让银行无处不在

从最初业务开展依赖线下网点与人工，单纯注重运营效率提升的传统银行，到借助金融科技实现渠道升级，降低运营成本的互联网银行，再到通过共享数据服务实现开放、提升金融服务便捷性和可得性的开放银行，银行不断沿着开放和转型的道路向前延伸，逐步实现从线下到线上、从以产品为中心向以客户为中心、从全功能的独立体系向开放式的平台、从重资产轻交易向轻资产重交易的转变。未来还将形成更广泛的开放生态体系，或者说一种基于多方合作共赢的广义开放银行生态。可以说，开放银行是中国商业银行转型突破的重要方向，银行与金融科技企业的开放合作，也是搭建多层次金融服务体系和金融普惠的必然方向。

基于开放的转型升级方向形成的开放生态，至少包括账户层、中间层、生态层三层生态结构，监管层提供监管支持与政策规范，在此基础上，多方共同协作，实现消费者价值最大化。其中，由金融机构构成的账户层主要为开放生态提供数据及底层金融服务，中间层在开放生态中主要承担数据流通和技术支持作用，搭建账户层与生态层的桥梁。拥有大量应用场景的生态层作为开放生态中最接近客户的一层，直接面向C端、B端用户提供产品和解决方案。监管层要特别注意制定行业统一的准入标准以及数据信息的保护，防范系统性金融风险。用户是数据的最终所有者，也是开放生态构建的出发点和落脚点。更重要的是，通过账户层、中间层、生态层与监管层的多方位协作，让更多用户能享受到更丰富的产品和服务，使其价值实现最大化。

开放生态的形成，将使金融服务无缝嵌入生活场景中，银行变得无处不在。这也意味着，银行可能不再是一个物理上能够感知到的概念，也许客户在不知不觉中就已经访问了自己的银行账户、使用了某个金融产品，也许当其在餐厅、商场乃至健身房等场所产生了对金融服务的需求时，打开某个生态方的APP，甚至“银行”二字都不会出现，但银行的服务就在那里。

开放银行已是全球大势，中国应把握先发优势

从概念萌芽到如今成为世界关注的热点话题，开放银行只用了短短的几年时间。2004 年，PayPalAPI 的出现开启了金融领域服务开放的先河。2015，英国和欧盟有关部门政策先行，发布的系列条文指令正式提出开放银行概念。随后，其他国家和地区进行了对开放银行的积极探索，新加坡星辰银行、Mint、花旗银行等，越来越多的企业和机构开始落地实施，加快布局。

开放银行在全球各地呈现持续发展的态势，欧美区域发展较为领先。尤其是英国，对于开放银行理念的形成做出了巨大贡献，最先发布开放银行标准框架，在国际上树立了典范。欧盟推出的 PSD2，率先通过立法推进数据开放，也加速了全球开放银行的探索发展。美国由于自身金融市场较为成熟，金融科技也处于领先地位，在政府尚未出台相关政策时，中间层科技公司就建立了账户层与生态层之间的连接，形成推动银行开放的力量。以中国香港、新加坡为代表的亚太地区，均体现为政府引导开放。香港金管局出台指引，强制要求银行分四个阶段开放 API，虽然引入概念较晚，但开放银行发展强劲，呈现后来居上的态势。新加坡政府则更多地引导银行自主开放，同时以身作则，主动开放政府数据。借助亚太地区开放的良好环境，市场快速发展，银行与生态层大型企业直接对接，通过 API 将触角深入生态层场景。

从全球范围来看开放银行的进程，尽管开放顺序有先后、开放内容有差异、开放重点有不同，但是在新一轮技术革命的推动下，加快开放的步伐已是共同的趋势。特别是在金融科技推动金融创新涌现和金融格局调整的大背景下，理应尽早开放、尽快开放，以抢得此轮新金融发展的先机。

借助开放银行之势，推动中国银行业数字化转型

既然开放是顺应时代发展的必然选择，那么就应该借助开放银行发展之势，更多地思考中国银行业如何更好地走向开放，从而实现数字化转型。

开放银行的核心是数据，数据治理是商业银行业高质量发展的必由之路。商业银行应该在推进数据治理的基础上，通过自我赋能或者合作赋能的方式，综合提升银行数字化程度，打造“无处不在”的开放银行。目前，多家银行正在搭建开放平台，这种数字开放平台不仅可以实现银行内部各业务部门的开放整合，向客户输出整体金融服务能力，同时还能引入第三

方机构非金融服务，将企业纳入这一开放平台中，搭建数字化的开放生态。同时，银行也要加强与第三方机构的合作，把原来的整个IT架构移植到APP中，将金融服务植入客户场景里，实现合作赋能。此外，开放银行建设不仅要求银行提升技术能力，更意味着银行传统组织机构、风控体系、运营模式、服务理念等实现全方位转变。

互联网巨头、金融科技公司以及提供IT服务的科技公司，在开放银行浪潮中，应不断适应开放银行模式下的银行与场景深度结合的特征，专注自身特色，通过提供优质的IT技术服务，或者输出成熟的相关技术、经验以及在场景中的解决方案等方式，顺应开放银行趋势。

监管部门应充分借鉴国际经验，结合我国银行业发展实际情况，加快出台指导意见，强化开放银行顶层规划，避免市场“重复造轮子”。既要形成保障客户隐私的安全法规，也要构建有利于促进发展的监管框架与业务规则。在此基础上，通过制定统一的标准规范，引导传统金融机构、第三方机构等开放银行参与方自主开放数据，实现数据的互联互通和系统的互操作性。同时，要加强资源整合，鼓励金融机构尤其是中小规模的金融机构组成金融科技联盟抱团发展，积极拥抱来势凶猛的金融科技浪潮。

第二十讲

王佐罡：中国数字普惠金融实践

主讲人：王佐罡

王佐罡，蚂蚁集团研究员兼支付宝公司副总经理，曾任职中国人民银行，先后从事金融法律和人民币国际化相关工作。

内容摘要

- 数字普惠金融的逻辑
- 数字普惠金融体系
- 再析数字技术与普惠金融
- 金融科技产品
- 对未来发展的思考

精彩提示

王佐罡先生就“中国数字普惠金融实践”进行讲解，从供需两方面介绍了数字普惠金融的逻辑，分析了现有的数字金融体系构成以及经验主义逻辑下蚂蚁集团已推出的数字普惠金融创新产品，并对未来数字普惠金融的发展进行了展望和思考。

一、数字普惠金融的逻辑

“数字普惠金融”，即发挥数字技术在普惠金融方面的作用，解决发展不平衡的问题。逻辑的改变会使之后的一系列运行方式发生实质性的改变，我们需要特别关注变革的逻辑，从而才能把握好发展方向。

1. 金融需求

目前的金融服务依然大致符合“二八定律”，即80%的资源服务于20%的群体。在金字塔的顶端，服务于20%群体的金融服务是过剩的；目前市场上的多数金融产品，依然与普通居民、小微企业、特别是农村地区联系较少，80%的群体仍然存在着金融服务不足或者缺失的问题。

从全球来看，特别是低收入国家，17亿成年人无法享受基本的金融服务，比如银行账户；57%的成年人虽然拥有基本银行账户，但无法获得多元化的理财、信贷和保险等金融服务；高收入国家和低收入国家成年人拥有银行账户的比例分别是94%、63%，差距显著。

知识拓展

世界银行2017全球普惠金融指数①（Global Findex）报告披露，从全球来看，有17亿成年人无银行账户；自2011年以来，账户所有权的增长并没有使所有群体平均受益——女性通常仍然比男性更少拥有账户，存在大约7%的性别差距，72%的男性拥有一个账户，而女性则为65%，高收入国家与低收入国家成年人拥有银行账户的比例分别为94%、63%；57%的成年人拥有基本银行账户，但无法获得多元化投资、低成本支付和信贷、保险服务。

目前全球有约38亿成年人拥有银行账户或移动支付账户，手机和互联网加快了全球金融普惠性的发展趋势。世界银行还强调，数字金融在中国快速发展，移动支付在中国占比达57%，比2014年增加了一倍以上；2014—2017年，利用数字化操作汇款或首款的开户人在全球范围内的占比从67%上升到76%，在发展中国家从57%上升到70%。

2. 数字经济转型

数字普惠金融最重要的基础是社会生活、经济活动的持续数字化。互联网的渗透率，已经从2009年的24%上升到2018年的51%；智能手机不仅在城市得到普遍使用，在农村也已基本普及。

从政策层面看，党的十九届四中全会已将数据作为和土地、资本、劳动力并列的生产要素。

总的来看，在普通老百姓、小微企业的基本金融需求和数字经济转型、数字化浪潮的结合下，自然产生了用数字化的方式解决普惠金融问题的逻辑。

① 这份指数报告自2011年以来每三年发布一次，以提供有关正式和非正式金融服务的使用与覆盖范围的信息。

知识拓展

G20数字普惠金融高级原则：

（1）倡导利用数字技术推动普惠金融发展；

（2）平衡好数字普惠金融发展中的创新与风险；

（3）构建恰当的数字普惠金融法律和监管框架；

（4）扩展数字金融服务基础设施生态系统；

（5）采取负责任的数字金融措施保护消费者；

（6）重视消费者数字技术基础知识和金融知识的普及；

（7）促进数字金融服务的客户身份识别；

（8）监测数字普惠金融进展。

二、数字普惠金融体系

数字普惠金融体系至少包括三个方面：目标、核心能力、关键技术。

1. 目标

目标包含价值判断，数字普惠金融的目标包括普惠、绿色和可持续。

普惠，要求广覆盖的平等对待原则，“惠”强调的是“善意”，要提供可以负担的服务。绿色，通过技术支持全民实现绿色健康生活，用金融资源支持绿色的生产生活方式。可持续，所有人都应该为子孙后代的发展考虑，高效率地使用资源，实现生生不息。

2. 核心能力

要实现上述目标和价值，就要具备核心能力。在数字金融中，核心能力首先是连接，低成本且高效地触达用户；其次是信任，是基于技术支持实现的陌生人之间的信任；最后是风险防控，这是必要的入门能力，底线风险要牢牢把握住。

3. 关键技术

关键技术是获取能力的基础。数字金融的关键技术至少有以下几方面：

AI：从汽车到智能客服、智能家居，运用人工智能技术，替代了劳动力且提高了效率，促进了行业创新。

安全：数字世界的安全有其独特问题需要解决，包括信息安全、系统安全、资金安全等多方面。

区块链：区块链是数字时代解决信任问题的前景广阔的技术。随着算力的提升和经济社会数字化程度的加深，区块链框架下发展的全网分布式保存、多方共识记账、智能合约、密码学机制等，为解决数字时代的信任问题提供了新的可能性。

物联网：在各项数字技术的支持下，万物互联时代已到来，人们的生产生活方式将持续发生巨大变化。

云计算：中国的云计算由阿里巴巴率先启动，经过十来年时间的发展，云计算技术的门槛大大降低，未来的发展值得期待。

知识拓展

1995 年，比尔·盖茨在其《未来之路》一书中已提及物联网概念。

1999 年，美国 Auto—ID 首先提出“物联网”的概念，主要是建立在物品编码、RFID 技术和互联网的基础上；在中国，中国科学院启动了传感网的研究，并已取得了一些科研成果，建立了一些适用的传感网。

2005 年，国际电信联盟（ITU）发布了《ITU 互联网报告 2005：物联网》报告，正式提出了物联网概念。

三、再析数字技术与普惠金融

为什么数字技术能让这个时代的金融更普惠？有一个对应关系联系着二者。

普惠金融的判断有四个方面：

• 可得性，即 80％的长尾用户群体也可获得金融服务。

• 多样且适当，可以满足不同人群的多样化需求。

• 商业可行和可持续，不能依赖补贴或者财政支持，也不是做慈善，而是要有成功的商业模式，才能持续发展。

• 安全与责任，要能防控住风险，对用户负责。

将普惠金融的特点提炼，最终要实现的目标就是扩大覆盖面、提高效率、降低成本、防控风险。而数字技术所能达到的正是这些目标。

需要强调的是，技术是有门槛的，且投入产出比较高。既要有技术应用，还要有技术创新。对技术更高的需求，是数字金融和传统金融的一个重要区别

四、金融科技产品

1. 经验主义的发展路径

蚂蚁集团的前身是支付宝，最早是移动支付产品，之后又推出了资金

管理、保险销售、消费金融、小微企业金融等一系列产品，这些产品的推出都是需求驱动的。比如最初支付宝发展起来并不是由于其具有支付功能，而是由于它是一个信用工具，解决了买卖双方不见面而交易时可能产生的信任问题。在此契机下，经过无数次的试错，陆续创新了快捷支付、扫码支付、刷脸支付等产品。而试错背后的逻辑是什么？是经验主义。

2. 移动支付缩小了地区发展的差距

北京大学数字金融研究中心分析显示，移动支付打破了“胡焕庸线”，打破了地域的阻隔，几乎实现了全覆盖。移动支付的渗透率在青海西藏甚至比东部更高，反映了更迫切的需求或者说移动支付对用户需求更有效的解决。

知识拓展

胡焕庸线（Hu Line，或 Heihe－Tengchong Line，或 Aihui－Tengchong Line），即中国地理学家胡焕庸（1901—1998）在 1935 年提出的划分我国人口密度的对比线，最初称“瑷珲—腾冲一线”，后因地名变迁，先后改称“爱辉—腾冲一线”“黑河—腾冲一线”。

这条线从黑龙江省瑷珲（1956 年改称爱辉，1983 年改称黑河市）到云南省腾冲，大致为倾斜 45 度基本直线。线东南方 36%的国土居住着 96%的人口（根据 2000 年第五次全国人口普查资料，利用 ArcGIS 进行的精确计算表明，按胡焕庸线计算而得的东南半壁占全国国土面积的 43.8%、总人口的 94.1%），以平原、水网、丘陵、喀斯特和丹霞地貌为主要地理结构，自古以农耕为经济基础；线西北方人口密度极低，是草原、沙漠和雪域高原的世界，自古就是游牧民族的生存之地。

“胡焕庸线”在某种程度上也成为城镇化水平的分割线。这条线的东南各省（自治区、直辖市），绝大多数城镇化水平高于全国平均水平；而这条线的西北各省（自治区），绝大多数城镇化水平低于全国平均水平。

3. 跨境电商全球收付

通过打通中国与境外市场的资金结算渠道，支付宝为跨境电商打造了全球收、全球付的能力。打破不同地域和不同文化的阻碍，最关键的还是信任问题的解决。目前蚂蚁集团支持的境外本地钱包已有 3 亿多境外用户，可以支持中国用户在 56 个境外市场支付。

4. 小微企业信贷

在成本上，蚂蚁集团通过数字化的线上运营大幅降低了无抵押纯信用贷款的授信管理和风控成本。对用户而言，随借随还将资金的使用效率发挥到最高，做到了借贷资金的“零库存”。

5. 服务“三农”

目前对农村普惠金融的探索主要是和农村的金融机构合作，如村镇银行、农商行等，采用线下十线上熟人模式、数字化模式和供应链产业金融模式，为新型农业主体的生产经营活动提供资金支持。

从现在的发展来看，最重要的是商业模式，而成功的业务模式需要投入大量的时间和成本来培训、教育。经过对用户数字化生活的培育后，商业逻辑将随之诞生，对农村而言也是一样，要先培育数字化的环境，才能让相关的技术更好地发展普及。

6. 大众理财

余额宝针对广大长尾用户，与基金公司合作提供货币基金产品，可以随时申购随时赎回，受到广泛欢迎。其背后是数字的高效运算、流动性管理和风险的管控技术，并结合了场景，从而推动了该产品的发展。

7. 场景保险

场景保险由退货运费险发展而来，需要站在中立的角度，为卖家和买家双方考虑，解决产品质量和退货的道德风险问题。通过场景保险，保险公司获得蚂蚁集团提供的数据分析等基础服务，减少赔付率，商家提高了消费转化率，用户的服务满意度也提高了，不用担心商品不合适而不能退款的问题，实现了多赢。

8. 蚂蚁森林

蚂蚁森林是蚂蚁集团的一款公益产品，形成了良好的社会效应，获得了联合国的最高环保荣誉奖——“地球卫士奖”，被誉为全球最大的个人碳账户系统。在此基础上，后续有望发展出来绿色金融产品，通过金融资源的支持，鼓励大家实行绿色生产生活方式。

知识拓展

“蚂蚁森林”由蚂蚁金融服务集团（简称蚂蚁集团）于 2016 年 8 月在支付宝平台推出，用户通过在“蚂蚁森林”里记录自己日常生活中的绿色出行、在线支付水电费等低碳行动积攒“绿色能量”，在手机里“种树”。用户每“种”成一棵树，“蚂蚁森林”和公益伙伴就会在荒漠化地区种下一棵真正的树。截至 2018 年 8 月，5 亿“蚂蚁森林”用户累计碳减排 792 万吨，在荒漠化地区种树 1.22 亿棵。

"地球卫士奖"是联合国表彰环境保护行动的最高奖项，每年颁发一次。2017年，中国塞罕坝林场建设者荣获其中的"激励与行动奖"；2018年，浙江省"千村示范、万村整治"工程同样荣获了这一类别奖项。

五、对未来发展的思考

信息的自动流动和分享，是数字经济时代的一个生产力。数字的使用和处理带来收益，而最大的受益方是信息主体本身。在使用数据的同时，还要注重对数据保护建立起有效的规则和制度，这是对信息主体权利的尊重，也是构建公平市场的需要。

科技进步是真正的变革力量，一切都才刚刚开始，数字金融亦是如此。数字金融和金融科技不是一类机构的称谓，而是金融业共同发展的路径。在发展的过程中，要注重外部监管与内部治理、市场竞争与公共秩序以及科技变革的制度需求。

➔延伸阅读

近期中国人民大学金融科技研究所联合蚂蚁集团研究院发布的《互联网理财与消费升级研究报告》显示，互联网理财有助于培养三线及以下城市和农村人群的理财习惯，让不同地区和背景的人都能平等享受到金融服务，进一步揭示了金融科技的普惠作用。

延伸阅读：互联网理财有助于促进消费升级

移动互联的发展推动投资理财更普惠了。2020年9月4日，中国人民大学金融科技研究所联合蚂蚁集团研究院发布《互联网理财与消费升级研究报告》。报告显示，2017年8月31日至2019年7月31日的两年间，三线及以下城市和农村"基民"年增长率高出一、二线城市。

据中国互联网络信息中心数据，截至2019年6月，我国线上理财用户达1.69亿人。报告指出，互联网理财平台培养了下沉人群的理财习惯，其中，三线及以下城市和农村的"小镇青年"理财人数年增长14.13%，高于城市青年3.34%的负增长。据预估，2022年，下沉人群的可投资金融资产规模有望达到101.7万亿元，互联网理财在下沉人群中的市场规模有望达到 4.7 万亿元。

中国人民大学金融科技研究所执行所长宋科表示，相较于传统理财业务，互联网线上理财降低了门槛，让不同地区和背景的人都能平等享受到金融服务，真正做到了金融的普惠。

报告第一次勾勒出了“小镇青年”的理财状况：他们有钱有闲，比一线城市的年轻人压力更小。过去，他们更倾向于购买货币基金和指数型基金，如今，叠加购买主动型基金的“小镇青年”在总人群中的占比增长30.7%，高于城市青年 22.23%的增长率。他们的理财观念正在变化，更愿意去做分散的资产配置。

不过，“小镇青年”们的理财技能相对缺乏。报告发现，虽然更愿意投资，但在效果上，三线及以下群体的理财收益人群占比要低于一、二线人群，他们还需要学习更多理财知识。

“三线及以下城市和农村居民也有大量理财需求，并需要建立更为科学的理财观念，”蚂蚁集团财富事业群常务副总裁祖国明谈到，目前支付宝理财平台与超过 300 多家金融机构合作，用户在理财的任何阶段都能够获得专业机构、理财专家、内容社区等提供的服务。

数据显示，支付宝理财平台 2019 年提供了超过 2.5 万篇文章，2020 年 5 月上线以来理财直播累计超过 1 000 场，为用户提供了形式丰富的投资者教育。

此外，报告也认为，互联网理财有助于促进居民消费和消费升级，拉动内需，对下沉人群的影响更为显著。分析显示，资产的合理配置，能让人们的消费更有底气，增加消费意愿。有理财投入，获得消费信贷的概率更大，也将在一定程度上促进消费。

来源：李文瑶. 人大理财报告发布：互联网理财有助于促进消费升级［EB/OL］.(2020－09－04)［2021－11－15］. https://tech.huanqiu.com/article/3zkN6dAOeMK.